빨강의 문화사

빨강의 문화사

동굴 벽화에서 디지털까지

스파이크 버클로 지음 | 이영기 옮김

스파이크 버클로Spike Bucklow는 영국 케임브리지대학교에서 예술사 박사 학위를 받은 후 회화 복원 전문가 과정을 마쳤다. 현재 케임브리지대학교 피츠윌리엄 박물관 산하 해밀턴 커 연구소Hamilton Kerr Institute의 수석 연구원이다. 회화 보존 및 복원을 위해 설립된 해밀턴 커 연구소에서 운영하는 복원 전문 대학원과 인턴십 과정의 강의도 맡고 있다. 또한 〈스타 워즈〉, 〈인디아나 존스〉 등 영화와 TV 프로그램의 특수 효과 작업에 참여하기도 했으며 런던 유물학회Society of Antiquaries 회원이기도 하다. 저서로는 《회화의 연금술The Alchemy of Paint》, 《이미지의 수수께끼The Riddle of the Image》 등이 있다.

옮긴이 이영기는 서울대학교를 졸업하고 일간지 기자를 거쳤다. 번역서로는 《구글 이후의 세계》, 《위험한 생각들》, 《기하학 캠프》, 《올 어바웃 러브》 등이 있다.

빨강의 문화사
동굴 벽화에서 디지털까지

지은이 스파이크 버클로
옮긴이 이영기
펴낸이 이리라

책임 편집 이여진
편집 에디토리얼 렌즈
디자인 엄혜리

2017년 7월 20일 1판 1쇄 펴냄
2019년 5월 10일 1판 2쇄 펴냄

펴낸곳 컬처룩
등록 2010. 2. 26 제2011-000149호
주소 03993 서울시 마포구 동교로 27길 12 씨티빌딩 302호
전화 02.322.7019 | 팩스 070.8257.7019 | culturelook@daum.net
www.culturelook.net

Red: The Art and Science of a Colour
by Spike Bucklow was first published by Reaktion Books, London, UK, 2016
Copyright ⓒ Spike Bucklow 2016
Korean Translation Copyright ⓒ 2017 Culturelook
Printed in Seoul

ISBN 979-11-85521-52-7 03900

culturelook

차례

일러두기
- 한글 전용을 원칙으로 하되, 필요한 경우 원어나 한자를 병기하였다.
- 한글 맞춤법은 '한글 맞춤법' 및 '표준어 규정'(1988), '표준어 모음'(1990)을 적용하였다.
- 외국의 인명, 지명 등은 국립국어원의 외래어 표기법을 따랐으며, 관례로 굳어진 경우는 예외를 두었다.
- 독자의 이해를 돕기 위해 옮긴이가 설명한 부분은 각주(*)와 [ ]로 했다.
- 사용된 기호는 다음과 같다.
  신문 및 잡지 등 정기 간행물, 그림, 조각, 시, 영화:〈 〉
  책(단행본):《 》

서론

왜 빨강인가

우리가 일상적으로 쓰는 말에는 '레드red,' 즉 '빨강,' '빨간,' '붉은' 등의 말이 들어가는 경우가 많은데, 거기에는 그만한 이유가 있다. 유명 인사를 환영할 때 '레드(빨간) 카펫'을 까는 것은 천 년 이상 된 관습이며, 붉은 천은 옛날부터 가장 비싼 가격으로 거래돼 왔다. 공휴일이나 일요일을 뜻하는 '빨간 날red letter day'은 중세 시대의 채색 필사본에서 글자나 단어 몇몇을 검정 잉크가 아닌 빨강 잉크로 표시하던 것에서 유래했다. '빨간 불red lights'이 켜졌다는 것은 여러 장애물에 직면했다는 신호이고, '붉은 끈red tape*에 묶여 있다'는 말은 불필요하고 형식적인 관료주의 때문에 힘겨워하는 상황을 가리킨다. 어떤 사

---

* 영국에서는 공문서를 묶는 데 붉은 끈을 사용했다. — 옮긴이

람의 '손이 빨갛게 물들어 있다red-handed'는 것은 죄를 범한 그 자리에서 체포된 '현행범'이라는 뜻이다(이 경우 그 범인은 당황한 나머지 '얼굴이 빨개red faced'질 수도 있다). 이런 문구들은 피부 표면에 있는 (혹은 표면 가까이 있는) 피를 언급할 때도 사용된다. 자연을 다룬 TV 다큐멘터리들은 (빅토리아 시대의 계관 시인 알프레드 테니슨Alfred Tennyson의 말을 빌면) '이빨과 발톱이 피로 낭자한red in tooth and claw'['죽기살기로 싸운다,' '인정사정 봐주지 않는다'는 뜻] 동물의 모습을 보여 주는 데 집중하는 경향이 있다. 이런 무자비한 생존 경쟁 속에서 죽음에 처한 동물의 운명은 보는 사람의 마음을 울린다. 특히 그 동물이 '빨간 목록red list'['멸종 위기 목록'이라는 뜻]에 올라 있을 때는 더욱 그렇다. '도시를 빨갛게 칠하는 것paint the town red'['여러 술집을 돌며 흥청망청 논다'는 뜻]은 무엇인가를 축하하는 행위이긴 하지만, 술 마시지 않는 점잖은 도회인들에게 '빨간 천을 보게see red'['화를 돋운다'는 뜻] 하며, 자칫 '빨간 안개에 휩싸이게red-mist'['분노를 억제할 수 없다'는 뜻] 할 수도 있다. '화를 돋우는 것'과 관련된 '황소 앞에서 붉은 천을 흔드는 격red rag to a bull'이라는 표현은 상대를 격분시키거나 협박하는 것을 뜻한다. 외국 군대나 국내의 자생적인 테러리스트가 도발하거나 불운하게도 자연 재해가 닥치면 군대를 배치하고 전 국가적으로 '적색경보red alert'를 내려 대응한다. '붉은 밤하늘은 양치기의 기쁨red sky at night, shepherd's delight'['다음날 날씨가 맑다'는 뜻]과 '붉은 아침 하늘은 양치기의 근심red sky in the morning, shepherd's warning'['그날은 비가 온다'는 뜻]이라는 표현은 날씨에 관해 민간에서 전해 오는 전승 지식으로, 대서양으로부터 구름이 몰려오는 서유럽에서는 꽤 근거 있는 말이다. 아침 하늘이 붉으면 '동쪽이 붉다the East is red'고 말하지만, 이 구절은 정치적으로 중요한 함의가 담긴 표현이기도 하다. 붉은색은 사회주의와 공산주의가 표방하는 색이기 때문이다.[*] 이러한 연상 작용은 '빨갱이가 도처에 깔려 있을reds under the beds'지도 모른다는 서구인들의 공포와 결합해 '적화 위협red menace,' '적색 위험red peril,' '붉은 혁명red revolution' 같은 표현을 낳았으며, '적화되기보다는 차라리 죽음을better dead than red'이나 '죽기보다는 차라리 적화를better red than dead'처럼 서로 상반된 표현으로 나타나기도 했다. 그러나 외부로부터 유입된 공산주의의 위협이나, 혁명을 위한 기회들이 쇠퇴하자 서구 세계 내부로부터 그러한 위협과 혁명적인 기회들이 자생적으로 생겨났다. 이탈리아의 '붉은 여단Red Brigade'[**]이나 페미니스트들의 '레드스타킹스Redstockings'[***] 운동 같은 것이었다. 이러한 정치적인 색 코드color code는 유효 기간이 있을 수밖에 없지만, 사회적 차이를 반영하는 보다 오래된 색 코드도 있다. 예를 들면 노동자 계층의 남성에게는 빨간 피를 가졌다는 뜻의 '혈기왕성한red-blooded'이란 표현을 쓰고, 여성처럼 나약하거나 귀족

---

[*] 유럽에서 볼 때 중국과 소련 같은 공산주의 국가가 지리적으로 동쪽에 위치하기 때문이다. — 옮긴이

[**] 1970년에 결성된 이탈리아 극좌파 테러 조직이다. — 옮긴이

[***] 1969년 미국의 엘런 윌리스Ellen Willis, 캐럴 해니쉬Carol Hanisch, 슐라미스 파이어스톤 Shulamith Firestone 등이 결성한 페미니스트 집단이다. — 옮긴이

적이거나 왕족을 지칭할 때는 파란 피를 가졌다는 뜻의 '명문가 출신다운blue-blooded'이라는 말을 쓰는 경우를 들 수 있다.

빨강은 가끔 다른 색과 대조되면서 언급되기도 한다. 21세기 경제학은 '적자 상태in the red'를 피하고 흑자 상태in the black를 유지하기 위해 부채를 지지 않으려고 한다. 19세기 문학 작품인 스탕달Stendhal의 《적과 흑Le Rouge et le Noir》에서 '적'은 교회 권력을, '흑'은 국가 권력을 가리킨다. 러시아 혁명기에는 빨강이 하양(볼셰비키와 차르주의자)과 나란히 사용되었고, 이 두 색은 흔히 서로 대립되는 관계로 받아들여진다. 예를 들어 볼셰비키와 차르주의자 이전에는 랭커스터 왕가와 요크 왕가가 각각 붉은 장미와 하양 장미로 대표되었고,* 그 이전에는 브리튼족과 색슨족이 있었다(멀린Merlin**의 충고에 따라 이들은 각각 붉은 용과 하양 용을 자신들의 상징으로 차용했다).[1]*** 사회 계급 간의 전쟁이나 양당제 정치에서는 빨강이 파랑과 짝을 이루며(좌익과 우익), 교통 신호와 전기 장치에서는 녹색과 짝을 이룬다(교통 신호에서는 멈춤과 진행, 전기 장치에서는 온-오프). 빨강이 다른 색과의 상대적인 의미가 아니라 절대적으로 사용되는 경우도 있다. 빨강이 문자 그대로의 의미를 띠는 경우로는 '레드 아이red eye'가 있다. 결막염에 걸려 빨

---

* 백년 전쟁이 끝난 직후부터 영국의 왕위 계승 문제로 랭커스터와 요크 두 왕가 사이에 30년에 걸친 장미 전쟁이 일어났다. — 옮긴이
** 멀린은 아서왕의 전설에 등장하는 아서왕의 참모로 유명한 현자다. — 옮긴이
*** 붉은 꽃과 하얀 꽃은 다른 색 꽃들과 섞이지 않았다. 왜냐하면 그 둘은 전장에서의 '피와 붕대'를 뜻하기 때문이다.

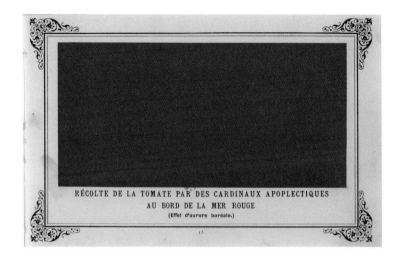

RÉCOLTE DE LA TOMATE PAR DES CARDINAUX APOPLECTIQUES
AU BORD DE LA MER ROUGE
(Effet d'aurore boréale.)

1 프랑스 풍자 문학의 대가 알퐁스 알레Alphonse Allais의
〈중풍기가 있는 추기경이 홍해 해변에서 토마토를 수확하다(북극광 효과)〉, 1897,
종이에 그린 단색화. 인상주의를 패러디한 이 작품은 1940~1960년대에 성행한
추상표현주의자들Abstract Expressionists의 '색면 회화colour field painting'를 크게
앞선 것이다. 이 그림은 홍해가 실제로는 ― 아주 짧은 기간을 제하면 ― 빨갛지 않다고
주장하는 사람들에게 일침을 가하는 것처럼 보인다. [색면 회화는 캔버스에
물감을 넓게 칠해 형상과 배경의 구별을 없앰으로써 캔버스를 2차원의 평면으로
다루는 방식을 말한다. 이것은 인상주의까지 거슬러 갈 수 있는데, 특히
클로드 모네Claude Monet의 〈수련〉 연작이 그렇다.]

갖게 된 눈, 야간에 출발하는 장거리 비행, 혹은 플래시를 사용해서 사진을 찍을 때 눈만 빨갛게 나오는(적목) 현상을 뜻한다. 반대로 빨강과 관계가 없음에도 레드를 사용하는 경우가 있는데 홍해Red Sea가 그렇다(대량 학살로 피바다가 되거나 조류藻類가 폭발적으로 증식해 적조赤潮 현상이 되지 않는 다음에야 바다가 붉게 될 수는 없다). '레드 라인red line'과 같이 실제로는 존재하지 않지만 넘어서는 안 되는 선도 있다.

빨강과 관련된 표현이나 구절들을 아무리 늘어놓더라도 빨강을 일반화하는 길이 열리지는 않을 것이다. 언어로는 빨강의 특성을 정확하게 밝히기가 어려운 것과 마찬가지로, 빨강은 심리학을 통한 일반화도 거부한다. 왜냐하면 빨강은 그때그때 서로 다른 방식으로 우리 안에 있는 어떤 것을 촉발하기 때문이다. 그렇게 촉발되는 효과들에는 충격적인 것이 많다. 빨강은 분노, 수치심, 공포, 성적 끌림 등 특별한 감정들과 관련돼 있다. 빨강의 이러한 변덕스러운 특성을 감안한다면, 빨강을 관통하는 공통된 맥락을 찾는 것이 가능한가라는 의문이 든다. 빨강과 관련해서 정말로 '홍실red thread*'이 있는 걸까?

---

* 그리스 신화에서 아리아드네가 테세우스로 하여금 미로를 빠져나오도록 하기 위해 준 붉은 실이다. 문제가 꼬여 있을 때의 해결책 혹은 여러 현상을 하나로 엮어 내는 공통적인 특성을 뜻한다. — 옮긴이

홍실에 묶인 운명

영국 해군이 보유한 왕실 함대에는 가장 가는 것에서부터 가장 두툼한 것에 이르기까지 모든 로프들이 빨간 실로 감겨 있는데, 이 빨간 실들은 로프 전체를 다 풀지 않고서는 개별적으로 빼낼 수 없게 돼 있다. 이를 통해 로프의 가장 작은 단위까지도 왕실에 속한 재산이라는 느낌을 주게 된다.[2]

1809년 50대 후반의 괴테는 소설 《친화력Die Wahlverwandtschaften》에서 위의 문장을 남겼다(그때는 강철로 된 밧줄이 나오기 이전이다). 괴테의 자전적 요소가 들어 있는 이 소설은 젊은 미혼 여성 오틸리에[에두아르트 아내의 조카]와 나이 든 기혼 남성인 에두아르트[부유한 남작] 사이의 관계를 중심으로 이야기가 전개된다. 위의 인용문은 괴테가 오틸리에의 일기에서 발췌한 구절을 소개할 때 등장하는데, 계속해서 다음과 같이 이어진다. "마찬가지로 오틸리에의 일기에는 모든 것을 한데 묶고 전체를 규정하는 애정과 갈망의 실이 관통하고 있다."[3] 오틸리에와 에두아르트의 스토리에는 불운한 연인의 대명사인 로미오와 줄리엣의 그림자가 어른거린다. 오틸리에와 에두아르트는 결국 같은 묘지에 묻힘으로써 죽음을 통해서 결합되기 때문이다. 일기를 통해 과거를 되돌아보는 형식을 취하는 이 소설에서 우리는 처음에는 별다른 숨겨진 의미가 없는 순수한 언급이라고 여겨졌던 것들이, 혹은 그저 우연의 일치로 보였던 것들이 앞날에 대한 예언이자 죽음에 대한 불길한 예감이었다는 사실을 책을 다 읽고 나면 뒤늦게 깨닫게 된다.[4] 영국 왕실 함대의 빨간 실처럼 이 소설에는 처음부터 끝까지 죽음이라는 주제가 바탕에 깔려 있는 것이다.[5]

이후 2세기 동안 괴테의 '홍실'은 반복되는 주제와 관련된 모티브, 혹은 작품을 꾸미고 장식하지만 작품 전체와 분리될 수 없고 전체를 정의하기도 하는 세부 묘사나 일화들을 가리키는 의미로 사용돼 왔다. 이 책도 '빨강'과 관련된 스토리를 하나로 묶어 내는 홍실을 발견하는 것을 목표로 삼고 있다.

사실 홍실은 괴테보다 훨씬 이전 동양의 전통에서 발견되는데, 특히 오틸리에와 에두아르트, 로미오와 줄리엣 같은 모든 연인들이 빠져들게 되는 어떤 상황을 가리키는 데 사용되었다. 눈에 보이지 않지만 매우 유연하게 작용하는 이 홍실은 연인들을 묶어 주거나, 혹은 관계가 더 이상 지속되지 못하도록 한계에 맞닥뜨리게 끌어당기기도 하며, 영원히 떼어낼 수 없는 하나로 강하게 묶어 주기도 한다.[6] 하지만 유럽 전통에서는 이러한 특성을 가진 홍실이 존재하지 않는다. 물론 인간관계에 영향을 미치는 '운명의 실'이 존재한다는 점을 인정하긴 했다. 예컨대 그리스 신화에서 여신 클로토Clotho는 운명의 실을 잣고, 그녀와 자매지간인 라케시스Lachesis와 아트로포스Atropos는 각각 그 실의 길이를 결정하고, 그 실을 끊는 역할을 맡고 있다. 그렇지만 그리스 학자인 아폴로도로스Apollodorus나 로마 시인 오비디우스Ovidius

같은 고전적인 인물들은 이 운명의 실이 어떤 색을 띠고 있는지에 대해서는 우리에게 아무런 이야기를 들려주지 않는다. 그러나 인간에게 생명을 부여하는 이 실은 곧 탯줄이기 때문에 빨간색을 띠고 있다는 것을 알 수 있다.

오늘날 넘어서는 안 될 가상의 선을 표현할 때, 어떤 색으로 불러도 상관없을 텐데 왜 하필 '레드 라인'이라고 부를까? 영국 해군은 왕실 재산임을 알리는 로프의 색을 정할 때 다른 색을 다 제쳐 놓고 왜 군이 빨강을 택했을까?

전해 오는 민담을 조사해 보면 부적을 만들 때 가장 선호하는 색이 빨강이다. 오늘날 정치나 군사 전략가들이 어떤 보이지 않는 영역을 표시할 때 무의식적으로 빨간색으로 경계를 표시하는 것은 빨강이 부적처럼 자신들의 영역을 수호해 주리라고 믿기 때문일까? 영국 해군이 함대의 로프를 빨간 색으로 택한 것도 그것이 함대를 지켜 주리라고 믿었기 때문일까? 사실 영국 해군이 함대 로프에 빨간 실을 사용한 것은 아일랜드 사람들이 '악마의 눈길evil eye'로부터 말을 보호하기 위해 빨간 실을 엮어 말 꼬리에 묶어 두는 것과 공통점이 있다. 영국 함대의 로프에 감긴 빨간 실이 겉에서 볼 때는 눈에 잘 띄지 않는 것처럼, 말꼬리의 이 빨간 실도 눈에 띄지 않도록 묶는다는 점에서도 둘은 닮았다.[7] 지금은 그런 관습이 거의 사라졌지만, 히브리의 신비주의 철학자들(카발라Kabala)을 추종하는 사람들이 자신들을 다른 사람들과 구별하기 위해 빨간 실을 사용하는 것도 빨간색이 가진 부적의 역할을 기대해서일까? 아니면 그런 관습은 단지 우리의 관심을 다른 곳으로 돌리기 위한 '레드 헤링red herring(붉은 청어)'일까? (레드 헤링은 잘못된 결론으로 유도하거나 논리상의 오류에 빠지도록 만드는 것을 가리키는 말이다. 청어를 훈제하면 빨간색이 되는데 냄새가 아주 독해 사냥개가 이 냄새를 맡으면 혼란을 일으켜 사냥감을 놓치게 된다는 데서 유래했다.)[8]

홍실을 제대로 이해하기 위해서는 우리의 관심을 딴 데로 돌리는 레드 헤링에 속지 않아야 한다. 1887년 혹은 1888년에(이 연도는 당신이 잡지 창간호에서 읽었는지, 이후에 나온 단행본에서 읽었는지에 따라 달라진다) 나온 소설에서 주인공인 '자문 탐정consulting detective'은 다음과 같은 주장을 펼쳤다. "살인이란 무채색으로 이루어진 인간의 삶이라는 실타래에 섞여 있는 진홍색 실scarlet thread이라고 할 수 있다. 우리의 임무는 그 꼬인 실타래에서 진홍색 실을 풀어내는 것이다."[9] 이 글을 쓴 작가 아서 코난 도일Arthur Conan Doyle 경은 괴테가 썼던 홍실에 대해 알고 있었음이 분명하다. 의사 출신이었던 그는 셜록 홈스라는 주인공이 사건의 단서들을 끈질기게 추적하는 과정에서 의학적인 방법을 적용하도록 했다.[10*] 코난 도일은 홍실 주변에 레드 헤링을 흩뿌려놓았고, 사람들은 한 세기 이상에 걸쳐 책과 영화, TV를 통해 셜록 홈스가 레드 헤링에 속지 않으면서 홍실을 걸러내고 증거를 찾아내는 모습을 보며 재미를 느껴 왔다. 이 책도 홈스의 방법에 따라 레드

---

* 지그문트 프로이트Sigmund Freud도 괴테의 홍실을 알았다. 그는《농담과 무의식의 관계Jokes and their Relation to the Unconscious》에서 이를 언급했다.

라인을 넘나들면서 홍실의 흔적을 찾고 그 흔적을 따라갈 것이다.

셜록 홈스는 사실(병의 증상)을 관찰하고 그것들로부터 추론(진단)하는 방법을 사용했다. 이런 방법은 매우 합리적이고 믿음직해 보이지만, 재판에서 언제나 오심이 존재해 왔던 것처럼, 실제로는 함정들이 곳곳에 도사리고 있는 것도 사실이다.[11] 하나의 사실이 사건을 해결하는 단서(즉 홍실의 일부)인지, 아무런 의미가 없는 정보(즉 레드 헤링)인지는 당신이 세운 가설과 당신이 따르는 직감에 따라 달라진다.

나는 빨강이 갖는 의미를 찾아가면서, 아이작 뉴턴Isaac Newton이 깜깜한 방에 삼각기둥 모양의 유리[프리즘]를 앞에 두고 고독하게 실험하면서 세웠던 가설을 따르지는 않을 생각이다. 뉴턴은 이 실험을 통해 색이란 결국 650나노미터(nm)에서 700나노미터 사이의 파장을 가진 빛이라고 결론 지었다. 나는 또한 빨강을 우리의 망막에 있는, 색에 민감한 '원뿔(추상)' 세포가 특정하게 반응하는 것에 불과하다고 보는 생리학적인 정의도 따르지 않을 것이다. 생리학적인 정의에 따르면, 많은 과학 교과서들이 '붉은' 원뿔이라고 잘못 지칭하는 이 세포는 570나노미터 정도의 파장을 가진 빛에 가장 민감하다. 이 570나노미터는 뉴턴이 말했던 650과 700나노미터 범위에는 들어가지 않는다. 뉴턴의 프리즘에서 나온 '빨강'과, 망막에 있는 세포가 반응하는 '빨강' 사이의 이러한 파장의 불일치는 우리가 일상적으로 느끼는 빨강을 이해하는 데 아무런 도움을 주지 않는다. (비록 그 수치들이 물리학과 생리학에서 독립적으로 다뤄질 때는 중요할지 모르지만 말이다.) 현대 과학이 수치에 지나치게 치중하는 탓에 색을 이해하는 것은 점점 더 혼란스러워졌다. 철학자 루트비히 비트겐슈타인Ludwig Wittgenstein 이 말했듯이 우리는 마치 "새로 페인트칠을 한 외양간 문 앞에 서 있는 황소" 같은 꼴이 돼 버렸다.[12] 빨강을 특정한 범위 안에 있는 빛의 파장으로만 생각하게 되면 (황색yellow) 금, (오렌지색orange) 불꽃, (갈색 brown) 강아지, (연한 적갈색ginger to auburn) 머리카락 등을 '빨강'의 범주로 넣을 수 없게 된다. 또한 역사적으로 빨간색과 자주색purple은 빈번하게 같은 뜻으로 사용돼 왔다. 예를 들어 윌리엄 셰익스피어William Shakespeare는《리처드 2세Richard II》에서 전장에 흩뿌려진 피를 묘사하면서 '자주색 유언장purple testament'과 '진홍빛 분노scarlet indignation'라는 표현을 연이어 사용했다. 그리스도가 십자가에 못 박힐 때 걸치고 있었던 로인클로스loincloth(허리에 두르는 옷)에 대해서도 마태복음과 누가복음은 빨간색으로, 마가복음과 요한복음은 자주색으로 묘사했다.[13] '빨강'이라는 말은 뉴턴의 프리즘에서 나오는 빛 가운데 절반 이상을 표현할 수 있는 것 같다. 즉 초록과 파랑을 제외한 나머지가 모두 여기에 속할 수 있다. 따라서 빨강이 갖는 의미는 프리즘이 되었든 망막의 세포가 되었든 개별적인 것 속에서는 찾아질 수가 없다.

이 책에서 나는 빨강이 갖는 의미는 사물과 사람들 사이의 상호작용에서만 찾을 수 있다는 믿음을 가지고 나아갈 것이다. 황색, 오렌지색, 갈색, 연한 적갈색, 자주색 심지어는 보이지 않는 현상들까지 아우르는 이 '빨강'은 색의 범주 중에서도 대단히 신축적이면서 포용적이다. 이것은 '빨강다움redness'에는 — 많은 관용적인 표현들에서 알 수 있듯이 — 문화적으로 꽤 중요한 의미를 내포하고 있다는 사실과 부합한다. 그래서 나는 우리 인간에게 빨강을 가져다준 (그리고 지금도 가져다주고 있는) 구체적인 실체들에 초점을 맞춤으로써 빨강의 의미를 찾아나갈 것이다.

1장에서 5장까지는 동물과 식물, 광물로부터 얻어지는 빨강은 물론이고, 인공적으로 합성되거나 산업적으로 대량 생산되는 빨강들을 개괄적으로 살펴보면서 그것들이 어떤 경로를 밟아 빨강을 만들어 내는지 그 일대기biography를 그려볼 것이다. 6장에서는 가장 최근에 일어난 급격한 변화, 즉 전자적인 화면에서 아주 짧은 순간 나타났다가 사라지기를 반복하는 빨강에 대해 살펴본다. 7장에서는 빨강이 스펙트럼의 절반 이상을 차지하고 있는 것처럼, 빨강을 제공하는 것들도 여러 범주에 걸쳐 있다는 점을 간략히 보여 줄 것이다. (이들 범주는 동물이나, 식물, 광물 같은 분류를 말하며, 우리 현대인들은 이런 범주의 분류를 통해 세계에 질서를 부여하려고 한다.) 8장에서는 빨강과 관련된 단어와 관용구들의 의미를 생각해 본다. 이것은 셜록 홈스가 사건을 풀어 나갈 때 무기나 발자국 같은 구체적인 사물에서만 단서를 구한 것은 아니었다는 점과도 통한다. 홈스는 사람들의 행동 동기나, 예기치 않은 사실이 드러났을 때 보이는 사람들의 반응 같은 심리적 요소들도 사건을 풀어 가는 단서로 삼았던 것이다. 9장과 10장, 11장에서는 실제로는 다양한 색을 띠고 있지만 전통적으로 빨강으로 묘사돼 온 것들을 살펴본다. 그것은 각각 흙과 피, 그리고 불이다. 마지막 장에서는 황혼을 통해 빨간 물질들의 일대기와 빨강의 심리적 일대기를 관통하는 실, 즉 홍실을 찾으려고 한다.

그러나 빨간 물질의 일대기를 시작하기에 앞서 우선 빨강이 문화적으로 매우 중요한 색이며 빨간색을 띤 물질은 많은 사람들로부터 높은 가치를 지닌 것으로 평가 받아 왔다는 사실을 보여 줄 필요가 있을 것 같다. 빨강의 중요성과 가치는 빨간색 화장품의 역사를 개괄적으로 살펴보는 것만으로도 쉽게 알 수 있을 것이다. 이 과정에서 이후의 장들에서 다루게 될 다채로운 빨강 중 많은 것들이 소개될 것이다.

루주의 역사

루주가 언제 처음 사용되었는지에 대한 기록은 남아 있지 않지만, BC 몇천 년 전부터 지금의 이라크와 이집트 지역에서 사용되었다는 추론은 충분히 가능하다. 이 지역의 문화에서는 죽은 자들이 사후의 세계에서도 살아갈 수 있도록 필요한 물품을 무덤에 함께 넣어 주는 풍습이 있었는데, 이러한 부장품 중에는 일반적으로 화장품도 포함돼 있었다. 자연 광물인 적철석haematite ― '적토red ochre'* 혹은 단순히 '흙earth'이라고도 불렸다 ― 으로 만든 화장용 빨간 분(파우더)이 우르**

---

* 진흙과 실리카를 함유한 산화철로 된 천연의 적갈색 흙이다. ― 옮긴이

의 왕족 묘와 이집트의 무덤에서 발견되었다. 이 빨간 분은 대부분 이 지역에서 흔히 구할 수 있는 새조개의 조가비에 보관돼 있었다.[14]

고대 로마의 여성들은 연백lead white(백색 안료)이나 진흙, 백악chalk 으로 만든 하얀색 파운데이션을 얼굴에 바른 뒤 그 위에 루주를 덧칠 했다. 로마 시대의 루주는 진사辰砂/cinnabar와 버밀리온vermilion, 연단 minium/red lead으로 만들어졌으며, 이들은 파운데이션 재료이자, 화가 들의 안료(물감)로도 사용되었다. 화장에 사용된 재료는 의학적인 가 치도 지녔다. 오비디우스는 멋을 부리는 여성들의 볼이 '유독한 혼합 물'로 덮여 있다고 표현했는데, 그 혼합물은 아마도 훗날 대 플리니우 스Gaius Plinius* 가 언급했듯이 진사와 버밀리온, 연단이었을 것이다.[15] 하지만 우르와 이집트의 무덤에서 발견된 적토뿐만 아니라, 독성이 훨씬 덜한 붉은 백악red chalk, 푸쿠스fucus,** 알카넷alkanet,*** 장미, 양귀 비 잎 같은 식물성 염료도 화장용으로 사용되었다.[16] 빨간색 화장용으 로 사용된 색다른 성분으로는 '악어의 내장에 든 내용물[똥]'이라는 뜻의 크로코딜레아crocodilea가 있었다. 그리스 시대의 의사로 의학 이 론을 체계화한 클라우디우스 갈레노스Claudius Galenos는 크로코딜레아

** 이라크 남부 유프라테스강 하류에 있던 고대 수메르의 도시다. ― 옮긴이
* 플리니우스(23~79)는 고대 로마의 정치가이자 박물학자로 천문, 기상, 동식물 등에 관한 《박물지》(37권) 등의 저서를 남겼다. 로마 관료이자 저술가인 이름이 같은 조카와 구별하기 위 해 대(위대한) 플리니우스로 불린다. ― 옮긴이
** 붉은 빛깔의 해초(갈조식물 모자반)다. ― 옮긴이
*** 높이 50~100cm로 자라는 2년초 혹은 다년초 식물이다. ― 옮긴이

가 화장용으로 쓰였다고 기술했고, 대 플리니우스는 악어의 똥을 볼에 바르는 것이 기분 나쁘지만은 않았을 것이라고 썼다. 왜냐하면 악어는 달콤한 향기가 나는 꽃을 뜯어먹는 습성이 있어 내장물도 향이 좋았을 것이기 때문이다.[17] (오늘날에도 몇몇 화장품은 빨간색 성분을 얻기 위해 해조류 같은 냄새가 역겨운 재료를 이용하고 있다.) 그렇지만 이런 화장 재료의 제조법은, 화가들이 그림에 사용하기 위해 만들었던 안료 제조법이나, 연금술사들의 제조법처럼 사실을 곧이곧대로 기록하지 않았다. 그래서 크로코딜레아의 경우도 사실은 '에티오피아 기름 Ethiopian soil'인데 이를 숨기기 위해 크로코딜레아라는 단어를 썼을 것이라는 주장도 있다.[18] 고대 그리스의 역사가 헤로도토스Herodotus에 따르면 흙은 살갗을 곱게 하는 데 매우 좋다는 평가를 받았고 특히 리비아의 흙은 빨갰다고 한다.[19] 그래서 크로코딜레아는 실제로는 천 년 전부터 아시리아와 이집트 여성들이 사용했던 적철석(다른 이름으로는 '적토' 혹은 '흙')을 가리키는 것이었을 가능성이 높다.

로마 제국 시대 이전의 영국은 몸 전체를 치장하는 데 공을 들이는 것으로 유명했으며, 픽트Pict족*이라는 이름도 '색을 칠한painted'이라는 뜻이다. 그러나 픽트족은 로마화되었고, 보디 페인팅body painting이 되살아난 것은 게르만족의 영향에 의해서였다. 하지만 당시에는 파란색이 주로 사용되었다. 중세 시대에 이르러 영국인들의 화장은

---

* 영국 북부에 살던, 스코틀랜드인에게 정복당한 고대인으로 머리에서 발끝까지 문신을 했다. — 옮긴이

긴 머리를 치장하는 데 초점이 맞춰졌고 특히 빨간색 긴 머리(자연적이든, 염색을 통해서든)를 선호했다. 시간이 지나면서 빗질로 머리를 지나치게 부풀리거나 눈썹이나 머리카락을 뽑는 행위가 금지되었고 '부자연스러운 색'으로 머리를 염색하는 행위도 비난받았다. 영국인의 화장에 대한 초기 기록에는 루주에 대한 내용이 별로 등장하지 않는다. 루주가 활발히 사용되기 시작한 것은 십자군 전쟁 이후에 '백합과 장미lily-and-rose' 같은 안색을 미적으로 높이 치기 시작하면서였다.[20]

셰익스피어의 《겨울 이야기The Winter's Tale》에서 여주인공 퍼디타는 '줄이 나 있는 길리보아streak's gillyvor'(타가 수정을 통해 얻어진, 빨간색을 부분적으로 가지고 있는 하얀 꽃)를 "자연의 사생아들nature's bastards"이라고 말한다(4막 4장, 83~84). 그녀는 빨간 줄이 나 있는 길리보아 꽃은 루주를 바른 얼굴처럼 자연에 대한 모독으로 보았던 것이다. 퍼디타의 화장과 루주에 대한 반감은 16세기 후반에 퍼져 있던 여성과 남성의 예술적 창조성에 대한 서로 다른 관점을 반영한다. 즉 남성 화가들은 자연의 창조자인 신의 이미지 속에서 행동하지만, 여성의 예술적 기교는 (자신들의 얼굴에 색을 칠하는 것을 포함해) 자연의 질서에 도전하는 신성 모독적인 위조 행위로 (남성들에 의해) 비난을 받았다.[21] 자연을 묘사할 때 남성은 '있는 그대로from life' 색을 칠하지만, 여성들은 '꾸며서upon life' 말 그대로 자연을 훼손한다는 것이다.[22] 물론 이런 수사적인 표현은 액면 그대로 받아들일 필요는 없는, 말싸움의 일종이라고 봐야 할 것이다.

엘리자베스 1세의 자연스러운 빨간색 머리카락은 고대 영국인이 가진 미적 감수성을 반영하는 동시에 이를 더욱 강화했다. 하지만 그녀는 영국적인 '백합과 장미' 같은 자신의 안색을 보다 정치적인 의미로 해석했던 것 같다. 그녀는 튜더 왕가의 군주로서 자기 얼굴의 화장법을 왕가를 상징하는 튜더 로즈Tudor rose * 로 받아들였을 것이다. 튜더 로즈에서 요크 가문을 뜻하는 백장미는 랭커스터 가문을 뜻하는 빨간 장미에 섞여 들어가 있다. 나이가 들면서 젊은 시절의 불타는 듯한 빨간색 머리카락을 잃게 되자, 엘리자베스 1세는 머리를 빨갛게 염색하는가 하면 이후에는 빨간 가발을 썼다. 또한 볼에 루주를 바르고 입술에도 색을 칠했는데, 일반인들 사이에서도 그녀의 이런 모습이 유행하게 되었다. 그녀는 남동생 에드워드 6세에게 자신의 초상화가 동봉된 편지를 보내면서 그림의 색은 시간이 지나면 바래지니까 조심해야 한다고 적었다.[23] 실제로 그녀의 초상화들 중 상당수는 색이 바래졌고, 무엇보다 투명했던 빨강이 본연의 색을 많이 잃어버렸다. 오늘날 엘리자베스의 초상화들은 루주 원래의 색은 물론이고 얼굴에서 핏기도 거의 사라져 마치 유령처럼 황량한 인상을 준다.** 이렇게 바래 버린, 초상화에 사용된 빨간색들 중 일부는 17세기에 멕시코에서 들여온 말린 코치닐 벌레cochineal beetles, 아랍에서 들여온 사프란saffron, 인도에서

---

* 다섯 꽃잎으로 된, 빨간 장미와 흰 장미를 짜 맞춘 무늬를 말한다. — 옮긴이
** 2세기 뒤에 조슈아 레이놀즈Joshua Reynolds 경이 그린 초상화들 중 일부에서도 이와 비슷한 문제들이 발생했다.

들여온 헤나henna에서 얻어진 것이었다. 이들은 그림뿐 아니라 파우더 브러시, 크레용, 연필 등을 사용해 화장을 하는 데도 이용되었다.[24]

18세기 프랑스에서 루주는 구애의 표시였다. 카사노바를 비롯해 파리지앵들에게 루주는 계급을 나타내는 표식이기도 했다. 밝은 빨강일수록 보다 귀족적인 것을 나타냈고, 그것은 베르사유 궁전을 드나들수 있는 신분증과도 같았다. 이처럼 화장품cosmetic은 사회적 우주cosmos를 규정했지만('cosmetic'과 'cosmos'는 둘 다 '질서'를 뜻하는 그리스어에서 유래했다), 동시에 사회적 지위 '상승make-up'에 이용되기도 했다. 확고부동하게 자리 잡은 빨강의 사회적 기호는 전복되었고, 빨강으로 표시되는 사회적 지위는 더 이상 상류 계급만의 것이 아니라, 매우 숙련된 사교 기술을 통해서도 획득될 수 있었다. 그런 사교 기술을 통해 상류층으로 이동하는 데 가장 능숙한 기교를 보여 준 인물은 루이 15세의 공식적인 정부情婦였던 마담 드 퐁파두르Madame de Pompadour 였다. 빼어난 미모를 지녔던 그녀는 많은 초상화를 남겼는데, 그중에는 당시 궁정 화가였던 프랑수아 부셰François Boucher가 그녀의 화장실 toilette(화장하는 방)에서 그린 것도 있다. 이 초상화는 화가들이 자신들의 자화상을 그렸던 방식으로 그려져 있다. 당시 화가들의 자화상은 한 손에 붓을 든 채, 전경에는 마치 거울을 들여다보듯이 우리를 응시하는 화가의 얼굴이 있고, 후경에는 그들이 그리는 그림이 드러나 있는 식이었다. 그러나 부셰가 그린 퐁파두르의 초상화에는 한 손에 화장용 붓을 들고 우리를 응시하고 있으며, 거울에 비친 그녀의 모습이

2 프랑수아 부셰, 〈잔 앙투아네트 푸아송, 마담 드 퐁파두르Jeanne-Antoinette Poisson,
Marquise de Pompadour〉, 1750, 캔버스에 그린 유화.
사교적인 기술로 귀족이 된 여성이 얼굴을 가꾸고 있는 모습이다.
화가는 그녀가 평소 화장을 할 때 사용하던 것과 똑같은 안료로 얼굴을 채색했다.
이 빨강은 색이 바래지 않아 천 년 이상이나 화장과 미술 안료로 사용되었다.

후경에 그려져 있다. 그녀가 들고 있는 화장용 붓에는 볼에 칠해진 루주와 같은 빨간색 파우더가 잔뜩 묻어 있다. 이 파우더는 부셰가 이 초상화에서 사용한 안료이기도 하다.[25]

뛰어난 사교술을 통해 귀족의 반열에 오른 여성을 그린 이 초상화는 개인의 사회적인 정체성에 대한 관념을 잘 드러낼 뿐 아니라 회화와 화장의 관계에 대해서도 시사하는 점이 있다. 퐁파두르가 입술과 볼에 색을 내기 위해 사용한 재료는 부셰가 초상화에서 그녀의 입술과 볼을 표현하기 위해 사용한 안료와 똑같은 것이었다. 퐁파두르의 출생 시기 전후에 활동한 장 앙투안 와토Jean-Antoine Watteau가 그린 〈제르생의 간판L'Enseigne de Gersaint〉*은 거울이 붙은 분갑(콤팩트)과 화장품, 각종 그림과 큰 거울로 가득한 화상 가게를 둘러보는 귀족층의 고객들을 보여 준다.

볼에 두껍게 루주를 칠한 프랑스인들의 인공적인 화장법에 대항해 영국인들은 '자연미natural beauty'라는 개념을 다시 강조하기 시작했다.[26] 18세기 영국인들은 화장을 엷게 한 여성의 얼굴을 높이 평가하는, 엘리자베스 시대 이전의 미학적 가치로 되돌아갔다.** 프랑스에서

---

* 프랑스 로코코 양식의 대가 장 앙투안 와토(1684~1721)는 1719~1720년 초까지 런던에 머물다 병세가 악화되어 파리로 돌아와 친구 제르생의 집에 머문다. 〈제르생의 간판〉은 그 당시 화상인 제르생이 그림, 도자기 등을 파는 가게를 열자 가게 모습을 담은 간판을 그려 준 작품이다. — 옮긴이

** 마찬가지로 영국인들은 좌우 균형을 맞추어 가꾸는 프랑스의 포멀 가든formal garden 방식에 맞서 조경사 랜실롯 브라운Lancelot Brown과 험프리 렙톤Humphry Repton이 추구한 훨씬 자연 친화적인 영국식 풍경 정원style of landscaping을 택했다.

루주가 유행했다는 사실은 왜 아직까지도 영어권에서 빨간색 화장을 '루주rouge'라는 프랑스어로 그대로 부르고 있는지를 설명해 준다. 1850년까지 영국에서는 괜찮은 화장품을 거의 만들어 내지 못한 데 반해, 프랑스에서는 파리에서만 700명 이상이 화장품 제조 공장에 고용되었다(가장 뛰어난 암적색carmine 루주라고 평가받은 화장품을 만들어 낸 영국 최고의 화학자도 파리의 화장품 제조 회사에 채용되었다).[27] 그렇지만 루주가 영국인들의 화장품 목록에서 오랫동안 빠져 있었던 것은 아니었다.

19세기 중반에도 몇몇 루주는 여전히 고대 로마 시대의 화장품에서 언급되었던 독성이 있는 화합물을 사용하였다. 게다가 산업이 발달한 빅토리아 여왕 시대(1837~1901)에는 중금속으로 조제된 화장품들이 심각하게 오염된 공기 속에 포함된 황黄과 결합해 사람들의 의식을 잃게 만드는 경우도 있었다.[28]* 이것은 화장이 대부분 도시 여성들 사이에서 널리 퍼져 있었기 때문에 일어난 현상이었다. 물론 공기가 깨끗한 시골에서도 유행에 민감한 여성들은 안색을 붉게 하려고 화장을 했지만 그러려면 화학 지식이 조금은 필요했다. 1890년대에 나온 〈런던 패션 저널London Journal Fashions〉은 "한 방울의 암모니아는 수은이 포함된 화장품을 까맣게 만들며, 얼굴에 바르는 파우더와 루주는 그 자체로는 대부분 아무런 해가 없지만 다른 요소들, 예컨대 향

---

* 사실 런던의 공기는 수세기에 걸쳐 황으로 오염되었고 숨이 막힐 듯했다. 실제로 1598년 엘리자베스 1세는 역청탄sea coal을 태울 때 나는 악취 때문에 런던에 들어가기를 거부했다.

수 같은 것들과 잘못 섞이면 매우 위험해질 수 있다"고 경고했다.[29]

1902년에 발간된 《미인이 되는 기술The Art of Being Beautiful》은 (자전거를 타는 것이 여성의 아름다움을 위협하는 것처럼) 루주도 피해야 한다며, 승산 없는 싸움을 걸기도 했다. 1920년대 무렵에는 화장은 더 이상 도시 여성들에 국한되지 않았고, 사회적 계급을 드러내는 표식도 아니었다. 또한 오랫동안 사용되어 온, 멕시코에서 들여온 말린 코치닐과 스페인에서 들여온 알카넷 뿌리와 함께, 리톨 레드 염the salts of Lithol red처럼 화학 실험실에서 개발된 인공적으로 합성한 빨간색도 널리 퍼지기 시작했다.[30]

2차 세계 대전 동안 각국의 무역이 거의 중단되고 원자재와 원료들이 군사용으로 전용되는 와중에도 미국에서는 화장품이 여전히 활발하게 생산되었다. 1941년 〈사이언스 뉴스 레터스Science News Letters〉는 다음과 같은 글을 실어 사람들을 안심시켰다.

미국 여성들은 자연으로 돌아갈 필요가 전혀 없으며, 빅토리아 시대에 살았던 할머니들처럼 입술에 비트* 즙을 바르거나, 볼에 장미 이파리를 문지를 필요도 없다. 1941년에 유행할 화장품은 보다 밝고 화사한 얼굴을 지향한다. 1940년의 은은한 색상shy colours 대신 애국적인 빨강 patriotic reds이 대세가 될 것이다.[31]

---

* 사탕무의 일종으로 붉은색 과육에 착색이 잘되는 즙이 들어 있다. — 옮긴이

3 "성병이 지구를 덮친다: 자신을 지키는 법을 배워라"
F. W. 윌리엄스F. W. Williams가 1940년에 그린 석판화로,
미국 군인들에게 외국인과의 성관계는 위험하다는 것을 경고하고 있다.

4 "당신은 잊어버리지만 그녀는 기억한다: 경솔한 한마디가 목숨을 앗을 수도 있다" 1940년대 화이티어Whitear의 작품으로 수채화 물감과 구아슈로 그린 그림. 영국 정보부가 정보 누설을 방지하기 위해 제작한 포스터다.

이 두 포스터는 전쟁 시기에 비애국적으로 비칠 수도 있는 빨간 립스틱을 바른 여성을 보여 준다. 이 그림들은 빨강이 가진 두 가지 측면을 잘 드러낸다.

오늘날에는 공장에서 대량으로 만들어지는 빨간 색조 화장품이 널리 사용되고 있지만, 20세기 후반 이후 21세기 초에 이른 지금까지 패션의 유행은 매우 분산되고 다양해졌고, 몹시 빠르게 변하고 있다. 그래서 지금 유행하는 패션을 통해서는 빨강에 얽힌 이야기를 풀어 나갈 실마리를 찾을 수가 없다. 과거 화장에 사용되던 빨강들 중 일부는 서서히 자취를 감추었고, 어떤 것들은 유행에 뒤쳐져 사라졌다가 다시 돌아와 수천 개에 이르는 새로운 빨강들과 합류했다. 이들 중 어떤 것도 화장용으로만 사용되지는 않았으며 매우 다양한 용도를 지니고 있었다.

그런데 2차 세계 대전 기간에 미국은 왜 빨간 색조 화장품을 애국적이라고 간주했을까? 거기에 대한 답 중 하나는 빨강이 피와 같은 색이라는 사실에서 찾을 수 있다. 빨강과 피의 관계는 오랜 역사를 지나면서 서서히 변화해 온, 빨강의 문화적 배경을 통해서만 알 수 있다. 이런 문화적인 배경 중 하나가 동물의 왕국에서 나타나는 빨강이다.

1장

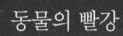

동물의 빨강

동물은 색을 이용해서 의사소통한다. 예를 들어 개코원숭이baboon는 잠재적인 짝의 관심을 끌기 위해 자신의 선홍색 엉덩이를 이용한다. 하지만 자연은 단순하지 않아서 빨간색을 다른 목적으로 이용하는 동물들도 있다. 예컨대 울새robin는 암컷, 수컷 모두 가슴이 빨갛다. 울새의 빨간 가슴은 오래전부터 사람들의 관심을 끌었는데 특히 시인들이 그랬다.[1] 빨강은 여우의 꼬리와, 잘 구워진 바닷가재에게서도 찾아볼 수 있다. 날개나 털, 껍질처럼 밖으로 드러난 부위에 있어서 눈에 띄기도 하지만 눈에 띄지 않는 부위에 색을 띠는 경우도 있다. 이처럼 숨겨진 부위의 색으로 '인디언 옐로Indian yellow'를 들 수 있다. 이 색은 망고 잎을 먹인 소의 오줌에서 채취된다. '티리언 퍼플Tyrian purple'*과 '테크헬레트 블루Tekhelet blue'는 지중해에 사는 바다달팽이의 분비샘에서 추출돼 천 년 이상 사용돼 왔다. 비슷한 색이 연체동물에서 추출돼 세계적으로 널리 사용되기도 했다. 리치 웜 블랙rich warm black(진하고 따뜻한 느낌을 주는 검정색)은 까맣게 탄 상아나 뼈에서 얻었다. 반면 뼈나 조개껍질을 가루로 내면 소프트 화이트soft white(은은한 흰색)가 얻어졌다. 이러한 사례들은 동물로부터 얼마나 다양한 색을 얻을 수 있는지를 보여 준다. 하지만 이렇게 얻어지는 색들 대부분은 빨강이었다.

무엇보다 동물이 제공하는 빨강 중 가장 선명한 것은 그들이 흘리는 피다. 동물을 제물로 바치는 것은 역사가 매우 깊다. 종교적인 의식을 거행할 때 적절한 순간에 동물의 빨간 피를 흩뿌려 극적인 효과를 높였다. 오늘날에는 성찬식에서 그리스도의 희생을 뜻하는 피 대신에 와인을 사용하지만, 빨간색이라는 점에서는 차이가 없다. 와인처럼 제물로서의 빨강은 일시적인데, 의식에 참여한 사람들이 마셔 버리거나 치워 버리기 때문이다. 실제 동물의 피를 사용하는 경우에도 마찬가지다. 흩뿌려진 피가 너무 오랫동안 방치돼 있으면 보기에 좋지 않기 때문이다. 그래서 과거든 현대든, 자기 작품에 피를 사용하는 예술가들은 색을 내기 위한 것이 아닌 다른 이유가 있기 마련이었다.

예를 들어 영국의 미술가 마크 퀸Marc Quinn은 — 이 책을 쓰는 지금 현재 — 자기 몸에서 약 4.5리터의 피를 뽑아 냉동시킨 다음 자신

---

* 페니키아의 티레에서 생산된 자주색 염료에서 유래된 색채명이다. 페니키아는 자주색 염료와 염색 기술로 유명했다. 특히 티레산이 뛰어나 그리스 신화에서도 언급된 바 있다. — 옮긴이

의 두상을 만들어 내고 있다. 그는 1991년 처음 이런 방식으로 작품을 만든 이후 5년마다 한 번씩 새로운 두상을 발표하고 있다. 금이 가 있는 얇은 얼음 층을 통해서 피가 보이는 이 작품들이 자아내는 미학적 효과는 당연히 약간은 으스스하다. 이 작품의 가치는 색채 효과에 있다기보다는 개념적conceptual인 것에 있다고 할 수 있다.[2] (찰스 사치 Charles Saatchi[*]가 약 1만 3000파운드에 사들인, 퀸이 만든 첫 번째 두상은 요리 연구가 니겔라 로손Nigella Lawson의 부엌에 딸린 냉동고에 보관돼 있었는데, 빌딩 관리인의 실수로 전기 플러그가 빠져 녹아 버리면서 가치가 크게 떨어졌다.)[**] 유럽 예술에서 다양한 동물과 인간의 피는 상징적이거나 보조적인 역할을 해 왔다.[3] 또 피는 천을 빨갛게 염색하는 데 사용된 재료 중 하나였다. 1413년 베니스에서 피를 염색에 사용하는 것을 불법으로 규정했으나 19세기에 이르기까지 섬유 염색에 피를 이용하는 사례는 끊이지 않았다.[4]

그러나 동물에서 얻어지는 빨강 가운데 문화적으로 가장 중요한 것은 놀랍게도 우리가 하찮게 여기는 이나 진드기 같은 패각충貝殼蟲으로부터 얻어졌다. 유럽 문화는 일반적으로 곤충에 대해 호의적이지

---

[*] 찰스 사치는 이라크 유대인 출신의 영국인으로 광고 재벌이다. 현대 미술에 집중하는 미술관인 사치 갤러리를 소유하고 있다. ― 옮긴이
[**] 2002년 7월 4일 〈가디언The Guardian〉에 실린 A. 크리세피스A. Chrisafis의 "두상 2Head Two"란 기사를 보면 마크 퀸이 처음으로 조각한 두상을 '두상 2'라고 한 까닭을 알 수 있다. 그 날 신문에는 이 기사 옆에 마거릿 대처 수상의 조각상 머리가 잘려 나간 것을 다룬 기사가 함께 실렸는데, 그 기사의 제목이 '두상 1Head One'이었기 때문이다.

5 種種들 간의 경계를 구분하기 위해 늘어서 있는
박제된 양충red bug들[노린재의 일종].

않지만, 역설적이게도 시각적으로 화려한 빨강들은 대부분 곤충들로부터 나왔다. 게다가 벌꿀과 비단도 곤충이 인간에게 선사하는 소중한 선물 중 하나다. 눈부시게 빨간색을 한 벌레는 오래전부터 가치 있는 것으로 받아들여져 왔다. 이 벌레들과 그것들로 염색한 천을 더 많이 차지하기 위해 동양과 서양, 신대륙(신세계)과 구대륙(구세계)이 갈등을 빚기도 했다. 이들은 외교적인 선물이나, 결혼을 앞둔 신부의 지참금으로도 중요하게 취급돼 서로 다른 문화들 사이의 관계를 돈독히 하는 데 기여하기도 했다. 예를 들어 13세기 초에 불가리아의 보릴 황제Tsar Boril는 라틴 제국 황제에게 시집가는 의붓딸에게 금과 은, 보석과 함께 금실을 넣어서 두텁게 짠 호화로운 비단을 60마리의 동물에 가득 실어 딸려 보냈다.[5]* 진드기류의 빨간색을 띤 벌레 가운데 염색과 관련해 가장 중요하게 대접받은 것은 인도 랙Indian Lac(Lakshadia spp), 아르메니아 레드Armenian Red(porphyrophora hameli), 지중해 케르메스Kermes(kermococcus vermilis), 폴란드 코치닐Ploish cochineal(Margarodes polonicus), 아메리카 코치닐American cochineal(Dactylopius coccus)이었다.

인도 랙

랙은 남아시아와 남동아시아에서 폭넓게 발견되며, 야생이나 양식용

---

* 보릴은 라틴 제국의 황제 앙리에게 전투에서 패배하고 상황이 악화되자 이 혼인을 추진하고 동맹을 맺었다. — 옮긴이

6 런던의 '세이보리 앤드 무어Savory & Moore'에서 나온 심장 강장제인
'누트리논Nutrinon'은 19세기에 처방전 없이 구매할 수 있었다. 누트리논의
붉은색은 중세 아랍에서 나온 콘펙티오 알케르메스(심장 강장제)로부터
큰 영향을 받았다. 이것은 또한 빨강과 건강 사이에는
문화적으로 밀접한 연관 관계가 있음을 보여 준다.

모두 다양한 나무에서 서식한다. 수컷과의 교미를 통해 알을 밴 암컷 랙들은 한곳에 모여 끈적끈적한 진액을 분비한다. 이렇게 분비된 진액들은 암컷들을 감싸면서 숙주 식물을 뒤덮게 되고, 나무의 잔가지들은 진액으로 둘러싸여 움직이지 못하게 된 랙의 무게 때문에 부러지게 된다. 현지인들은 이렇게 부러진 잔가지들을 긁어모아 으깬 다음 체로 여러 차례 걸러서 나뭇가지 조각들을 없애고 '스틱랙sticklac'* 이라는 이름으로 판매한다. BC 4세기에 인도인들이 부족을 어떻게 다스리고 어떤 경제적, 군사적 전략을 펼쳤는지를 다룬 한 논문에서는 랙이 염료뿐만 아니라 약재로도 사용됐다고 밝히고 있다. 심신이 쇠약해져 있을 때 랙 가루를 벌꿀과 섞어서 먹으면 원기를 회복하는 데 큰 도움이 되었다고 한다.[6]

랙을 양식하는 기술은 캄보디아에서 처음 시작되었던 듯하며, 랙이 만들어 내는 빨간 염료와 함께 주변 국가로 빠르게 퍼져 나갔다. 그리스·로마 시대의 이집트에서 발견된 그림들과, 고대 후기의 이집트에서 나온 직물에서도 랙이 만들어 내는 빨강이 사용된 흔적을 발견할 수 있다.[7] 11세기에 북유럽 앵글로색슨족이 남긴 기록에서도 랙은 염료 및 안료로 매우 중요하다고 언급돼 있다.[8] 중세 시대에는 알칼리를 사용해 끈적끈적한 랙 덩어리로부터 빨간 염료를 직접 추출했다. 화가들은 당시 가장 널리 사용되던 알칼리의 하나인 퀴퀴한 냄

---

* 랙의 분비물로 니스를 만드는 데 쓰는 천연수지 셸락의 원료다. — 옮긴이

새가 나는 오줌에 가늘게 빻은 락을 넣고 서서히 가열하는 방법을 추천했다.[9] 빨간 수지樹脂 도료나 접착성이 강한 셸락shellac은 알코올을 사용해 락 덩어리로부터 추출했다.

19세기 중반에 영국은 연간 300톤 이상의 스틱락을 수입했다. 19세기 말에 영국의 공예가이자 건축가이자 시인인 윌리엄 모리스William Morris는 인도 락을 "강렬하지만 보기에 좋지는 않다"고 했지만, 그가 살던 시대보다 600년 전에 지어진 런던 웨스트민스터 사원에 있는 성 피데스 예배당은 바로 인도 락으로 칠해진 것이었다.[10] 성 피데스 예배당을 칠하는 데 사용된 안료 중에는 매우 특별한 푸른색인 — 무게당 가치가 금과 동일했던 — 아프가니스탄에서 들여온 군청색ultramarine* 도 들어 있었던 사실을 감안하면 헨리 3세** 가 윌리엄 모리스와는 달리 인도 락을 얼마나 매력적이고 고귀한 빨강이라고 생각했는지를 알 수 있다.

아르메니아 레드

빨간색을 만드는 또다른 패각충은 아라라트산(아르메니아와 이란 국경 근처, 터키 영토에 속한 산) 주변의 협곡에서 자라는 풀뿌리에서 발견할

---

* 이 색은 천연 광석인 유리로부터 얻어졌다. ─ 옮긴이
** 웨스터민스터 사원은 13세기 중반 헨리 3세에 의해 렝스 대성당을 본 딴 (프랑스) 고딕 양식으로 개축되었는데, 성 피데스 예배당도 그 당시 지어졌다. ─ 옮긴이

수 있다. 이들은 알을 배면 숙주 식물인 이 풀에 달라붙어 움직이지 않는다. 이 벌레에서 얻어지는 빨간색을 염료로 사용했다는 가장 오래된 기록은 BC 714년 아시리아의 사르곤 2세가 무자지라에서 약탈한 보물 목록에서 확인할 수 있다. "아라라트와 쿠르키의 진홍색scarlet 옷감"이라고 기록돼 있는 것이다.[11]

아르메니아인들은 무역상으로 유명했다. 아르메니아 레드는 가장 규모가 큰 동서 무역로, 즉 카스피해와 홍해를 연결하며 아제르바이잔과 아르메니아, 그루지야를 포함하는 지역에서 수확되었다. 아르메니아 레드와 거기서 얻어지는 빨간 염료에 대해서는 아라비아의 역사학자들과 사상가들의 기록에 남아 있을 뿐 아니라 스페인 여행가이자 외교관인 루이 곤잘레스 데 클라비호Ruy Gonzáles de Clavijo도 1404년 사마르칸트로 가는 길에 이에 관해 기록했다.[12] 아르메니아 레드는 여러 나라에 걸쳐 있는, 무역이 활발하게 이루어진 교역로에서 수확되었기 때문에, 폭넓은 지역에서 활용되었을 것이다. 하지만 그런 사실을 역사적인 기록을 통해 확인하기는 쉽지 않은데, 가장 큰 이유는 빨간 염료를 만들어 내는 다른 벌레들과 아르메니아 레드를 혼동해서 사용한 경우가 많았기 때문이다.

아르메니아 사람들은 이 벌레를 가미르garmir라고 불렀는데, 이것은 [중세 페르시아어] 파흘라비Pahlavi어의 칼미르kalmir에서 온 것이었다. 칼미르는 히브리어의 카르밀karmil, 폴란드어의 키르미스kirmis, 영어 케르메스kermes의 어원이기도 하다.[13] 이들은 모두 '벌레' 혹은 '벌레에서 나온'이라는 뜻을 가진 페르시아어 키르미츠kirmiz와 산스크리트어인 키르미라kirmira, 라틴어의 베르미스vermis에 뿌리를 둔다. 아르메니아 레드의 빨강은 얼핏 보면 이 벌레가 서식하는 나무나 풀에서 자라는 산딸기가 원천인 것처럼 착각할 수 있다. 그러나 위에 거론한 이름들로 미뤄 볼 때 매우 이른 시기부터 사람들은 아르메니아 레드라는 벌레가 빨강을 만들어 내는 원천임을 이미 알고 있었던 것이 확실하다. 하지만 '벌레' 혹은 '벌레에서 나온'이라는 뜻의 이름 때문에, 적어도 유럽에서는, 빨강을 만들어 내는 다른 벌레들과 혼동되었을 가능성이 높고 그로 인해 역사적인 기록으로도 남지 못했을 것이다.

지중해 케르메스

케르메스는 지중해 연안에서 자라는 상록 떡갈나무에 주로 서식했다. 키 작은 관목처럼 생긴 이 떡갈나무는 매우 가치 있는 것으로 여겨졌으며, BC 1100년경 티그라트 – 필레세르Tiglath-Pileser 1세가 아시리아로 들여왔다.[14] 그가 왜 지중해 연안에서 자라던 떡갈나무를 아시리아로 옮겨와 심었는지에 대한 이유는 기록으로 남아 있지 않지만, 케르메스에 대한 인기가 높아 그 수요를 감당하기 위해서였을 것이다. 반면 그리스와 라틴 지역의 지배자들은 케르메스의 특성에 대해서 제대로 알지 못했던 듯하다. 2세기에 살았던 그리스의 지리학자이자 역사가 파우사니우스Pausanius는 케르메스를 떡갈나무kermes oak의 '열매에 '새끼를 낳는' 매우 작은 생물이라고 기록하고 있다.[15] 몇몇 지역에서는 케르메스에 대한 이러한 오해가 오늘날까지도 지속되고 있다.

케르메스에 관한 가장 오래된 기록은 BC 2000년 중반 이란 북부 지역과 교역하던 페니키아 상인이 남긴 것이다. 페니키아인들은 케르메스를 BC 1000년 이전에 이집트로 들여왔다. 그리스도 시대에 살았던 대 플리니우스는 케르메스로 염색한 옷감은 '꽃 색깔과 맞먹을 정도'로 아름답다고 묘사했으며, 군사적인 용도로 비축되었다는 사실도 지적했다. 그는 또한 이 벌레가 지중해 지역 전체에 걸쳐 양식되었으며, 스페인 사람들이 로마 황제에게 바친 공물 중 절반은 말린 케르메스라고 기록했다.[16]

이것은 음식에도 사용되었다. 프랑스 남부 지역에서 발굴된 동굴에서는 신석기 시대 사람들이 케르메스로 염색한 옷감과 함께, 고기와 보리, 케르메스를 섞은 음식을 먹었다는 증거가 발견되기도 했다.[17] 이들이 단지 음식에 색을 내기 위해 이 벌레를 사용한 것이 아니라는 점은 거의 확실하다. 수천 년이 지난 후 수메르인과 페니키아인, 그리스인들도 음식에 케르메스를 넣었으며, 약제로도 활용했다. 로마 네로 황제의 군의였으며 약초학에도 해박한 페다니우스 디오스코리데스Pedanius Dioscorides와 대 플리니우스는 케르메스를 갈아 식초에 담근 뒤 상처 부위에 붙이면 치료에 효과적이라고 기록했다.[18] 이후 바그다드의 치료사들은 케르메스를 심장 강장제로 처방하면서 이를 '콘펙티오 알케르메스confectio alchermes'라고 불렀다. 이것은 13세기 무렵 프랑스 몽펠리에의 유명한 치료사들에 의해 도입돼 유럽에서도 대단한 인기를 끌었다.[19] 콩펙티오 알케르메스를 만드는 과정에서는 곤충이 인간에게 선사한 소중한 세 가지 선물[비단과 벌꿀, 화려한 빨간색]이 모두 사용되었다. 즉 케르메스로 빨갛게 염색된 비단에서 케르메스를 추출한 뒤 벌꿀을 넣고 끓여서 졸이는 방식이었다. 유럽에서는 이 조제법을 변형해 '코디얼cordial'['코르cor'는 라틴어로 '심장'이라는 뜻]을 만들기도 했는데, 이는 말 그대로 심장 치료제라는 뜻이다. '코디얼'에는 유럽 외부에서 들여온 물질이 첨가되기도 했는데, 예를 들어 엘리자베스 1세 시절 프랑스에 파견된 대사에게 바쳐진 코디얼에는 사향을 비롯해 호박琥珀, 금, 진주 등이 들어가 있었다.[20]

음식에 색을 입히고 향을 돋우기 위해서뿐만 아니라 약제로서도, 또한 염료와 안료로도 케르메스를 사용하는 것은 드문 일이 아니었다. 향신료와 약제, 염료 및 안료는 한곳에서 동시에 취급하는 것이 일반적이었으며 약제상을 통해서 구입할 수 있었다. 국제적인 무역 중심지였던 베니스에서는 15세기 후반부터 전문적인 화상만이 안료를 취급할 수 있었다.[21] 반면 다른 지역에서는 17세기에 이르기까지 약제상들이 향신료와 약제, 염료 및 안료를 구비해 놓고 거래를 했다. 빨간 곤충들을 약제나 치료제로 사용한 천 년 전통은 사람들이 빨강이라는 색을 중요하게 여기도록 하는 데 영향을 미쳤다. 빨강이 건강과 연관돼 있다는 사실은 빨강이 갖는 중요성을 엿보게 한다.

18세기 중반 피렌체의 산타 마리아 노벨라의 도미니크회 수도원 수도사들은 케르메스의 콘펙티오를 빨간색을 띤 알코올 음료로 바꾸는 데 성공했고, 여기에 알케르메스Alkermes라는 이름을 붙였다. 이 성공은 캄파리Campari* 라는 또 다른 빨간색 알코올 음료가 개발되는 데 영향을 미쳤다.[22] 그러나 이 새로운 음료는 케르메스가 아닌 다른 패각충을 이용해 빨간색을 냈는데, 바로 코치닐chochineal이었다. 빨간색을 지닌 이 두 종류의 벌레, 즉 케르메스와 코치닐 중 코치닐은 구대륙(아프리카, 아시아, 유럽)에서, 케르메스는 신대륙(아메리카)에서 애용되었다.

구세계 코치닐

구세계에 코치닐이 알려진 것은 지중해 케르메스와 아르메니아 레드만큼 오래되었지만, 중세 말기에 이르면 코치닐은 서유럽에서 가장 질이 좋은 빨강의 지위를 차지하게 된다. 아르메니아 레드처럼 풀뿌리에 들러붙어 있는 코치닐은 스웨덴, 폴란드, 중유럽과 동유럽은 물론이고 서쪽으로는 시베리아와 남쪽으로는 흑해에 이르기까지 폭넓은 지역에서 양식되었다. 코치닐의 숙주 식물은 흔히 크나벨knawel(어원은 스웨덴어인 듯하다)이라는 이름으로 더 알려져 있는 마디풀knotgrass이다.

---

* 붉은색을 띤 리큐어로, 소다수나 오렌지주스 등과 섞어 칵테일로 많이 이용된다. 처음 만든 이탈리아인의 이름을 땄으며 이탈리아에서는 식전에 많이 마신다. — 옮긴이

알을 밴 코치닐은 하지 무렵 — 전통적으로는 성 요한 축일인 6월 24일을 하지로 간주해 왔다 — 새끼를 낳는다. 코치닐을 채취하는 방식은 이랬다. 우선 숙주 식물인 마디풀을 들어올린다. 마디풀은 모래 토양을 좋아하기 때문에 뽑아 올리기가 수월하다. 그다음 뿌리에 붙은 코치닐들을 조심스럽게 집는다. 코치닐은 뿌리당 대개 50마리 정도가 들러붙어 있다. 이어서 마디풀을 다시 원래 자리에 심는데, 이때 코치닐 몇 마리를 뿌리에 남겨두어야 한다. 그래야 다음해에 다시 번식을 할 수 있기 때문이다. 뿌리에서 채취한 코치닐은 식초 증기에 노출시켜 놓으면 죽는다. 이를 말려서 '성 요한의 피St John's blood'라는 이름으로 팔았다.[23]

이집트와 시리아에서 건너온 그리스·로마 시대의 염직물을 화학적으로 분석해 본 결과 코치닐이 염색에 사용된 것을 알 수 있었다. 또한 '성 요한의 피'나 '폴란드 코치닐'이 중국에까지 퍼져나갔을 가능성도 있는 것으로 알려졌다.[24] 구대륙에서 코치닐을 언급한 가장 오래된 기록은 9세기 무렵의 것으로, 당시에는 지대地代나 십일조를 말린 코치닐로 지급했으며, 그런 관행은 약 500년간 더 이어졌다. 코치닐과 코치닐의 숙주 식물, 코치닐로 만든 염료 등에 관해서는 약초상들이나 약초학자들이 남긴 기록이 17세기에 이르기까지 남아 있으며, 18세기에도 여전히 중요하게 취급돼 영국왕립학회Royal Society of London 기관지인 〈철학회보Philosophica Transaction〉에 주요 주제로 다루어질 정도였다.[25] 그러나 16세기 중반부터 구세계의 코치닐은 신세계에서 들여온 코치닐에게 점점 밀리기 시작했다. 신세계 코치닐은 채취하기가 훨씬 더 수월할 뿐 아니라 한번에 채취할 수 있는 양도 더 많아 값도 엄청나게 쌌기 때문이다.

신세계 코치닐

멕시코와 페루에서는 구세계 코치닐과 다른 코치닐이 서식하고 있었다. 신세계에 상륙한 스페인 사람들은 토착 원주민들이 코치닐을 체계적으로 채취하고 있으며, 또한 거의 2000년 전부터 이 벌레를 활용해 오고 있었음을 알게 되었다.[26] 구세계의 빨간 벌레가 의학적인 가치를 지니고 있었던 것처럼 멕시코 원주민인 아즈텍족도 코치닐을 약제로 이용하고 있었다. 이 코치닐을 당시 스페인 국왕 펠리페 2세의 궁정 의사였던 프란치스코 헤르난데즈Francisco Hernández가 유럽으로 들여왔다.[27] 이후 구세계 코치닐처럼 신세계 코치닐도 십일조와 공물로 사용되었다. (헤르난데즈가 코치닐을 들여오기 전에는 멕시코에 속한 틀락시아코, 코익스틀라카, 쿠일라판 등에 거주하던 원주민들이 1511~1512년 스페인 통치자들에게 말린 코치닐 4420킬로그램을 공물로 바쳤다.) 또한 유럽인들과 마찬가지로 신세계 여성들도 코치닐을 화장용으로 이용했다. 최초로 멕시코에 상륙한 스페인 사람들 중 한 명은 빨갛게 염색한 직물이 현지 시장에서 활발하게 거래되고 있는 것에 열광적인 반응을 보이면서, 그라나다의 비단이 거래되는 시장과 비교

할 때 규모가 훨씬 더 크다고 기록했다.[28]

스페인 사람들은 신세계 코치닐이 빨강을 훨씬 많이 함유하고 있어 자신들 것보다 질이 더 뛰어나다는 사실을 금세 간파했다. 신세계 코치닐이 처음부터 자연적으로 이처럼 풍부한 빨강을 갖게 되었는지, 아니면 수세기에 걸친 원주민들이 선택적으로 번식시킨 결과인지는 아직까지 밝혀지지 않고 있다. 어쨌든 신세계 코치닐은 원주민들에 의해 양식되었고, 이렇게 양식된 코치닐은 야생 코치닐과는 확연히 달랐다.

게다가 다행스럽게도 신세계 코치닐은 땅 위의 선인장에서 서식했다. 이들이 주로 서식하는 가시배선인장prickly pear은 부채선인장Indian fig으로도 불리는데, 처음에는 그 선인장의 달콤한 열매 때문에 재배를 했다. 하지만 이후에는 거기에 기생하는 벌레가 더 중요해졌다. (아마 다른 환경에서였더라면 선인장의 성장을 방해하는 해충으로 여겼을 것이다.) 가시배선인장은 보통 2~3미터 높이의 크기와 뾰족한 가시 때문에 울타리 대용으로도 유용했지만, 식용과 약재로도 사용되었다.[29] 하지만 원주민들은 이 선인장에 기생하는 벌레가 잘 자라도록 하는 데 더 관심을 가졌으며, 이를 위해 할 수 있는 모든 조치를 취했다. 비료(나뭇재, 새똥, 가정에서 나오는 폐기물)를 챙겼고, 선인장이 자라는 농장이 폭우나 바람으로부터 피해를 입지 않도록 애썼으며, 서리가 내리고 추위가 닥치면 불을 피웠고, 정기적으로 선인장을 깨끗이 닦아 주었으며, 오래된 선인장은 나무 막대기로 받쳐 주고 10년이

빨강의 문화사

나 15년마다 다른 선인장으로 교체했다. 또 벌레의 천적들 ─ 거미, 들쥐, 도마뱀을 비롯해 칠면조, 뱀, 아르마딜로_{armadillo}* 까지 ─ 은 엄격히 관리되었다.[30]

이렇게 양식된 코치닐은 90~120일이 지난 뒤 채취할 수 있었으며, 따라서 선인장에서 1년에 두세 번 코치닐을 채취할 수 있었다. 완전히 자란 코치닐은 강낭콩만 한데, 숟가락으로 조심스럽게 선인장으로부터 떠냈다. 이렇게 채취한 벌레들 중 일부는 말려서 염료로 팔거나 통치자들에게 공물로 바쳤다. 다른 일부는 새로 선인장 씨앗을 심을 때 이용했다. 즉 인공적으로 만든 보금자리로 일단 코치닐을 옮기거나, 여우털로 만든 솔로 코치닐 벌레를 부드럽게 집은 다음 새로 심는 선인장 씨앗에 부착시키는 것이다.[31] 스페인 정부는 애초에는 아메리카의 이 오래된 관습을 활용할 생각을 거의 하지 않았다. 하지만 농장은 점점 규모가 커져 갔는데, 여기에는 도미니크회 수도사들이 선교 활동에 필요한 경비를 조달하기 위한 목적도 있었다.

쪼글쪼글한 산딸기나 완두콩같이 생긴 코치닐은 '알갱이들'이란 뜻의 '그레인즈_{grains}'라고 불렸다. 코치닐로 염색한 붉은 천은 스며든다는 뜻의 '인그레인드_{ingrained}'라고 했다. (천보다는 염색하는 데 더 많은 비용이 들었다.)

1526년 멕시코산 말린 코치닐을 실은 배가 최초로 스페인에 도

---

* 중남미에서 서식하는 딱딱한 각질로 덮여 있는 포유류다. ─ 옮긴이

착한 이후 수입량이 급속히 늘기 시작했다(1578년에는 페루로부터 72톤을 들여왔다). 스페인 사람들은 처음에는 이 벌레가 지닌 잠재력을 제대로 깨닫지 못했다. 그래서 최초로 수입된 이후 초반 25년 동안은 유럽 대부분 지역에서 천을 염색하는 데 신세계 코치닐이 영향을 미치지 못했다. 그러나 1550년대에 영국에 소개되며 활기를 띠기 시작했고, 1564년에는 멕시코와 스페인 사이에 매년 정기적으로 코치닐 수입을 위한 소함대가 운항하게 되었다. 1600년 무렵 스페인이 멕시코로부터 수입한 말린 코치닐은 연간 13톤 이상이었다.[32] 영국과 스페인 사이의 무역은 1588~1604년 두 나라 사이에 일어난 전쟁 때문에 방해를 받았다. 하지만 전쟁이 끝난 후 회복되어 1613년 영국 자치주인 서픽에서 조사한 바에 따르면, 서픽에 거주하는 염색업자들은 스페인이 신세계에서 선적하는 코치닐 가운데 7분의 1을 소비했으며 이를 운반하기 위해 20척의 선박을 따로 마련했다고 한다. 1620년대에는 스페인과 네덜란드와의 무역을 통해 구세계 코치닐의 주요 생산지인 발틱 국가들까지 신세계 코치닐을 수입하게 된다. 코펜하겐과 말뫼* 사이의 해협을 통과하는 선박에 부과했던 세금 기록을 보면 한 척당 1200파운드가 넘는 세금을 낸 것으로 돼 있다.[33] 신세계 코치닐은 무역상에게는 많은 이윤을 남기는 매우 값어치가 높은 품목이었다. 그래서 유럽 각지의 무역상들은 17세기 내내 터키와 인도, 필리

---

* 코펜하겐과 마주한 스웨덴 남부의 항구 도시로 1658년까지 덴마크 영토였다. — 옮긴이

빨강의 문화사

Fig.1.to 15. different Species of Coccinella. Fig.16.to 21. male and female Coccus.
Fig.22.to 27. the Insect supposed to feed on the Coccus.

7 코치닐 선인장Cochineal cactus(Nopalea cochinillifera)과 벌레들.
이 벌레들 가운데 붉은 염료의 원천인 아메리카 코치닐Dactylopius coccus도 있다.
J-E. 일레J-E. Ihle가 그리고 J. 파스J. Pass가 컬러 에칭한 작품(1801).

핀, 중국에까지 판로를 넓혔다.

　서서히 달아오르기 시작한 신세계 코치닐의 인기는 이후 몇십 년 간 유럽뿐 아니라 다른 지역에서도 전통적으로 내려오던 염색 기법에 큰 변화를 일으켰다. 하지만 무엇보다 중요한 변화는, 신세계 코치닐이 신세계에서 나오는 은銀과 함께 전 세계의 교역 방식을 획기적으로 바꾸었다는 점이다. 신세계 코치닐은 구세계 코치닐 및 케르메스, 아르메니아 레드, 스틱랙이 천 년 넘게 차지하고 있던 주도적인 위치를 흔들었다. 붉은 천에 대한 수요는 여전히 높았고, 그것을 염색하는 기술과 교역 인프라도 잘 정비된 상태였지만, 신세계 코치닐의 등장으로 붉은 천의 공급 경로와 교역 규모가 크게 변했던 것이다. 그러자 유럽 국가들은 이윤을 극대화하기 위해 신세계 코치닐의 교역을 통제하기 시작했고, 신세계 코치닐이 삶의 방식을 바꾸게 되리라고 예상하고 이런 변화가 초래할 손실을 최소화하려고 애썼다. 이제 막 싹트기 시작한 상업 경제 시스템은 다섯 가지 빨간 염료[구세계 코치닐, 케르메스, 아르메니아 레드, 스틱랙, 신세계 코치닐]의 공급이 들쭉날쭉하고, 수요 또한 유행에 민감하게 반응하면서 변덕스러운 상황에 대처해야만 했다. 그 결과 이들 염료의 수출입에 대한 통제가 시작되었고, 독점과 특혜를 용인했으며, 원자재와 가공품, 완제품에 대해 새로이 세금을 부과하게 되었다. 예를 들면 스페인은 아메리카 대륙에서는 사치스러운 직물을 생산하지 못하도록 하는 한편 이 대륙에서 나는 곤충을 말린 상태로만 다른 나라로 수출하도록 하는 조치를 이후 250년간 유지했다.

그러나 이처럼 갓 시행된 교역 정책 중 상당수는 그다지 효력이 없거나 역효과를 낳았다. 늘 그렇듯이 국가의 통제 정책에 대해 사람들은 창의적인 방식으로 대응했다. 예컨대 초기에 신세계 코치닐이 교역되는 방식 가운데 큰 비중을 차지했던 것 중 하나가 해적질이었다. 특히 영국이 이런 해적질에 적극적이었다. 엘리자베스 1세는 자국인들이 스페인 상선을 공격하는 행위를 용인했으며, (스페인 입장에서 볼 때) 해적 혹은 (영국 입장에서 볼 때) 사략선원privateer*은 자신들이 약탈한 물품을 영국 항구에 하역할 때 정해진 관세를 지불했다. 신세계 코치닐을 실은 배에 매기 관세에 대한 기록과, 관세를 내지 못해 재판에 회부된 사건 기록을 살펴보면, 16세기와 17세기에 활동한 영국 출신의 해적(혹은 사략선원)들 대부분은 공개적으로 이름이 널리 알려져 있었다는 사실을 알 수 있다. 리처드 그린필드Richard Greenfield, 피터 비글맨Peter Begleman, 존 호킨스John Hawkins, 로버트 플리케Robert Flicke, 존 와츠John Watts 등은 그런 이름들 중 극히 일부다. 심지어 시인이자 성직자인 존 던John Donne도 에섹스 백작Earl of Essex과 함께 스페인 남부 도시 카디스를 향해 배로 여행을 하는 도중에 이런 해적 행위(존 던을 아끼는 사람들은 '교역 행위'라고 하겠지만)에 연루되었다. 존 던이 〈풍자시Satires〉의 한 대목에서 '해적'과 '코치닐로 가득한 허술한

---

* 사략선이란 적국의 선박을 공격하고 나포할 권리를 인정받은 민간 소유의 배를 가리키며 그 배의 승무원을 사략선원이라고 한다. — 옮긴이

8 금속처럼 보이는 말린 코치닐 벌레들. 즉 '그레인즈.'
벌레들 모습만 보면 아주 희미하게만 빨간색을 띠고 있다.
벌레의 크기는 약 3~5mm다.

배'를 언급한 것은 이런 개인적인 경험에서 나온 것임이 분명하다.[34]

1607년에 일어난 한 사건은 신세계 코치닐을 둘러싼 초기의 교역이 얼마나 문란했는지를 잘 보여 준다. 한 무리의 플랑드르* 사람들이 (스페인) 세비야 항구에서 '펄'이라는 선박에 멕시코산 코치닐을 싣고 출항을 했다. 하지만 해상에서 마치 네덜란드 출신인 것처럼 행동하는 영국 해적들에게 나포되고 말았다. 해적들은 이 선박과 거기에 실린 코치닐을 (관세를 피하기 위해) 바버리 해안으로 끌고 갔고 거기서 포르투갈 출신의 유대인 상인에게 팔아넘겼다. 코치닐은 요나단이라는 이름을 가진 선박으로 옮겨져 영국으로 향했는데, 도중에 피터라는 이름의 선박으로 다시 옮겨졌다. 피터호가 런던에 도착했을 때 선적된 코치닐은 세관에 정식으로 신고되었으며, 영국 해적들(보기에 따라 사략선원, 혹은 투기꾼)은 관세로 907파운드를 지불했다. 이들은 그렇게 확보한 코치닐을 약 3000파운드에 팔았다. 이 시점에서 원래 선박 주인들이 자신들의 잃어버린 화물을 되찾기 위해 소송을 걸었다.[35] 유럽의 해적은 결국 사라졌지만 그것은 군사적인 힘을 통해서가 아니라, 국제적인 교역 규칙이 바뀌게 되면서였다.

신세계 코치닐이 지닌 높은 가치는 탐험가들도 자극했다. 탐험가이자 지리학자로 영국인의 해외 진출을 크게 고무시킨 리처드 해클

---

* 북해 연안의 저지대로 북유럽과 지중해, 영국과 라인 지방을 잇는 교통의 십자로에 위치해 무역이 번창하였고, 유럽 최대로 알려진 모직 공업도 이루어졌다. 1584~1714년에는 스페인령 네덜란드의 일부였다. ─ 옮긴이

루트Richard Hakluyt는 탐험가 마틴 프로비셔Martin Frobisher에게 코치닐을 찾아보라고 조언했다. 1609년 버지니아에 식민지를 세운 이유 중 하나도 코치닐을 확보하기 위한 것이었다. 스페인은 코치닐을 안정적으로 확보할 수 있는 멕시코를 식민지로 보유하는 것이 얼마나 이득이 되는지를 일찌감치 간파했다. 그래서 다른 나라들이 이런 이점을 제대로 알지 못하게 하려고 코치닐에 대한 정보를 은폐했다. 예를 들어 1599년의 한 문서는 코치닐을 꼬투리에 든 완두콩처럼 자란다고 묘사하면서, 숙주 식물의 줄기를 잘라 타작을 해서 채취하며, 그렇게 채취한 코치닐 중 일부는 다시 숙주로 옮긴다고 기록하고 있다. 이처럼 의도적으로 잘못된 정보를 기록으로 남김으로써 신세계 코치닐 생산과 관련한 것은 오랫동안 일급 기밀로 남았고, 심지어 새로 설립된 영국왕립학회의 과학자들도 그 비밀을 알아내는 데 실패했다.[36]

신세계 코치닐이 유럽에 도래한 시기는 길드 조직이 해체되고 종교 전쟁의 여파로 플랑드르에 살던 염색업자들이 다른 나라로 대거 이주하던 시기와 맞물려 있었다. 수준 높은 기술을 가진 플랑드르 염색업자들이 이동함으로써 유럽 각지에 새로운 염색 기술이 전파되는 계기가 되었다. 예를 들어 뛰어난 염색 전문가이자 발명가였던 코르넬리스 드레벨Cornelis Drebbel은 네덜란드에서 런던 동부로 이주함으로써 영국의 염색 기술을 증진시키는 데 기여했다. 이는 영국의 초기 산업화에도 큰 영향을 주었다.[37]

유럽이 사회적으로 격변을 겪고 있던 시기에 신세계 코치닐이 도

빨강의 문화사

착함으로써, 크기가 너무나 작은 이 빨간 벌레는 그 몸집에 어울리지 않는 어마어마한 영향을 세계 역사에 끼치게 되었다. 16세기와 17세기에 신세계 '알갱이들grains'이 대거 밀려드는 상황에서 유럽인들이 이에 대처하기 위해 갖가지 정책을 세우는 과정에서 배운 교훈은 오늘날의 글로벌 시장에도 깊이 '스며들어 있다ingrained.'

2장

식물의 빨강

빨강은 의미심장한 자연의 신호다. 그러나 우리들 대부분은 더 이상 자연의 세계에 살지 않고 필요한 음식을 슈퍼마켓에서 구입하기 때문에 자연의 신호를 읽어 내는 방법을 잊어버리고 말았다. 오늘날 우리는 빨간 과일이나 열매, 야채가 특별히 '우리 몸에 좋다'는 사실이나, 빨간색이 진할수록 우리 몸에 더 유익하다는 정보를 신문이나 잡지를 통해서 얻는 실정이다. 열매나 과일, 야채가 빨간색을 띠는 것은 안토시아닌anthocyanin, 카로테노이드carotenoid, 리코펜lycopene 같은 식물의 색을 결정하는 분자들 때문이며, 이들은 노화를 방지하는 강력한 항산화제antioxidants이기도 하다.

빨간 과일이나 열매, 야채는 우리 몸 안에 떠도는 활성 산소free-radical oxygen*를 흡수한다. 활성 산소는 몸 안에 누적되면 노화를 촉진

9 빨강과 건강: 산사나무hawthorn와 들장미 열매rose hip.
전통적으로 들장미 열매는 수확해서 저장한 다음 겨울철에 먹었다.
이 열매에는 비타민 C가 많기 때문이었다. 산사나무 열매에도 영양소가 많아
널리 애용되었지만 최근에 독성이 들어 있는 것으로 밝혀졌다.
(사과 씨처럼 산사나무 열매의 씨에도 시안화물[청산가리 성분]이 들어 있다.)

하게 된다. 이것은 새롭게 알려진 사실이 아니라, '하루에 사과 하나면 의사가 필요없다'는 속담처럼 조상 대대로 내려오는 생활의 지혜이기도 하다. 최근 연구에 따르면 새들도 이런 사실을 알고 있는 듯하다. 과일에 빨간 안토시아닌이 많을수록 더 진한 빨강이 되며, 이런 과일에 새들이 더 많이 끌린다는 것이다. 안토시아닌이 지나치게 많으면 과일이 자주색이나 심지어 검정색으로 보이게 되지만, 그 과일을 눌러서 짜보면 대개는 빨간 즙이 나온다. 어떤 식물들은 씨를 퍼뜨리려면 새에게 의존해야 하는데, 이때 새들은 색으로 열매를 선택하는 것처럼 보인다. 씨를 퍼뜨리는 새들은 빨간색이 더 진한 열매를 선택하는데, 진한 빨간색 열매일수록 항산화세가 너 많이 함유돼 있다. 따라서 새들은 진홍색 과일을 택함으로써 몸에 좋은 식사를 하게 되고, 식물들은 진홍색 과일을 맺음으로써 자신의 씨를 더 많이 퍼뜨리는 효과를 얻게 되는 것이다.[1]

과학적 연구는 항상 명쾌한 결론을 선호하지만, 실제 삶은 이보다 더 복잡한 법이다. 예를 들어, 브로콜리는 '우리 몸에 좋지만' 빨간색을 띠지는 않는다. 반대로 독초인 벨라도나 열매nightshade berries는 빨갛지만 우리 몸에 반드시 좋지는 않다. 마찬가지로 새들이 어떤 열매를 먹을지를 결정하는 데는 다른 요소도 많으며, 식물이 자신의 씨를 퍼뜨리기 위해 구사하는 전략도 다양하다는 사실을 보여 주는 연

---

* 호흡 과정에서 몸속으로 들어간 산소가 산화 과정에 이용되면서 여러 대사 과정에서 생성되어 생체 조직을 공격하고 세포를 손상시키는 산화력이 강한 유해한 산소다. — 옮긴이

10 빨강과 건강: 홀로 매달려 있는 벨라도나 열매.
벨라도나는 독성을 갖고 있지만
오랫동안 약제로 사용돼 오고 있다.

구도 있다.[2] 19세기에 찰스 다윈Charles Darwin은 꽃이란 벌레들을 유혹해 수분受粉이 잘 이루어지도록 하기 위한 생식 기관이라고 주장했다. 이런 주장에 따라 꽃은 상품의 '브랜드'나 '로고'와 마찬가지이며, 벌은 이런 광고들로 뒤덮인 마트를 둘러보는, 광고에 정통한 쇼핑객이라고 생각하게 되었다. 그러나 이런 모델이 현대적인 이데올로기와는 어울릴지 모르지만, 꽃이 색을 띠는 이유나 의미는 아직도 제대로 알려져 있지 않다고 주장하는 학자도 있다.[3]

식물이야말로 확실히 색의 원천이다. 예를 들어 장미는 그 붉은 색 때문에 오랫동안 사랑받아 왔다. 하지만 그 빨간색 탓에 운명이 결정되기도 한다. 장미 꽃잎은 결혼식 등에서 색종이 조각처럼 뿌려지고(개장미dog-rose의 분홍색 잎은 완벽한 하트 모양이다) 음식이나 음료수의 색을 내는데도 이용되기 때문이다. 어쨌거나 이렇게 떨어져 나온 장미의 빨강은 며칠 안에 사라져 버린다. 장미나무에 붙어 있는 꽃잎은 좀 더 오래 빨간색을 유지하겠지만, 이들도 결국엔 시들어 땅에 떨어지고 색을 잃어버리게 된다. 장미 잎을 말리거나 눌러두어도 빨간색은 거의 다 사라져 버리게 된다. 사과나 딸기, 토마토처럼 시각적으로 매우 강한 빨간색을 하고 있는 열매들 역시 색을 유지하는 것은 잠깐일 뿐이다. 나무에서 떨어지든 그대로 매달려 있든, 사람이나 동물들에게 먹히거나 그렇지 않으면 썩기 때문이다.

자연이 식물에 제공하는 빨강은 매우 한시적일 수밖에 없고, 그 기간만 만끽될 수 있다. 하지만 이런 시간적인 제약이야말로 그들이 가진 매력이다. 아름다운 열매나 과일이 지닌 이런 일시적인 속성은 17세기 네덜란드의 바니타스vanitas 회화*에서 자주 다루어졌다. 바니타스파 화가들은 그림을 통해 덧없음을 노래했지만, 역설적이게도, 자신들의 작품만은 가능한 한 오래 살아남을 수 있도록 신경을 썼다. 화가들은 빨간색 꽃을 표현하기 위해 빨간색 꽃에서 얻은 안료를 사용하지는 않았다. 꽃잎의 빨강이 그림으로는 옮겨질 수 없는 것이다.

보다 오래 지속되는 빨강을 얻기 위해 사람들은 겉으로는 빨강을 잘 드러내지 않는 식물을 찾아야 했다. 그런 식물은 흔치 않았지만 바로 그런 희소성 때문에 신비함을 더해 주었고 가치도 높았다. 그런 속성을 가진 식물들 중 여기서 먼저 소개할 몇몇은 빨강이 영구적이지는 않다. 이들은 햇볕에 노출되면 빨간색이 서서히 바랜다. 그러나 영구성이 결여되었음에도 이들로부터 얻어진 빨강은 매우 오랫동안 이용돼 왔다. 그 역사가 얼마나 오래되었는지는 정확히 알 수가 없다. 왜냐하면 문자로 정리된 기록이 남아 있지 않기 때문이다. 그것들은 말린 코치닐과 더불어 구석기 시대부터 사용되었을 가능성이 있지만 (코치닐의 빨강은 보다 오래 남기 때문에 고고학적인 발굴 과정에서 발견되는 경우가 많다), 기록을 통해 알 수 있는 가장 오래된 시기만을 검토 대상으로 삼을 수밖에 없다.

인류는 빨강을 찾기 위해 모든 방도를 강구했을 것이며, 그 과정

---

* 물질이나 세속적 욕망의 덧없음을 정물화로 표현하는 회화를 말한다. 바니타스는 덧없음이란 뜻으로 주로 시든 꽃, 낡은 책, 해골 등을 그렸다. ─ 옮긴이

에서 먼저 식물에 기반을 둔 빨강을 발견했을 터인데, 그것이 바로 우리가 살펴볼 지의류地衣類/lichen다. 현대 도시인들의 경우, 묘지에서 오래된 묘비를 덮고 있는 연약하고 메마르며 장미 문양이 중첩된 모습을 한 지의류를 만날 수 있을 것이다. 또한 사람의 손길이 잘 닿지 않는 벽이나, 인적이 드문 곳에 심어진 나무들에서도 볼 수 있다. 지의류는 얼핏 보면 어떤 색도 만들어 낼 것 같아 보이지는 않는다.

숨겨져 있는 빨강, 지의류

지의류는 단순한 식물이 아니다. 이들은 균류菌類(곰팡이류organisms)와 조류藻類/algae가 파트너십을 맺고서 함께 자라는 공생 식물이며,* 기온이 대단히 낮은 툰드라나 반대로 기온이 매우 높은 사막에서도 생존한다. 북극에서는 지의류가 오랫동안 순록의 먹이였으며, 스칸디나비아와 북아메리카에서는 식량 사정이 어려울 때 사람들이 식용으로 이용하기도 했는데 '빵 이끼bread moss'와 '석이버섯rock tripe'이 그런 경우였다.[4]** 지의류는 대부분 시각적으로 특별히 눈에 띄는 색을 하고 있지는 않다. 하지만 말리거나, 바스러뜨리거나, 식초 같은 산酸이나 오줌 같은 알칼리로 처리하면 숨겨져 있던 색이 겉으로 드러나게 된

---

* 균류는 조류를 감싸서 보호하고 수분을 공급하며 조류는 동화 작용을 통해 영양분을 균류에 공급한다. ― 옮긴이
** 일본에서 나는 지의류인 '석이iwa-take/岩茸'['바위버섯'이라는 뜻]는 맛이 별미다.

다. 하지만 자연적으로 색을 드러내기도 하고, 혹은 사람의 통행이 잦아 잘 다져진 지의류가 덮인 바위에 사람이 오줌을 누면 숨겨졌던 색이 드러나기도 한다. 오줌이나 식초를 통해 지의류에게서 색을 얻을 수 있다는 사실은 17세기 과학자들의 흥미를 끌었지만, 그 이전 중세시대의 채식사彩飾師/illuminators[*]들은 이미 오줌이나 식초로 지의류에서 색을 얻는 방법을 알고 있었다.[5][**]

지의류에서 빨강을 얻었다는 사실이 적힌 가장 오래된 기록은 로마·이집트 시대의 파피루스에 남아 있다. 그런 지의류를 '아킬archil'이라고 불렀으며, 4세기 무렵 양모를 심홍색scarlet-red이나 진한 자주색red-purple으로 염색하는 데 이용했다고 적혀 있다.[6] 또한 아킬로 염색한 양모를 '달팽이로 색을 입힌snail coloured'이라고 표현했는데, 이것은 아킬이 당시 상당히 귀하게 대접받고 있던 티리언 레드퍼플의 대체용이었다는 사실을 보여 준다. 왜냐하면 티리언 레드퍼플은 뿔고둥달팽이Murex snail에서 추출한 염료였기 때문이다. 티리언 레드퍼플은 값이 굉장히 비쌌을 뿐 아니라 희소했기 때문에 매우 엄격하게 통제되었다. 불법적으로 소유하게 되면 사형에 처해질 수도 있었고, 다른 염료와 섞어서 사용하다 발각되면 신체를 절단당하는 벌을 받았다. 비잔틴의 염색 기술자들은 아킬을 취급하면서 상당히 신체적 위험을

---

[*] 사본이나 책의 그림에 색을 칠하는 사람을 말한다. — 옮긴이
[**] 아일랜드 출신의 화학자이자 물리학자 로버트 보일Robert Boyle(1627~1691)은 브라질우드와 꼭두서니가 지의류와 함께 색을 바꾸는 것에 주목했는데, 이것은 매우 시의적절한 것이었다.

느껴야 했을 것이다. (이로부터 천 년 뒤 콘스탄티노플이 멸망했을 때 티리언 퍼플의 염색 비법은 전수되지 못했고, 그 결과 추기경들이 입는 대례복을 자주색에서 빨강으로 바꿔야 했다.)[7]

북유럽에서는 앵글로색슨족들이 지의류로부터 다양한 염료를 추출해 천을 염색했다. 14세기 초 노르웨이는 지의류에서 얻은 빨간색 염료 중 하나인 라크무스lacmus를 독일과 영국으로 수출했다. 같은 시기에 피렌체에서는 고대 이집트의 아킬과 비슷한 '오킬orchil'이라는 염료를 개발했는데, 비법이 새나가지 않도록 워낙 엄격하게 통제한 덕에 거의 300년간 독점적인 지위를 유지할 수 있었다. 18세기에는 여러 지역에서 지의류로부터 다양한 염료를 추출했는데, 프랑스의 '파렐parelle,' 스코틀랜드의 '커드베어cudbear'도 그중 하나다.[8] 1851년 세계 최초의 박람회인 대영박람회Great Exhibition 전시장이었던 수정궁 Crystal Palace에 스리랑카에서 들여온 지의류에서 얻은 빨간색 염료가 견본으로 전시되었는데, 그 가격이 당시로서는 엄청난 금액인 톤당 380파운드였다. 영국은 1935년까지도 연간 180톤이 넘는 염료를 수입하고 있었다.[9]

스코틀랜드에서는 1940년대에 해리스 트위드Harris tweed* 를 위해 바닷가 바위에서 지의류를 채취해 양모에 염색을 했다. 그런데 당시 〈내셔널 지오그래픽National Geographic〉에 실린 기사에 따르면 "스코틀

---

* 스코틀랜드 해리스섬에서 나는 손으로 짠 모직물로, 상표명이기도 하다. ─ 옮긴이

11 야생에 핀 '핏빛 빨간 거미모자' 버섯.

랜드 어부들은 이 염료로 염색한 옷을 입고 배를 타지 않았다. 왜냐하면 바닷가 바위에서 채취한 것은 다시 원래의 바위로 돌아간다고[즉 배가 바위와 충돌한다고] 믿었기 때문이다."[10] 그런 점에서 아마도 항해용 옷감에 적합한 염료는 (골뱅이와 비슷한 조개인) 쇠고둥whelks에서 추출한 빨강이나 자주색이었을 것이다. 쇠고둥에서 얻은 염료는 지중해에서 나는 그 유명한 티리언 퍼플과 비슷할 정도로 스코틀랜드에서는 귀중하게 취급되었다.

스코틀랜드섬에 거주하던 여성들은 20세기 초까지도 꼭두서니madder* 뿌리에서 추출한 빨강으로 염색한 선홍색 속치마bright red petticoats와 모직 숄을 입고 걸쳤다.[11] 반면 남자들은 바다로 나갈 때, 땅에서 난 염료로 염색한 옷을 기피했다. 이런 사실은 몇 세대 전만 하더라도, 색이 어디에서 얻어지느냐에 따라 사람들이 그 색을 이용하는 방식도 달랐다는 점을 보여 준다. 그것은 자연과 인간의 운명은 밀접히 연관돼 있고 자연이 그 운명에 영향을 미칠 수 있다는 믿음 때문이었다.

색의 원천을 어디서 얻느냐에 따라 아예 그 색을 사용하지 않는 경우도 있었다. 예를 들면 스칸디나비아에서는 숲에서 나는 거의 모든 것 — 땅에 바짝 붙은 지의류에서부터 그보다 키가 더 큰 식물들에 이르기까지 — 을 수확하고 채취했지만, 유독 빨간색을 만들어 내

---

* 다년생 덩굴 식물로, 뿌리로 꼭두색(빨간색)을 물들이는 풀이라고 해서 꼭두서니라고 부른다. — 옮긴이

blood red web cap

12 영국의 화가이자 캘리그래퍼 페니 프라이스Penny Price가
순록의 피지reindeer parthment에 아라비아 고무로 쓴 '핏빛 빨간 거미모자.'
버섯 추출물은 안료를 직접 자연물에서 추출해서 그림 작업을 하는
화가 시그리드 홈우드Sigrid Holmwood가 제공했다.

는 한 식물은 아예 건드리지 않았다. 그것은 전나무끈적버섯Cortinarius sanguineus으로 스웨덴어로는 '핏빛 거미blodspindling,' 영어로는 '핏빛 빨간 거미모자blood-red webcap' 버섯이라고 부른다. 이름이 암시하듯이, 스칸디나비아인들은 이 버섯이 겉으로는 특별히 빨갛게 보이지 않지만 이것으로부터 빨강을 얻을 수 있음을 알고 있었다. 예로부터 스웨덴 사람들이 이 버섯이 내는 색을 기피한 까닭은, 전설이나 민담을 통해 버섯은 밤사이에 마법처럼 생겨날 뿐 아니라 트롤Troll[*]과도 연관돼 있다고 믿었기 때문이다. 따라서 현명한 사람이라면 버섯을 땀으로써 트롤의 화를 돋우는 짓은 결코 하지 않는 것이다.[12]

'용의 피' 기린혈

빨강을 만들어 내는 또 다른 식물은 신화적인 신비한 기원을 갖고 있다. 그것은 기린혈麒麟血/dragonsblood로서, 신화에서는 여기서 나온 빨강을 적극적으로 활용하도록 부추기지만, 14세기에 한 화가는 실용적인 이유에서 이를 폄하했다. 그는 첸니노 첸니니Cennino Cennini^{**}로서 이 빨강에 대해 이렇게 말했다. "그것은 그냥 내버려 두라. 그것에 대해 너무 높은 평가를 할 필요도 없다. 왜냐하면 그것은 당신이 신뢰할

---

* 북유럽 신화에 등장하는 괴물이다. — 옮긴이
** 첸니노 첸니니(1360?~1440?)는 이탈리아 화가로 남겨진 작품은 없으나 이탈리아 최초의 예술 이론서인《예술의 서Il Libro dell' Arte》를 저술한 것으로 유명하다. — 옮긴이

만한 염료가 아니기 때문이다."[13] 실제로 기린혈은 시간이 지나면 색이 바래기 때문에 화가들의 신뢰를 거의 받지 못했다. 그럼에도 천 년 이상 사용돼 왔다. 기린혈은 앞에 소개한 '아킬'을 묘사했던 이집트의 파피루스에도 등장하는데, 루비의 모조품을 만들기 위해 크리스털(수정)을 처리할 때 기린혈을 사용하면 좋다고 소개돼 있다.[14] 기린혈은 또한 19세기에 이르기까지 금에 덧칠하는 광택제나 도료의 광택제, 혹은 유리에 색을 입힐 때도 사용돼 왔다.

13세기 중반에 활동한 독일의 신학자이자 자연학자 알베르투스 마그누스Albertus Magnus에 따르면 의사들은 기린혈을 단지 '어떤 식물의 즙juice of a certain plant'이라고만 했다고 한다.[15] 하지만 기린혈을 얻을 수 있는 식물이 무엇인지에 대해서는 식물이나 약초에 관해 많은 이야기를 담고 있는 약초 의학서에도 기록돼 있지 않다. 기린혈의 원천에 대해서는 동물에 관한 전승 민담을 모아 놓은 동물 우화집에 등장하는데, 거기서는 기린혈이 용과 코끼리의 피를 섞어 응고시킨 것이라고 주장한다. 이들이 전하는 바에 따르면 기린혈은 지나가는 코끼리를 공격하려고 용이 숨어 있던 나무에서 발견된다고 한다. 나무 위에서 몸을 숨기고 있던 용은 코끼리 등에 올라탄 다음 코끼리의 몸을 휘어 감아서 질식시킨다는 것이다. 죽음 직전 고통에 신음하던 코끼리는 고꾸라지게 되는데, 이때 그 큰 덩치가 용을 짓누르는 바람에 용의 몸도 으깨지게 된다. 이것은 종국에는 둘 다 목숨을 잃는, 전형적인 동물의 싸움에 관한 이야기다.

오늘날 우리는 이 우화가 기린혈의 원천을 설명하고 있다는 사실을 선뜻 받아들이지 못할 것이다. 현대인들은 사물을 있는 그대로 받아들이는 데만 익숙해져 있기 때문이다. 우화란 사실에 관한 직접적인 서술이 아니라 비유적인 것에 불과하다. 우화는 기술과 관련해서 ─ 예를 들면 염료나 안료, 루비 모조품을 만드는 기술 ─ 자주 등장했는데, 당시에는 우화에 등장하는 이런 비유가 오늘날의 과학에서 사용하는 '사고 실험thought experiment'과 비슷한 역할을 했을 것이다. 20세기에 아인슈타인이 빛을 타고 여행하면서 자기 앞에 놓인 거울에 반사되는 빛을 바라보는 것에 대해 이야기했을 때, 아무도 그것을 문자 그대로 받아들이지는 않았다. 아인슈타인의 사고 실험Gedankenexperiment은 관찰자에 대한 빛의 속도를 논하기 위해 자신의 아이디어를 시각화한 것일 뿐이다. 마찬가지로 기린혈의 원천에 관한 동물 우화는 일종의 '사고 실험'이었고, 동시에 우주 만물의 창조에 관한 이야기였다. 그것은 "태초에 하느님이 천지를 창조하시니"(창세기 1:1)라는 성경 구절을 신화적으로 구성한 것이었다.

우화에 등장하는 주인공들의 성격 ─ 가령 코끼리는 기억력이 좋아 무엇이든 오랫동안 잊어버리지 않고, 용은 다혈질이다 같은 ─ 은 만물에 깔려 있는 두 가지 원리와 일치한다. 그 두 원리는 아리스토텔레스Aristotle가 말한 '형상form'과 '질료matter'로서 우화는 바로 그것들을 신화적으로 의인화한 것이다. 또한 우화에서 코끼리와 용이 결국 서로를 파괴하면서 몸이 변하는 것은 만물이 '본질substance' 속에서 어떻게 '형태shape'을 얻고 구체화되는지를 보여 준다. 결국 이 우화는 고대 그리스 철학의 질료質料 형상론hylomorphism에 대한 탐구라고 할 수 있다.[16] 이 우화가 빨간색을 내는 물질과 연관돼 있다고 보는 것은 전적으로 타당하다. 기린혈에 관한 우화는 우리에게 이상하게 보일지 모르지만, 홍실을 찾아가는 과정에서 보자면 결코 레드 헤링이 아니다.

이 우화는 1세기에 대 플리니우스에 의해 처음 기록되었으며, 이후 중세 시대를 거치면서 다양한 동물 우화집에 실렸고, 17세기에는 연금술의 비법을 다룬 글에도 등장한다. 기린혈의 원천을 알게 된 이후에도 이 우화가 오랫동안 전승되며 살아남을 수 있었던 것은 생생한 묘사와 거기에 담긴 철학적인 우아함 때문이다. 예를 들어 로마·이집트 시대의 파피루스에는 루비 모조품을 만드는 과정에서 기린혈이 사용된다는 사실을 밝히면서 기린혈을 "발삼 나무의 수액, 팔레스타인에서 나는 수지樹脂"라고 기술했다. 실제로 기린혈은 네 종류의 나무에서 얻어졌는데 그것들은 모두 동남아시아에서 들여온 것이었다. 인도 락과 마찬가지로 기린혈의 원산지가 동양이라는 사실은 동양에는 유럽에는 없는 자원이 매우 풍부하다는 신호로 읽혔다. 그래서 수세기가 지난 뒤 이에 자극받은 용감무쌍한 유럽 탐험가들은 "태양빛the Light of the Sun이 가장 먼저 비추고, 일찍이 예술Arts을 꽃피워 우리 세계로 전해 준 동양을 흠모하며 더 멀리 바라보게 되었다."[17]

유럽 탐험가들은 동양을 찾아 항해를 시작했고 마침내 신세계에서 기린혈을 만들어 내는 나무를 발견하게 되었다.[18] 이후 기린혈 이

13 기린혈의 수지樹脂.

영화 〈해리 포터Harry Potter〉 1편(2001)에 등장하는
'철학자의 돌'과는 모양이 많이 다르다.

외의 다른 식물에서도 빨강을 얻을 수 있다는 사실을 알게 되는데, 이 다른 빨강은 처음에는 동쪽에서, 그다음에는 서쪽(신대륙)에서 유럽으로 들어오게 된다.

브라질과 죄수

우리는 브라질을 나라 이름으로만 여기지만, 원래는 남동아시아가 원산지인 소목蘇木/Sappan에서 얻은 붉은색 염료를 가리킨다. 염료로서의 '브라질brazil'에 대한 기록은 1233년 런던에 수입된 물품 목록에 처음으로 등장했다.[19] 《옥스퍼드 영어대사전》에 따르면 '브라질'이라는 명칭은 '부수다'는 뜻의 'briser,' '으깨다'는 뜻의 'brésiller,' 혹은 '숯불'이라는 뜻을 가진 'braise'라는 프랑스어에서 온 것으로 보고 있다. 숯불과 같은 빨간색을 얻기 위해서는 소목을 부수고 으깨야 한다는 점을 감안하면 이런 어원들은 사실과 매우 부합한다는 것을 알 수 있다. 기린혈이 나무의 상처 난 부위에서 스며나오는 수지인데 반해, 브라질은 단단한 목재에서 추출되는 것이다.

빨간색을 만들어 내는 이 나무는 수세기 동안 동양에서 수입되었으나, 유럽이 신세계를 식민지로 삼았을 때 현지에서도 이 나무가 발견되자 이후에는 이들을 이용하게 되었다. 이 나무가 처음 발견된 남아메리카 지역을 빨간색 염료의 이름을 따 '브라질'이라고 부르게 된 것이다. 이것은 이웃 나라인 아르헨티나Argentina가 그 지역에서 가장 많이 나는 천연 자원인 '은,' 즉 'argent'에서 명칭을 따 온 것과 비슷하다. (아일랜드 서쪽에 자리 잡고 있었으나 19세기부터 지도에서 사라져 버린 신비의 섬 이름도 '브라질'이었다. 그러나 이 이름은 빨간색 염료와는 아무런 관련이 없는 것으로 여겨진다. 만약 이 섬의 이름이 7~11세기의 고대 아일랜드어에서 왔다면 '아름다움beauty' 혹은 '강함strength'을 의미했을 것이다. 하지만 서쪽에 존재하는 섬 이름에 '빨강'이라는 뜻이 내포돼 있을 가능성은 충분히 있다. 왜냐하면 그리스 신화에는 헤라클레스Heracles가 머리가 셋, 몸도 셋인 괴물 게리온Geryon을 퇴치하고 '붉은 소red cattle'를 포획하는 이야기가 나오는데, 게리온이 많은 소들을 거느리면서 거주했던 곳이 황혼의 붉은빛이 감도는 서쪽에 위치한 섬 '에리테이아Erytheia'였기 때문이다.)[20] 1724년 후반 펜실베이니아주(Pennsylvania는 말 그대로 '펜의 숲 Penn's forest'이라는 뜻이다)를 개발하기 위해 많은 투자가 이루어졌던 것도 브라질을 만드는 나무를 통해 괜찮은 수입을 올릴 수 있다는 계산 때문이었다.[21]*

브라질우드brazilwood를 얻는 일련의 과정은 매우 노동 집약적이다. 나무를 베고, 베어 낸 나무를 조각내는 작업은 벌레를 채취해서 말리는 과정과 비교하면 엄청나게 고된 일이다. 신세계에서 브라질우드를 활용하게 되었을 때 작업의 대부분을 담당한 것은 노예들이었다.

---

* 펜실베이니아는 원래부터 나무가 매우 중요한 비중을 차지하고 있었다. 펜실베이니아라는 이름은 영국 왕실 해군 제독이었던 윌리엄 펜William Penn의 이름을 따서 '펜의 숲'이라는 뜻이다.

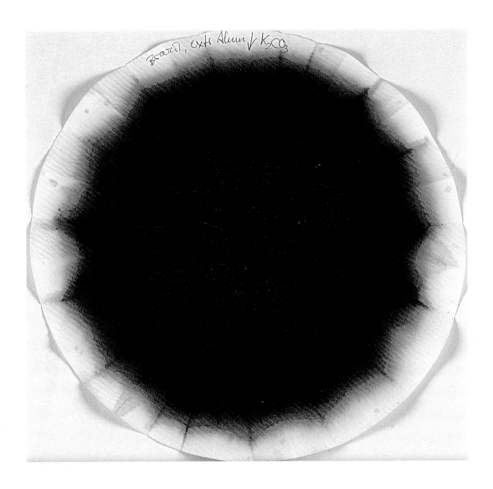

14 브라질우드에서 갓 추출한 것을 으깨서 체로 걸러낸 빨강.
매우 선명하지만 시간이 지나면 색이 바랜다.

그런데 브라질의 빨간색은 빨리 바래는 특성이 있다. 그래서 미리 나무를 조각내고 가루로 만들어서 배에 싣는 것보다는, 가능하면 염색하기 직전에 나무를 조각내고 가루로 만들어야 색이 바래는 기간을 줄일 수 있었다. 17세기에 네덜란드는 암스테르담에서 브라질우드를 가공하기 시작했다. 네덜란드는 당시 가장 규모가 큰 교역 국가이자 유럽에서 가장 기술이 뛰어난 직물 및 염색 산업을 보유하고 있었다.

암스테르담에는 감옥이 몇 군데 있었다. 여자 죄수들을 수용하는 감옥Spinhuis에서는 실을 잣고 천을 짜는 방직 일을 시키고 있었는데, 1602년부터는 남자 죄수들을 수용하는 감옥Rasphuis에서 브라질우드를 가공하는 일을 전담했다. 이 작업은 힘이 좋고 중범죄를 저지른 이들이 주로 맡았으며 여기서 나온 수입으로 교도소 재정을 충당할 수 있을 정도였다. 교정 당국은 암스테르담의 주요 염색업자들과 계약을 맺고 가공된 브라질우드를 비싼 값에 독점적으로 공급했다. 그러나 풍차를 이용해 불법적으로 브라질우드를 가공하는 업자들이 생겨나기 시작했다. 이들이 교도소에서 공급하는 가격보다 싼값을 매겼기 때문에 단속을 하고 그런 염료를 공급받는 염색업자들을 고발했음에도 불구하고 수그러들지 않았다. 결국 교도소의 강제 노동을 통한 브라질우드 가공업은 지속되지 못하고, 1766년 막을 내리게 되었다.[22]

육체적으로 매우 힘들게 브라질우드에서 빨간색을 얻었음에도 불구하고, 그렇게 추출된 빨강이 오래 지속되지 않는다는 사실을 모두들 점차 깨닫게 되었다. 그래서 16세기에는 브라질 염료를 '가짜

false'염료나 '속이는deceitful'염료라고 부르기도 했다.[23] 그 이전인 1448년에도 뮌헨의 화가 길드에서는 '파리 레드Paris red'를 사용 금지 목록에 올렸는데, 색이 빨리 바래는 브라질우드로 만들었다고 믿었기 때문이다. 그러나 사실 파리 레드는 브라질우드뿐 아니라 꼭두서니, 케르메스, 인도 랙으로도 만들어졌기 때문에 파리 레드의 색이 얼마나 지속되는지는 사용된 염료에 따라 달랐다.[24] 식물에서 추출되는 빨간색 염료 가운데 단 한 가지, 즉 꼭두서니만이 시간이 흘러도 쉽게 바래지 않았다. 그것은 다른 염료들과 비교할 때 매우 독보적이었다. 꼭두서니는 곤충에서 추출된 여러 종류의 빨간색 염료와 시장에서 주도권을 놓고 다퉈왔지만, 과거에도 그랬고 지금도 그렇듯이 가장 탁월한 빨간색 염료다.

꼭두서니와 염색 기술

꼭두서니는 일군의 나무에서 얻어지는 빨간색 염료로서, 이 나무들은 전 세계에서 골고루 발견된다. 야생나무도 있고 재배되는 것도 있다. 이 중 가장 중요하게 대접받는 것은 서양꼭두서니Rubia tinctorum지만 다른 나무들에서 얻어지는 빨강도 유용하다. 꼭두서니나무는 키가 2미터 가까이 자라고 서아시아가 원산지다. 이후 일찍이 남유럽으로 전파되었고 무어인*에 의해 스페인에 소개되었다. 16세기에 이르러 네덜란드에서 꼭두서니나무는 중요한 작물이 되었고, 이어 17세기에는 프랑스 남부, 18세기에는 독일과 프랑스의 접경지인 알자스에서도 가치를 인정받았다. 꼭두서니나무는 땅 위로 나와 있는 부분만 보면 빨강과는 아무런 관계가 없는 것처럼 보인다. 줄기와 잎은 녹색이고 꽃은 노랗고 열매는 까맣기 때문이다. 땅 아래, 즉 뿌리는 흐릿한 갈색dull brown을 띤다. 그럼에도 많은 지역에서 이 나무의 이름은 빨강과 밀접히 관련돼 있다. 예를 들어 그리스어로는 에리스로다논erythrodanon, 라틴어로는 루비두스rubidus인데, 에리스로스erythros와 루비아rubia는 모두 빨강을 뜻한다.[25]

동물이나 식물에서 얻어지는 빨강과 마찬가지로 꼭두서니도 빨간 화장품이나 음식에 색을 내는 데 이용되었고, 상처를 치료하는 약제로서도 많이 쓰였다.[26] 그러나 역시 가장 중요한 용도는 천을 염색하는 것이었는데, 질 좋은 빨강을 얻기 위해서는 꽤 숙련된 기술이 필요했다. 서툰 기술로 염색을 하게 되면 연한 노랑이나 갈색이 섞여들게 된다. 16세기 후반에 가장 뛰어난 꼭두서니 염색 기술을 보유하던 이들은 서아시아 지역 사람들이었고, 그래서 영국 염색업자들은 그 비법을 알아내고자 비밀리에 페르시아로 사람을 보내기도 했다. 유럽에서 '터키 레드Turkey red'** 만드는 기술을 처음으로 터득한 것은 프랑스였지만, 1790년에 한 프랑스인이 이 비법을 스코틀랜드에 팔아 넘

---

* 아프리카 북서부에 살았던 이슬람 종족으로 8세기에 스페인을 점령했다. — 옮긴이
** '터키 적색'이라고도 하며, 꼭두서니색에 가까운 적색이다. 1747년에 색명으로 정식 채용되었다. — 옮긴이

겼다. 스코틀랜드는 이렇게 확보한 기술로 그동안 생산해 온 빨간색 양모와 더불어 빨간 면직물도 만들 수 있게 되었다. (다른 빨강 염료들은 주로 양모에만 '착색'이 잘되었지만, 꼭두서니는 면직물에도 잘 '착색'되었다.) 터키 레드를 얻기까지에는 수주일이 걸렸고, 거기에는 꼭두서니 나무를 여러 가지 용액에 담그는 과정도 들어 있는데 양의 똥과 사람의 오래된 오줌도 용액으로 사용되었다. 이 제조 방법은 1804년에 발간된 〈필로소피컬 매거진The Philosophical Magazine〉에 실리기도 했다.[27]

꼭두서니는 가장 널리 사용되었던 염료였다. 케르메스나 코치닐에 비해 값이 30배 가까이 싸면서도 색이 영구적으로 지속되었고 숙련된 기술자가 다루면 아주 선명한 빨강도 얻을 수 있었기 때문이다.[28] 영국에서는 꼭두서니나무를 집에서도 재배했으며 영국 내 염색업자들의 수요를 감당할 만큼 충분했기 때문에 14세기까지 꼭두서니를 전혀 수입하지 않았으며 국내에서 재배한 것을 수출하는 것도 금했다.[29] 말하자면 공급량이 달려 법으로 사용을 엄격하게 규제했던 비잔틴 퍼플과는 사정이 전혀 달랐던 것이다. 또한 운송에 제약이 있었던 코치닐과도 달랐다(코치닐 1파운드를 얻으려면 벌레 7만 마리가 필요했다).[30] 영국에서 꼭두서니 염색업은 독점이 아니었다. 거의 모든 염색업은 아무런 규제를 받지 않았고 주로 시골에서 가내 수공업으로 이루어지고 있었다. 당시만 해도 영국 경제는 양을 기르는 목양 산업에 초점이 맞춰져 있었기 때문이었다.

하지만 12세기 접어들어 영국도 염색업에 규제를 가하기 시작했고 자본을 가진 상인들과 도시도 적극적으로 뛰어들기 시작했다. 예컨대 섬유 도시인 노리치는 성 요한 교회가 위치한 중심가에 꼭두서니시장Maddermarket이라 불리는 구역이 형성되기도 했다. 시간이 흐르면서 꼭두서니 염색업의 규모가 커지자 영국 내에서 재배되는 꼭두서니로는 공급량을 맞추기가 힘들어졌다. 18세기 초의 영국은 국내 염색 수요를 감당하기 위해 상당 부분을 수입에 의존했다. 영국에서 만들어 수출한 리넨과 면직물은 각각 네덜란드와 터키에서 수입한 꼭두서니로 염색한 것이었다. 이전 세기에 종교 전쟁의 소용돌이를 피해 영국에 정착한 플랑드르 염색 장인들 덕분에 영국은 경쟁 국가들에 비해 훨씬 뛰어난 빨간색 염색 기술을 확보할 수 있게 되었다.[31] 18세기 내내 오스만 제국의 꼭두서니 생산량은 전 세계의 3분의 2를 차지했다. 영국은 오스만 제국으로부터 세 번째로 많은 꼭두서니를 수입하는 국가였다가 18세기 말이 되면서 최대 수입 국가로 올라섰다.[32] 목양 분야에서는 수세기에 걸쳐 최고 수준을 자랑했지만 양모 염색 기술은 2급, 혹은 3급에 그쳤던 영국은 플랑드르 장인들로부터 배운 염색 기술을 시골의 가내 수공업 형태로 이어져 온 소규모 염색에 접목했다.

중세 시대의 영국은 뛰어난 양모를 확보했고 이를 토대로 다양한 직물 공장들을 소유했다. 특히 세계적으로 인기가 높았던 모직물을 만들어 냈는데 그것에는 '스칼렛Scarlet'이라는 이름이 붙었다. 스칼렛은 원래 색이 아니라 천의 한 종류를 가리키는 명칭이었다. 이 직물

16 〈빨간 옷을 입은 남자〉의 일부를 확대한 것.

15 〈빨간 옷을 입은 남자Man in Red〉, 1530년경 작품으로 패널에 유화.
화가도, 초상화의 주인공도 누구인지 알려져 있지 않다. 찰스 2세가
한스 홀바인Hans Holbein이 그린 헨리 8세의 초상화로 생각하고 구입했다.
남자가 입은 의상은 케르메스와 꼭두서니에서 얻은 빨강으로 그려졌는데,
이 케르메스와 꼭두서니는 빨간색 비단과 양모로부터 뽑아낸 것이었다.
[한스 홀바인은 16세기 독일 르네상스를 대표하는 화가로
영국 헨리 8세의 궁정 화가이기도 했다.]

은 화려한 양모로서, 비단만큼이나 혹은 비단보다 더 비싸게 거래되었고, 보통 빨간색으로 염색되었기에 현대로 접어들면서 천이 아니라 아예 색을 가리키는 용어로 자리 잡았다.[33] 또한 빨간색 천은 여전히 사회적 지위가 높은 것과 연관되었고 그래서 유명 인사들이 밟는 천을 '레드 카펫'이라고 부르게 되었다.

오늘날 레드 카펫 위를 걷는다는 것은 그 사람의 사회적, 경제적, 정치적 지위를 반영하고 있지만, 19세기까지는 붉은색으로 된 옷감을 걸치는 것만으로도 그 사람의 사회적 지위를 알 수 있었다. (18세기에 붉은 루주를 바르면 베르사유 궁전에 초대받은 사람이거나 궁정에 속한 인물이라는 것을 가리키는 것과 같았다.) 크림슨레드crimson-red는 자주색 및 금란金襴/cloth of gold*과 함께 왕실의 공식 색상이었으며, 모든 왕들은 이 색들로 염색된 옷감을 입어야 했다. 에드워드 4세는 1480년 여름에 의복 스물다섯 벌을 주문했는데, 이 중에는 빨간색 더블릿doublet** 여섯 벌과 빨간색 가운 여덟 벌로 된 예복, 빨간 재킷 두 벌이 포함돼 있었다.[34] 헨리 7세는 옷에 관심이 덜했던 것처럼 보이는데 1502~1503년 동안 스물두 벌만을 주문했다. 그 또한 빨간색을 선호했지만 그가 입었던 빨간색 줄이 들어간 스터머커scarlet-lined stomachers***

---

* 금실을 넣어 짠 천을 말한다. ─ 옮긴이
** 14~17세기에 남성들이 입던 짧고 꼭 끼는 상의다. ─ 옮긴이
*** 스터머커는 15~17세기에 유행된 상반신(가슴)을 싸는 삼각형의 옷으로, 보석과 자수로 장식되며 주로 여성들이 착용했으나 원래는 남자도 입었다. ─ 옮긴이

빨강의 문화사

는 외양을 꾸미기 위해서라기보다는 건강 때문이었다. 왜냐하면 빨강이 건강에 좋다는 인식이 있었기 때문이다.[35] (빨간 케르메스는 복용하는 약의 중요한 성분이었는데, 빨간색은 시각적인 측면에서도 환자에게 신뢰를 주었다.) 어떤 옷을 입느냐는 것이 사회적으로 미치는 영향이 매우 컸기 때문에 사치규제법을 통해 특정한 형태나 특정한 색의 옷감에 대해 금지 조치를 내리곤 했다(사치규제법은 고대 그리스까지 거슬러 올라가는데, 개인적으로 소유할 수 있는 물품에 제약을 가했고 지금도 규제의 정도는 덜하지만 여전히 시행되고 있다).[36]

빨강을 다룬다는 사실만으로도 그 사람의 사회적 지위가 상대적으로 높아지기도 했다. 왜냐하면 전통적으로 기술자나 장인들의 사회적, 경제적 지위는 그들이 다루는 물질이 자연에서 차지하는 위치에 따라 달랐기 때문이다. (예컨대 금세공인이나 은세공인은 사회적 지위도 높고 보수도 많았으나 땜장이들이나 연관공들은 상대적으로 보수도 적고 사회적 지위도 낮았다. 금과 은은 '고귀한' 금속이지만 주석이나 납은 '비천한' 금속으로 간주되었기 때문이다.)[37]

천을 빨갛게 염색하는 데 드는 비용은 면직물의 경우 아마와 대마를 키우고 타작하고 다듬고 실을 잣고 직물로 짜고 올을 꼼꼼하게 하고 보풀을 세우고 마무리하는 비용을 모두 합친 것과 비슷했다. 양모의 경우에는 양을 키우고 양털을 깎고 직물로 짜서 올을 꼼꼼하게 하고 보풀을 세우고 마무리하는 과정까지 드는 비용을 모두 합친 것과 비슷했다. 수세기에 걸쳐 양모 가격과 염색에 드는 비용은 오르락 내리락 변동이 있었지만, 일반적으로 빨강으로 염색한 것은 천 자체보다 두 배 이상의 가치가 있었다.[38] 또한 금세공인이 태양 금속solar metal[금]을 다룬다는 영예 덕분에 높은 사회적 지위를 누렸던 것처럼, 염색업자들도 지구 동쪽 끝에서 들여온 빨강이 가져다준 영광을 누렸다. 기록에 따르면 영국의 직물 기술자들은 12세기와 13세기에 길드로 조직되었지만, 염색업자들은 길드를 갖지 않았다고 한다. 스스로를 상인으로 자리매김했던 그들은 길드의 필요성을 느끼지 못했기 때문이다. 그들은 사업가들이었고 지배 계급에 속해 있었던 것이다. 예를 들면 필립 틴터Philip Tinctor라는 사람은 이름이 가리키듯이*염색업자였는데 1259년에 엑세터 시장직을 맡고 있었다. 일반적으로 염색업자들은 천을 만드는 것과 관련된 일에 종사하는 다른 기술자 및 장인들의 활동을 통제하는 위치에 있었다.[39] 빨강을 장악한 사람들은 붉은 천, 붉은 옷감, 그리고 그것들을 입고 걸치는 부유한 사람들을 좌지우지했던 것이다.

---

* 라틴어로 '팅토르tinctor'는 염색업자란 뜻이다. ─ 옮긴이

빨강의 문화사

3장

땅의 열매

앞의 1, 2장은 역사적으로 중요한 빨강의 원천[천연 염료]에 대한 일종의 일대기라고 할 수 있다. 사람들이 빨강을 어떻게 사용해 왔는지에 대한 역사적인 접근도 중요하지만(이것은 인간의 사회적 삶일 뿐이다), 곤충을 포함한 동물과 식물도 그 자체의 삶을 가지고 있기 때문이다.[1] 신세계 코치닐의 번식 주기는 90일에서 120일 사이이고, 꼭두서니나무는 약 2년에 걸쳐 생장한다. 따라서 빨강을 얻을 수 있는 동물과 식물의 생애 주기는 그것들을 양식하거나 재배하고, 거래하고, 활용하는 인간의 삶의 방식도 결정하게 된다. 사람의 운명이 빨강을 품고 있는 벌레와 식물의 운명과 직접적으로 얽혀 있는 것이다. 수천 명의 유럽인들이 빨간 나무에 이끌려 브라질로 건너갔으며, 빨간색을 품은 벌레는 국제 무역의 규칙을 정하는 데 영향을 미치기도 했다.

17 골동품 전문가이자 박물학자이자 지질학자인
존 우드워드John Woodward(1665∼1728)의 수집품 중 일부인
카번클(루비, 스피넬, 석류석).

그런데 빨간 동물이나 식물과 마찬가지로, 몇몇 빨간 광물도 농촌 사람들의 생계와 밀접히 연관돼 있어 그들의 삶의 방식을 결정했다. 예를 들어 농부들은 가을에 수확이 끝나면 땅에서 적토를 파냈고, 바위를 들어냈는데, 이 바위들은 겨울 동안 얼었다가 녹으면서 금이 가거나 부서졌으며 봄이 되면 많은 비에 씻겼다. 우리는 일반적으로 광물은 생명이 없다고 생각한다. 그렇다면 광물은 어떻게 자신의 일대기를 가질 수 있을까?

생명을 가진 동물과 식물에서 얻은 빨강은 주로 액체이고 천을 염색하는 데 사용되었다. 천 또한 그 원천은 생명이 있었고(양떼로부터 양모를 얻고, 아마亞麻 밭에서 리넨을 얻듯이 말이다), 최종적으로 옷감으로 완성되면 사람이 걸침으로써 다시 한 번 생명을 얻게 된다.

반면 생명이 없는 듯이 보이는 땅이 제공하는 빨강은 고체였고, 용도나 가치도 동물과 식물의 빨강과는 확연히 달랐다. 대부분 가루로 만든 다음 액체와 섞였고, 그렇게 혼합된 것을 말리거나 차갑게 하면 빨간색을 띤 얇은 막이 형성되었다. 이 막이 코팅처럼 아주 얇으면 색칠하는 용도로 사용되었고, 막이 두꺼우면 유리에 입히거나 에나멜로 사용되었다. 동물이나 식물의 빨강은 동적인 느낌을 주는 데 반해[천이나 옷감이 휘날리는 것처럼], 광물에서 구한 빨강으로 만들어진 제품은 그 원천만큼이나 정적인 경우가 대부분이었다. 생기가 없는 광물의 빨강은 대개 석회, 수지, 달걀, 오일 등과 혼합돼 벽이나 나무 판지, 피지皮脂,* 종이, 캔버스 등에 칠해졌다. 오늘날 광물에서 나온 빨강의 아름다움과 그것을 다룬 숙련된 기술을 확인할 수 있는 것들이 많이 남아 있지만, 그것이 얼마나 뛰어난 수준이었는지를 알아보기는 쉽지 않다. 예를 들어 뛰어난 건축술을 보이는 유럽의 대성당들은 내부와 외부가 환상적일 만큼 선명한 빨강으로 칠해져 있었다. 하지만 성상 파괴 운동이 일어나고 성당 건축물을 방치함으로써 대성당들은 무채색의 황폐한 석조 구조물로 전락해 버린 경우가 많다. 대성당들이 원래의 붉은색을 지금도 간직하고 있다면 오늘날 주기적으로 다시 칠을 하는, 생기 넘치는 불교 사원이나 힌두 사원만큼이나 강력한 인상을 주었을 것이다.

그런데 화려한 빨강을 내는 광물 중 안료로 쓰기에는 기술적으로 적절하지 않아, 표면에 색칠하는 용도로는 한 번도 사용되지 않은 것들이 있다. 또한 이 원석들은 매우 희소해서 일단 발견되면 그것을 분쇄하려는 생각은 아무도 하지 않았다.** 대신 이 특별하고 크기가 작은 빨간 원석들은 금에 박거나, 보석으로 착용했다. 이들 가운데 가장 뛰어난 것이 루비다. 물론 빨간색을 띠는 보석 원석에 루비만 있는 건 아니다. 예를 들어 1367년 '잔혹왕' 페드로Pedro the Cruel가 에드워드 3세에게 선물한 뒤 지금도 영국 왕실의 왕관에 박혀 있는 보석인 '흑태자 루비Black Prince's ruby'는 실제로는 빨간 스피넬red spinel이다.*** 빨간

---

* 양 · 염소 · 송아지 가죽을 가공 처리해 그 위에 글을 쓸 수 있게 만든 것이다. ─ 옮긴이
** 의사가 중병에 걸린 부유한 환자를 치료하려고 예외적으로 분쇄한 경우는 있었을 것이다.
*** 흑태자(1330~1376)는 영국 에드워드 3세의 아들로 그의 갑옷 빛깔이 까만 데서 이런 별칭

18 런던 지질학회Geological Society 창립 멤버인
에이브러햄 흄Abraham Hume(1749~1838) 수집품 중 일부인
빨간 석류석(불투명한 타입). 이탈리아 피에몬트Piedmont산.

석류석red garnet 중 몇몇 종류도 루비라고 불렸다. 이 원석들, 즉 루비, 스피넬, 석류석을 통칭해서 카번클carbuncles이라고 부르기도 했다. 카번클은 라틴어 카르분쿨루스carbunculus에서 온 말로 '숯불'이라는 뜻이다.[2] 이들은 매우 선명한 빨강을 지니고 있으며 (상당한 공을 들여서 깎아내면) 뛰어난 표면 광택도 얻을 수 있다. 또한 빛을 모두 통과시키는 투명함도 갖고 있다.[*] 선명한 빨강, 뛰어난 광택, 투명함이라는 세 가지 특성은 알베르투스 마그누스가 1260년에 쓴 보석 세공에 관한 글에도 기록돼 있다.[3]

빨간색을 띤 다른 원석들도 있지만, 루비와 스피넬, 석류석은 선명한 색상과 투명함 때문에 천 년 넘도록 사랑을 받아왔다. 선명함과 투명함은 이 원석들을 어떻게 보여 주느냐에 따라 다르게 나타났는데, 평평하게 깎아 반구형으로 된 금에 박거나 측면에 박아서 보여 줄 때 그 특성들이 가장 완벽하게 살아날 수 있었다. 다른 암석과 마찬가지로 이들도 정적이고 생명력이 없는 것처럼 보이지만, 일단 빛을 받게 되면 생기를 얻어, 눈이 부시게 광채가 난다. 특히 몸을 치장할 때

이 붙었다. 백년 전쟁 때 무용을 떨친 그는 부왕으로부터 프랑스 남부 지방을 하사 받아 8년간 통치했다. 한편 스페인 카스티야 왕국을 다스리고 있던 '잔혹왕' 페드로는 그 잔혹함 때문에 반란으로 왕좌에서 쫓겨나게 된다. 그는 흑태자를 찾아가 도움을 청하고 그 덕분에 다시 왕위를 되찾게 되는데 그에 대한 보답으로 흑태자에게 준 선물 중 하나가 빨간 스피넬이다. — 옮긴이

* 루비(Al_2O_3:Cr)는 경도가 9.0이고, 스피넬($MgAl_2O_4$)은 8.0, 석류석은 7.0이다. (석류석은 매우 다양한 성분으로 이뤄져 있다. 화학식은 $X_3Y_2(SiO_4)_3$인데, 여기서 X는 Ca_2^+, Mg_2^+ 또는 Fe_2^+이고, Y는 Al_3^+, Fe_3^+ 또는 Cr_3^+이다.

19 석류석을 닮은 석류 씨.
석류 열매는 그리스 · 로마, 히브리, 기독교, 이슬람 문화 등
여러 전통 문화에서 통일 속의 다양성과 영원한 번식력을 상징했다.
석류 씨가 가진 화려한 색상이 이런 상징성을 더욱 부각시킨다.

사용하거나, 촛불과 같은 살아 있는 빛에 노출될 때 더욱 그렇다.

고귀한 돌 '루비'

루비와 스피넬, 석류석이 발산하는 생기발랄한 빛들은, 이들이 겉보기에는 수동적인 광물에 불과하지만 실제로는 그 안에 생명이 깃들어 있는 것 같은 느낌을 준다. 전통적으로 광물도 자신의 일대기를 가지고 있었다. 광물은 눈에 띄지는 않지만 지구상의 모든 생물이 살아갈 수 있도록 지원하고 자양분을 공급하고 있다. 루비에 들어 있는 타는 듯한 빛은 만물은 생명을 가지고 있다는 오래된 믿음, 즉 겉보기에는 죽어 있는 것 같은 광물조차도 생명이 깃들어 있다는 믿음과 일치했다.[4] 루비의 빛이 가진 생명력은 이 원석의 기원과 관련된 다소 기이한 전설과도 완벽하게 들어맞는다. 이 전설은 최근까지도 널리 알려져 있었다. 예를 들어 오스카 와일드Oscar Wilde는 생명을 가진 초상화를 소재로 한 소설인《도리언 그레이의 초상The Picture of Dorian Gray》에서 루비의 탄생 설화에 관해 언급한 바 있다.[5]

기린혈의 기원과 관련된 전설을 떠올리게 하는 이 설화에 따르면 루비는 용이나 뱀의 머리에서 발견된다고 한다. 대 플리니우스에 따르면 용은 (바실리스크basilisk*나 보통 뱀과 마찬가지로) 자신의 머리에

---

* 바라보거나 입김을 내뿜는 것만으로도 사람을 죽일 수 있다는, 뱀과 비슷하게 생긴 전설상의 괴물이다. — 옮긴이

'고귀한 돌noble stones'을 지니고 있다. 이 돌은 중세를 거치면서 '밝게 빛나고' '놀라운 특성'을 지닌 것으로 변했다. 그런데 이 돌은 '용이 살아서 몸을 떨고 있을 때만' 끄집어낼 수 있었다.[6]

따라서 루비를 원하는 사람은 먼저 용이나 뱀을 진압해야 했다. 옛 사람들은 뱀이 룬rune* 으로 장식된 빨간색 망토 앞에서 굴복하거나, 갓난아이처럼 노래를 불러 주면 잠에 빠져드는 속성이 있다고 믿었다.[7] 그러나 교활한 뱀은 이런 유혹에 저항하기 위해 한쪽 귀를 땅바닥에 바짝 붙이고 다른 한쪽 귀는 꼬리로 막고서, 말하자면 성경의 시편 58편에 나와 있듯이 "살무사처럼 귀머거리"가 되었다.[8] 만약 이런 유혹이 실패하게 되면 월계수로 연기를 피우는 방법으로 뱀을 제압할 수 있었다.[9] 이런 전설은 두꺼비 머리에서 발견되는 신기한 돌 이야기와도 연관돼 있다.[10] 두꺼비 머리에서 발견되는 돌 이야기는 예컨대 시인 제프리 초서Geoffrey Chaucer의 〈열녀전The Legend of Good Women〉이나, 존 가워John Gower의 〈사랑의 고백Confessio amantis〉에도 언급돼 있다. 또한 〈가윈 경과 녹색의 기사Sir Gawayne and Green Knight〉와 〈오르페오 경Sir Orpheo〉은 이 돌이 어둠 속에서 빛나는 속성을 가지고 있음을 표현했다.[11]

기린혈의 탄생 설화가 자연에서 벌어지는 적대적인 싸움에 관한 이야기라면, 루비의 기원을 다룬 전설은 인간의 간계에 맞닥뜨린 뱀

---

* 나무나 돌에 새겨진 형태로 발견된 고대 북유럽 문자, 혹은 주술적 의미를 가진 상징을 말한다. — 옮긴이

의 불운을 이야기한다.

반투명한 빨강

루비들[루비, 스피넬, 석류석]은 빨간색을 내는 원석 가운데 압도적으로 귀중한 가치를 지니고 있다. 이들에게서 나오는 빛이 완전히 투명할 뿐 아니라 붉기 때문이다. 그러나 모든 루비가 완벽하게 투명한 건 아니다. 왜냐하면 어떤 것은 빛이 여섯 개의 꼭짓점을 가진 별six-pointed stars처럼 흩어지고, 또 어떤 것은 석류 씨처럼(그래서 이름이 '석류석'이다) 빛나기 때문이다. 하늘과 땅을 포함해 만물이 존재하게 된 것은 "빛이 있으라"(창세기 1:3)라는 명령의 결과였다. 모든 빛 가운데 가장 위대한 근원은 하늘에 있으며(태양이나 달, 행성이나 별들), 땅은 그 빛이 도달하는 종착지다. 빛은 천상에 속하고, 땅에 있는 물질들은 그 빛을 자유롭게 통과시키는 경우가 거의 없다. 그래서 땅에서 난 돌 중에서 아무런 저항 없이 빛을 통과시키는 게 있다면 천상에 속하는 어떤 특성을 가지고 있어야만 했다.

알베르투스 마그누스는 "하늘 아래 존재하는 만물은 하늘의 별들로부터 힘을 부여받는다"고 했다. 지상의 물질이 '밝음과 투명함'을 가지고 있으면 천상의 힘이 '고귀한' 방식으로 표현된 것이고, 반면 물질이 '혼미하고 역겹고, 그래서 천상의 힘을 억압하는' 경우에는 천상의 힘이 '비천하게' 드러난 것이다. 보석 원석들은 강한 힘을 갖고 있다. 왜냐하면 그것들은 '원소들로 이루어진 별'이기 때문이다. (여기서 말하는 원소란 지상 세계를 이루고 있는 흙, 물, 공기, 불로서, 천상의 세계를 이루는 에테르와는 정반대의 속성을 갖는다.)[12] 빨간 루비들은 태양과 화성의 힘을 가졌고(태양은 가끔씩 붉고, 화성은 늘 붉고), 이러한 연관 관계는 루비를 '돌들의 제왕'으로 만들었다.[13] (17세기 스페인 문서에 따르면 루비들은 알데바란Aldebaran이라는 별로부터 힘을 끌어 왔다. 알데바란은 황소자리 중에서 가장 밝게 빛나는 별로, 황소의 빨간 눈에 해당한다.)[14] 알베르투스 마그누스는 가장 힘이 센 돌은 동양에서 왔다고 썼는데, "행성들은 동양에서 가장 힘이 강하기 때문"이었다.[15] 힘이 강한 돌은 태생적으로 '고귀한' 투명함을 갖고 있는데, 그 까닭은 그들이 천국Paradise의 강에서 씻겨 내려왔기 때문이었다.[16] 인간이 타락하기 전에는 천국에서 "불타는 돌들 사이를" 걸어다녔다(에스겔 28:14). 예로부터 천국은 동양에 있다고 믿어 왔기 때문에, 기린혈과 같은 식물의 경이로움, 인도 랙 같은 동물의 경이로움처럼(이 둘도 동양이 원산지고 투명한 빨강을 가지고 있었다) 루비 역시 동양이 가진 광물의 경이로움을 나타낸다고 보았다.

그러나 세계는 넓어 모든 암석이 천국의 강에서 씻겨 내려온 것은 아니었다. 이것은 전적으로 투명한 암석은 얼마 되지 않으며, 대부분의 암석은 빛의 진행을 가로막는다는 것을 뜻한다. 그렇지만 '밝고 투명한' 암석들과 '혼미하고 역겨운' 암석을 분명하게 구분해 주는 뚜렷한 경계선은 없다. 투명함은 정도의 문제이기 때문이다. 사실 암석

20 스코틀랜드의 홍옥수와 붉은 마노는
수세기에 걸쳐 연안을 따라 표류하면서 북해에서
영국 동부의 노퍽 해변으로 이동했다.

들이 조금이라도 투명하지 않으면 모든 빛이 암석의 표면에서 되튕겨져 나가기 때문에 아무런 색을 띠지 못할 것이다. 하지만 암석들은 색을 띠고 있기 때문에 빛과 암석 사이에 어느 정도의 상호 작용이 있음은 분명하다. (현대 과학의 설명에 따르면 붉게 보이는 암석은 빨간색만 반사하고 다른 색의 빛들을 모두 흡수해야 한다. 모든 색의 빛을 반사하면 붉은색이 아니라 하얗게 보일 것이다.) 대부분의 암석들은 크리스털의 완전한 투명성과 석탄의 완전한 어두움 사이, 즉 완전히 투명하지도 완전히 불투명하지도 않은, '반투명한' 상태를 취한다.

사르디누스sardinus 혹은 사르디우스sardius라고도 불리는 홍옥수紅玉髓/sard*는 빨간색을 띤다. 알베르투스 마그누스는 이것을 "약간 반투명한데, 적토가 투명성을 조금 띠고 있는 것처럼 상상하면 된다"고 기록했다.[17] 홍옥수는 흙의 색을 띠고 있을 뿐 아니라 순교자와 믿음의 색으로 받아들여지기도 했다. 그리스도가 흘린 피의 색과 유사하기 때문이었다.[18] 홍옥수는 성경에 나오는 제사장의 '판결 흉패breastplate of judgement'**에서 언급된 12가지 원석들 중 가장 먼저 등장한다. 이어서 나오는 것은 토파즈, 에메랄드, 터키석turquoise, 사파이어, 다이아몬드, 히아신스jacinth, 마노agate, 자수정이다(출애굽기

---

* 옥수는 미세한 석영 결정이 조밀하게 이루어진 덩어리로 빨간색을 띤 것을 홍옥수라고 한다. ― 옮긴이
** 대제사장이 직무를 수행할 때 가슴에 다는 패를 말한다. 12지파의 이름이 새겨진 12가지 보석이 달려 있어 중대한 판결을 내릴 때 신의 뜻을 묻는 도구로 사용되었다. ― 옮긴이

28:15~21). 그것은 또한 '천상의 예루살렘Heavenly Jerusalem'을 세울 때 여섯 번째 기초석이 되기도 했다(요한계시록 21:19~21). 이것은 그리스도가 세상의 여섯 번째 시대에 태어났고, 1주일의 여섯째 날, 하루의 여섯째 시간에 십자가에 못 박힌 것과 상응하는 것이었다.[19] 또 아담은 여섯째 날에 창조되었다. (아담과 적토의 관계는 나중에 다시 다루게 된다.) 홍옥수는 카닐리언carnelian이라고도 불렸는데 이것은 육체를 뜻하는 라틴어의 '카로caro'와 연관돼 있다. 또 대주교이자 역사학자로 후대에 엄청난 영향을 미친 박학다식했던 6세기 인물인 세비야의 이시도루스Isidorus of Seville에 따르면 '카로'는 '창조creation'와도 연관이 있다고 한다.[20] 홍옥수가 육체와 관련이 있기 때문에 유산流産을 피하기 위한 약으로 복용되기도 했다.[21] 사람들은 카닐리언, 즉 '육체의 색the colour of flesh'이 지혈 작용을 하고 화를 가라앉히는 역할도 한다고 믿었다.[23]

홍옥수는 상징적이고 종교적인 구조에서 가장 중요한 자리를 차지했다. 또한 홍옥수가 내는 빨간색에는 '천상의 힘'이 내재돼 있고, 홍옥수의 깊은 곳으로부터 따뜻하고 부드러운 빛이 나온다고 믿었기 때문에 약제로도 널리 사용되었다. 빨간색을 내는 다른 많은 원석들도 높은 가치를 지닌 것으로 여겨졌지만 홍옥수보다는 더 불투명하고 그래서 빛을 통과시키지 못했다. 이런 광물에는 반암班岩/porphyry[*]

---

[*] 산성을 띤 화성암인데 화성암은 지하의 마그마가 식어서 만들어진 암석이다. ― 옮긴이

21 붉은 벽옥으로 된 고대 이집트의 액막이 부적.
하나는 팔다리가 묶인 황소 모양을 하고 있고,
다른 하나는 여신인 이시스Isis와 관련 있는 매듭 부적tyet-knot이다.
매듭 부적은 얼핏 인간의 형상을 한 것처럼 보이지만, 원래 인간의 모습을
의도한 것은 아니었고 당시 사람들도 그렇게 받아들이지도 않았을 것이다.

과 벽옥碧玉/jasper[*]도 포함됐는데 이들은 빨강 외에 다른 색도 냈다.[23] 그러나 빨간 반암과 빨간 벽옥은 불투명한데도 빛과 상호 작용할 수 있는 잠재력을 가지고 있다. 이들을 광택이 나도록 다듬으면 표면을 스치며 지나가는 빛에 생기를 불어넣을 수 있는 것이다. 우리가 살펴볼 마지막 빨간색 암석[적철석] 또한 이들처럼 한 가지 이상의 색을 가지고 있으며 반투명하다. 이 암석은 루비나 홍옥수, 반암처럼 숭배에 가까운 대접을 받지는 못했지만 여러 가지 감정이 복합적으로 작용하는 대상이었으며, 문화적으로도 엄청나게 중요한 자리를 차지했다.

'피의 돌' 적철석

적철석은 두 가지 형태로 존재한다. 하나는 검정, 하나는 빨강이다. 검정색을 띤 것은 대단히 반질반질하다. 검정 적철석은 검기 때문에 모든 빛을 흡수하지만, 조금만 방향을 틀어도 눈부신 빛을 발산할 수 있다. 적철석이 빛을 흡수하느냐 발산하느냐는 보는 사람의 눈과 적철석 표면 사이의 위치, 빛이 어디에서 나오느냐에 따라 달라진다. 검정 적철석은 그 눈부신 광택 때문에 높은 가치를 지닌 것으로 평가받아 왔으며, 오늘날처럼 절단 기술이 발전하기 이전에는 다이아몬드와 각축을 벌일 정도로 인기가 높았다.

---

[*] 산화철을 가진 석영의 일종으로 불투명하며 산화철의 종류에 따라 녹색, 붉은색, 갈색, 노란색 등을 띤다. —옮긴이

빨간 적철석은 이보다는 훨씬 흔했으며, 쓰임새도 크게 달랐다. 사실 검정 적철석을 험하게 다루게 되면 빨간 적철석으로 변한다. 즉 단단한 표면이 긁히게 되면 심홍색blood-red의 줄이 생기면서 숨겨져 있던 빨강이 겉으로 드러나게 된다. 정원의 적토가 빨간색을 띠는 것도 빨간 적철석 때문이다. 그래서 알베르투스 마그누스는 빨간 적철석을 "투명하지 않은 홍옥수와 비슷하다"고 했다.[24] 빨간 적철석은 '적토'의 형태로 가장 널리 퍼졌으며, 따라서 장식용으로 주로 쓰이는 루비나 홍옥수, 반암, 검정 적철석과는 다르게 받아들여졌다. 빨간 적철석으로부터는 철을 제련할 수 있었기 때문에 실용적인 측면에서 가치를 인정받았던 것이다. 하지만 금속을 얻을 수 있는 원석으로서의 가치를 인정받기 이전부터 빨간 적철석은 상징적인 측면에서 중요하게 다뤄져 왔다.

적철석은 말 그대로 '혈석blood stone'이라는 뜻이다.* 이것은 적철석이 피와 관련된 질병에 치료제로 사용되었음을 의미한다. 적철석과 녹은 홍옥수처럼 그리스도의 피와는 연관되지 않았지만, 인간의 피와는 연관되었다. 또한 홍옥수가 출산과 관련된 약재로만 사용되었던 데 비해 적철석과 녹이 피와 맺는 관계는 이보다 훨씬 복잡했다. 예를 들어 그리스 서사시에서, 아킬레스Achilles가 창에 찔려 부상당했을 때 상처를 입힌 그 창에서 녹을 채취해 상처 부위에 발라 치료했다.[25] 이

---

* 'Haematite(적철석)'에서 'haem'은 '피'를 뜻한다. ─ 옮긴이

22 적철석 조각.
검은 빛이 나는 금속성 광택, 날카로운 모서리, 핏빛에 가까운 빨간색,
비바람에 풍화된 흔적 등을 다채롭게 보여 준다.

이야기는 후대에도 그대로 전해져 지혈할 때 녹이나 적철석을 사용하는 관습이 중세 시대 이후까지 이어졌다.[26] 하지만 적철석이 인간에게 유익하게만 작용한 것은 아니었다. 오히려 둘의 관계는 매우 모호했다고 할 수 있다.

원석과 태양과의 관계와 관련해, 루비는 투명한 원석들 가운데 가장 '고귀한' 것으로 간주되었다. 그래서 '금이 금속들 가운데 으뜸'이었던 것과 마찬가지로 루비는 보석 원석들 중 으뜸의 자리를 차지했다. 반면 적철석은 불투명했기 때문에 태양과 관련지어지기보다는 '붉은 행성red planet'인 화성, 그리고 금속 가운데 가장 '비천한' 철과 연관 지어졌다.[27] 적토나 적철석에서 제련되는 철이 비천한 속성을 가진 것으로 간주된 까닭은 적철석을 절단하거나 문질렀을 때 검은색을 띠기 때문이었다. 철의 이런 비천함 때문에 쇠를 다루는 장인들이나 대장장이의 사회적 지위도 상대적으로 낮았다. (또한 이런 이유 때문에 철로 만든 도구로 약초를 캐면 그 약초가 약효를 잃는다고 믿었고, 애초에는 쟁기를 쇠로 만들었으나 철의 비천함 때문에 수확이 떨어진다고 믿었던 농부들은 이후 나무로 만든 쟁기를 사용하게 되었다.)[28] 칼이 피부에 상처를 낼 수 있는 것처럼 쟁기는 땅에 상처를 낸다. 그리고 '비천한' 철은 '살과 땅' 모두에 상처를 낼 수 있었다. 이와 관련해 대 플리니우스는 이렇게 말했다.

철은 인간의 삶에서 가장 뛰어난 도구이자 또한 가장 사악한 도구다. 우리는 철로 쟁기를 만들어 땅을 간다…… 하지만 철은 전쟁에 동원되어 살육하고 약탈하는 데도 사용된다. …… 우리는 철이 인간의 죽음을 보다 신속하게 처리할 수 있도록 철에게 날개도 달아주고 날아다니는 법도 가르쳐 주었던 것이다![29]

그러나 죽음을 재촉하는 철의 능력은 모든 금속 가운데 가장 빨리 부식되는 철의 속성으로 인해 완화되었다. 대 플리니우스는 다시 이렇게 말했다.

자연이 자비를 베풀어 철이 가진 힘을 제한했다…… 철에게 녹이라는 형벌을 내린 것이다…… 죽임에 반대하는 녹은 이 세상에서 무엇보다도 철에게 가장 치명적이다.[30]

철이 부식되어 생긴 녹은 파괴의 무기를 파괴한다. 이 자연의 정의正義는 부식의 결과로 생기는 녹의 색에 분명하게 드러난다. 즉 녹은 핏빛blood-red인 것이다.[31] 아킬레스가 창의 녹으로 상처를 치료한 이야기를 알고 있고, 그것이 오랫동안 약제로서 사용되어 온 전통을 알고 있는 대 플리니우스는 "철이 상처를 내는 주된 원인이지만…… 동시에 철의 녹에는 상처를 통합하는 힘이 있다!"면서 이것은 곧 우주가 대칭성을 가지고 있다는 의미라고 주장했다. 그리스인들이 전장에 나갈 때 적토나 적철석을 몸에 발랐던 까닭은 녹이 가진 치유력을 믿었기 때문일 것이다. 이처럼 유럽에서의 '루주'는 '출진出陣 물감war-paint'에 기원을 두고 있었다.[32]

적철석과 비천한 금속인 철, 붉은 녹 사이의 이런 순환하는 관계는 적철석에 얽힌 모호함을 잘 설명해 준다. 그러나 이들이 맺고 있는 철 제련 기술이 발달하면서 분명해졌다. 제련 기술은 적토를 모으고 변형시키기 시작한 지 수만 년이 지나서야 일어났다. 철이 처음으로 제련된 것은 지금으로부터 약 4000년 전으로 추정되지만, 철을 제련하는 데 사용된 적토를 수집하기 시작한 것은 약 7만 년 전이었다.[33]

사람이 죽으면 가루로 된 적토를 시신 위에 뿌리는 풍습이 있었는데, 이런 장례 관습은 단지 소수의 사람들에게만 이뤄졌을지라도, 대단히 널리 퍼졌고 문화로서 오래 지속되기도 했다.[34]* 수만 년에 걸쳐 적토를 모으고 시신에 그 가루를 뿌리기도 했던 서유럽인들은 지금으로부터 약 1만 3000년 전부터 갑자기 적토를 이용해 그림을 그리기 시작했다. (거의 비슷한 시기에 전 세계에 걸쳐 다른 지역에서도 그림을 그리게 되었다.) 자료를 통해 알 수 있는 사실은, 그림을 폭발적으로 많이 그리기 시작한 후기 구석기 시대와, 사회적인 분화가 급격히 이루어지고 종교적인 의식에 사용되는 물품들을 만들어 내기 시작한 시기가 일치한다는 점이다. 사회적, 예술적, 정신적인 삶이 동시다발적으로 꽃피고, 예술가들이 출현하기 시작했던 것이다. 그들은 복잡

---

* 이 오래된 관습은 신세계에서도 발견되었는데, 1497년 캐나다의 뉴펀들랜드 원주민Beothuk of Newfoundland의 시신에 적토가 뿌려졌다는 기록이 남아 있다.

한 상징을 지닌 아름다운 이미지를 만들어 냈는데, 그들이 가장 선호했던 것은 빨간색 계열의 안료였다. 빨간 안료는 자신이 살던 지역의 흙에서 얻기도 했지만 다른 지역과의 교역을 통해 얻기도 했다. 예를 들어 폴란드에서 발굴된 선사 시대 유적지에서는 700킬로미터 떨어진 지역에서 채굴된 적토가 사용된 흔적이 발견되기도 했다.[35]* 이를 통해 우리는 광물에서 나는 빨간 안료를 멀리 떨어진 지역 사이의 교역을 통해서 구할 수 있었으며 또한 이런 교역이 역사를 통해 지속돼 왔다는 사실을 알 수 있다.

시노피아

14세기의 화가 첸니노 첸니니는 선사 시대의 동굴 화가들이 사용했던 것과 똑같은 적토를 사용했다. 그는 이 적토가 '적철석'과 '시노퍼Sinoper'의 특성을 모두 갖고 있다고 기록했다. (그는 황토를 가리킬 때만 '오커ochre'라는 이름을 썼다.)[36] 시노퍼라는 명칭은 그보다 2000년 앞선 시기에 이 적토가 거래되던 지역 이름에서 따온 것이다.[37]**

시노피아Sinopia 혹은 시노페Sinope는 현재 터키의 북부 지역으로,

---

* 약 5000년 전 스페인에서는 매장할 때 진사를 사용하는 풍습이 있었다. 이 진사는 무덤과는 100킬로미터 이상 떨어진 곳에서 날아 왔다.
** 색 이름을 둘러싼 혼란을 부채질한 것은 고대 프랑스에서는 시노플sinople이 '빨강'과 '녹색'을 동시에 뜻하기도 했기 때문이다. 문장학紋章學에서도 그 두 가지 색을 모두 가리키는 데 시노플을 사용했다.

흑해 남쪽 해안의 중심에 위치했다. 고대 그리스의 지리학자이자 역사학자인 스트라보Strabo는 자기 시대보다 훨씬 이전 사람들이 언급한 것을 따라 시노페가 그 일대 지역에서 가장 중요한 도시라고 기록했다.[38] 시노페는 흑해 남쪽 해안 도시 중에는 유일하게 1년 내내 이용이 가능한 전천후 항구였으며, 도시 후방에는 숲이 빽빽이 우거진, 사람이 거주하기 힘든 산이 병풍처럼 놓여 있었다. 페르시아 영토 주변을 따라 형성돼 있던 그리스의 해안 거주지 가운데 규모가 가장 큰 도시였다. 또한 아르메니아에서 콘스탄티노플, 지중해와 서쪽을 향해 항해하는 뱃사람들에게 안전한 피난처 역할을 하기도 했다. 도시 후방의 숲과 산들은 페르시아의 침공으로부터 시노페를 지켜 주었으며, 바다를 통해서만 접근할 수 있었기 때문에 거의 섬과 마찬가지였다. 그 결과 시노페는 고대 그리스의 교역 중심지가 되었다. 이것은 산으로 둘러싸인 지중해의 항구 도시 제노아나, 섬으로 된 도시 베니스가 르네상스 시대의 유럽에서 세계적인 무역 중심지가 되었던 것과 흡사했다. 동양과 서양의 주요 교역로들이 합류했던 시노페는 오늘날 싱가포르나 홍콩이 섬으로 된 국제 무역 도시의 허브인 것처럼, 고대 세계의 교역 중심지였던 것이다. 중세 시대의 유럽인들은 이 붉은 암석의 이름을 들으면 오늘날의 싱가포르나 홍콩처럼 각국에서 사람들이 모여들고 금융 거래가 활발하게 이루어지는 역사 속의 한 도시를 자동적으로 떠올렸을 것이다.

스트라보는 '시노픽 밀토스Sinopic miltos'가 활발하게 거래되었다면서 그것이 '최상의 품질'을 지녔다고 썼다.[39] 밀토스가 정확히 무엇을 가리키는지에 대해서는 역사가들 사이에 의견이 분분하다. 그중 한 가지 견해는 당시 폭넓게 거래되고 있던 광물에서 구한 빨간 안료들을 통칭한다는 것이다.[40] 이 안료들 대부분은 그 이전부터 천 년간 거래되어 왔던, 철을 함유한 암석(적철석과 황토)에서 얻어진 것이라는 주장이다. 하지만 밀토스가 다른 광물을 포함하고 있을 가능성을 보여 주는 두 가지 힌트가 있다. 첫째는 고대 그리스의 철학자이자 과학자 테오프라스토스Theophrastus가 시노픽 밀토스를 캐는 광산에는 사람을 질식시키는 공기가 가득하다고 기록하고 있다는 점이다. 오늘날의 연구에 따르면 철을 함유한 빨간색 광물은 독성을 가진 증기와는 무관하며, 따라서 밀토스에는 빨간 암석이 포함되지 않았을 가능성이 높다. 두 번째 힌트는 스트라보는 이 시노픽 밀토스를 스페인에서 나오는 것과 비교했는데, 스페인산 밀토스는 적철석이나 황토와는 전혀 다른 광물이라는 것이 확실하다는 점이다.[41]

스페인에서 나는 빨간색을 함유한 광물은 진사이며, 진사와 관련해 기이한 점은 자연적으로 존재하고 광범위하게 거래되었음에도 불구하고 빨간색 안료로서는 거의 사용되지 않았다는 사실이다. 1세기에 대 플리니우스는 제우스의 조각상뿐 아니라 신의 제사를 집전하는 이들도 몸에 진사를 발랐다고 기록했다. 하지만 이것은 매우 드물게 행해진 관례였고, 플리니우스 자신도 "이런 관습의 기원을 설명하기가 힘들다"고 인정했다.[42] 빨간색이 선명한 진사가 애용되지 않았다는 점은 확실히 이상하다. 현대 과학은 진사는 당시 굉장히 널리 사용되었던 빨간색 안료인 버밀리온과 화학적으로 성분이 동일하다고 본다. 그렇다면 왜 버밀리온은 인기가 높고 진사는 그렇지 못했을까? 그 둘의 차이는 무엇일까?

4장

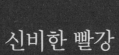

신비한 빨강

빼어난 기술과 노력 덕분에 — 땅에서 채굴을 하거나 동물이나 식물로부터 추출하는 방식을 통해서 — 숨겨진 빨강들이 밖으로 드러나게 되었다. 하지만 다른 빨강들[인공 염료]은 그 자체로는 빨강을 지니지 않은 것들로 만들어 내야 했다. 이런 빨강은 화염 속에서 태어나며, '합성된synthetic' 빨강 혹은 '인공적인artificial' 빨강으로 불린다. 오늘날에는 '합성'이나 '인공'이라는 용어를 회의적인 시각으로 바라보는 경우가 있는 것도 사실이다. 하지만 나는 여기서 보다 긍정적인 측면에서 이 용어들을 다루려고 한다. '합성synthesis'이라는 말에는 흩어진 사물들을 끌어 모은다는 의미도 있지만, 정반대로 사물들을 떼어놓는다는 뜻도 있다는 사실을 밝힐 것이다. 또한 '인공artifice'이라는 말은 최근에 와서 '깊이가 없고 부자연스러워 거의 가치가 없는'

이라는 의미로 받아들이고 있지만, 이 단어에 들어 있는 '아트art'는 2000년 이상에 걸쳐 '기법과 기술이 매우 빼어나다'는 뜻으로 사용돼 왔다는 사실도 밝힐 것이다.[1]

　우리는 일반적으로 '인공적인 빨강'을 현대의 산물이라고 여기지만, 사실은 인류의 역사만큼이나 오래되었다. 실제로 고고학자나 인류학자들은 과거의 인간들을 정의할 때 이들이 빨강을 어떻게 평가했고 빨강을 어떻게 만들었는지를 매우 중요한 요소로 삼고 있다. 색을 인공적으로 만들어 내고 그 색을 장식적인 용도로 사용한다는 것은 서로가 어떤 상징 체계를 공유하고 있었다는 구체적인 증거가 되기 때문이다.[2] 적토는 선사 시대부터 수집이 되었고, 적토로부터 철을 얻을 수 있다는 사실을 알기 수천 년 전부터 그 흙이 지닌 색 때문에 주목을 받고 있었다. 황토yellow ochre 또한 널리 수집했는데, 빨간색으로 변할 수 있었기 때문이다. 폭넓은 지역에 걸쳐 가치를 인정받았던 최초의 인공적인 빨강은 모닥불로 돌이나 흙덩어리를 가열함으로써 얻어졌다.

　황토가 빨간색으로 변한다는 사실은 우연히 알게 되었을 것이다. 하지만 이 변화가 반복적으로 일어나도록 하기 위해서는 보다 세심한 관찰과 기술이 필요했다. 동굴 생활을 했던 초창기 혈거인들cavemen은 대부분의 돌은 색이 변하지 않지만 어떤 특정한 돌은 색이 변한다는 사실을 깨달았다. 또한 색을 얻기 위해 돌이나 흙덩어리를 재나 잉걸불(숯불) 아래 묻어 돌이 갈라지도록 했다. 왜냐하면 가장

23 황토와, 같은 황토를 모닥불에서 한 시간 이상 가열했을 때
변형된 돌의 모습. 한때 노란색이었던 돌을 불에서
꺼내 보면 돌 전체에 걸쳐 진한 빨간색을 띤다.

좋은 색과 가장 극적으로 색이 변하는 것은 쉽게 깨지고 잘 바스러지는 돌에서 일어나기 때문이다. 빨간 돌조각과 돌가루는 재와 잉걸불을 후후 불거나 바람을 일으켜 마치 '왕겨에서 밀을 골라내듯이' 얻을 수 있었을 것이다. 혹은 물을 이용해 숯은 물 위에 뜨고 재는 물에 녹고 돌은 가라앉도록 하는 방식을 취했을 것이다. 이것은 수만 년 전부터 꽤 확실한 기술로 자리 잡았고, 이 기술에 대해서는 약 4000년 전의 기록에 자세히 남아 있다.[3]

노랑을 빨강으로 바꾸는 것을 얼마나 중요하게 여겼는지는 노랑을 뜻하는 그리스어가 '생명이 없는lifeless'이라는 뜻의 오크로스ochros라는 데서도 알 수 있다.[4] 반면 빨강은 항상 생명과 연관되어 왔다. 황토를 태우면 돌에 들어 있는 생명을 일깨우거나 다시 불러낼 수 있다고 믿었다. 돌이나 흙으로부터 빨강을 만들어 내는 것은 이후에도 계속되었는데, 이런 용도로 특별히 제작한 가마에 황토 덩어리들을 넣고 가열하는 방식이었다. 오늘날에는 물질의 결정 구조 분석 기술을 통해, 선사 시대 유적지에서 발견되는 빨간 돌들이 자연적인 것인지 인공적인 것인지를 확인할 수 있다.[5]

황토를 구하고 그것을 빨갛게 만드는 기술은 일상생활 속에서 우연히 발견되었으리라고 추측할 수 있다. 하지만 꾸준히 탐구하는 과정에서 다른 합성된 빨강이나 인공적인 빨강도 발견할 수 있었을 것이다. 그것은 물질을 변화시키겠다는 분명한 목적을 갖고 진행한, 당시로서는 엄청나게 복잡하고 어려운 작업의 결과물이었을 것이다. 그것은 일상생활을 영위하는 것과는 전혀 무관한 작업이어서 온종일 거기에만 매달릴 수 있는 전문가가 있었던 것도 아니었고, 남성들만의 전유물도 아니었다. 그런 점에서 그것은 일종의 마술적인 놀이였을 것이다. 극히 최근까지도 인간이 인공적으로 만들어 내는 합성된 빨강은 금속을 함유한 특별한 암석, 즉 광석을 통해서만 얻을 수 있었다.[6]

마법의 힘을 가진 철광석

철을 얻는 제련 기술이 언제, 어떻게 시작되었는지는 기록이 남아 있지 않아 알 수 없지만, 도자기류를 굽는 과정에서 우연히 발견되었으리라는 가설이 폭넓게 받아들여지고 있다. 하지만 이런 가설은 설득력이 매우 약하다. 애초에 도자기의 용도는 실용적인 목적이 아니라 장식용이었다. 따라서 도자기를 굽는 행위는 종교적 의식으로 시작했거나, 문화적으로 중요한 물질인 진흙을 가지고 형상을 만드는 일종의 상징적인 놀이로서 시작되었을 가능성이 높다. 진흙으로 가정에서 쓰는 도구를 만든 것은 그 이후였고, 아마도 장식품이나 장신구를 만드는 과정에서 이런 저런 시도를 하다가 알게 된 부산물이었을 것이다. 따라서 철을 제련할 수 있게 된 것은 철을 함유한 원석들(황토, 적철석, 적토)이 이미 높은 가치를 인정받고 문화적으로도 관심의 초점이 돼 있었기 때문에 가능했다고 할 수 있다. 이런 높은 관심이 어느 시점에 이르러 철을 제련하는 기술로까지 이어졌을 것이다. 다른 말로 하면, (철의 원료인) 적철석이나 적토를 실용적인 목적으로 활용하게 된 것은 그전부터 이미 적철석이나 적토가 가진 빨강 때문에 그 둘을 매우 중요한 암석으로 취급했기 때문이었다. 16세기에 광물학 책을 쓴 독일의 역사가이자 광물학자 게오르기우스 아그리콜라Georgius Agricola는 색은 암석을 평가하는 데 단 하나의 가장 중요한 요소라고 기록했다. 하지만 고고학에서는 이러한 색의 중요성을 최근 들어서야 받아들이기 시작했다.[7]

빨간 암석에 대한 구석기 시대의 관심은 다른 종류의 돌에 관한 인류의 관심과 비교될 수 있다. 인간이 돌을 다듬었듯이 돌은 인간의 사고방식을 다듬었다는 말이 있다. 수석燧石/flint* 은 인간에게 수석의 어느 부분을 내리쳐야 날카로운 조각을 얻을 수 있는지를 '말해 주었고,' 또한 그렇게 얻어진 돌 조각은 인간에게 그것을 어떻게 도구로 활용할 수 있는지를 '말해 주었다.' 마찬가지로 불에 가열된 황토는 색이 바뀜으로써 인간에게 황토 안에는 생명을 가진 무언가가 존재하며 그것은 손에 넣을 가치가 있다는 것을 '말해 주었다.' 인간의 지성은 두개골이나 피부 안에 존재하는 것이 아니다. 그것은 인간의 마음과 몸, 그리고 인간을 둘러싼 환경에 골고루 퍼져 있으며, 의식이 물질과 상호 작용할 때 그 지성은 밖으로 드러나게 된다.[8]** 세계를 엄

---

* 석영의 일종으로 단단해서 일찍부터 석기의 재료로 사용되었다. 유럽과 이집트, 서아시아에서는 구석기 시대부터 사용되었으나 신석기 시대에는 거의 전 세계에서 사용되었다. ─ 옮긴이
** 프랑스의 기술철학자 베르나르 스티글레르Bernard Stiegler는 이 과정을 '후천성 계통 발생

빨강의 문화사

청나게 바꾼 철 제련 기술은 인간이 빨강을 높이 평가하고, 빨강과 상징적인 놀이를 함으로써 탄생했다고 보는 것이 가장 그럴 듯할 것이다. 수석이 석기 시대를 여는 데 기여했다면, 붉은 암석은 철기 시대의 공동 창조자였다.*

문화적으로 높은 평가를 받은 붉은 암석들 ― 빨강으로 변했던 황토도 포함해서 ― 가운데 가장 오래된 것은 철을 함유한 광석들이었다. 이들은 자연적으로도, 인공적인 합성 과정을 통해서도 빨강을 드러냈기 때문에 신비한 힘을 가진 것으로 여겨졌고, 철을 제련하게 되면서 더욱 신비한 힘을 가진 존재로 간주되었다.[9] 선사 시대 사람들은 철을 제련하는 방법을 알아냄으로써 농업과 전쟁 방식에 혁명적인 변화를 가져왔고, 동시에 사회적, 정치적으로 권력을 가진 계층을 탄생시켰다. 이처럼 붉은 암석의 위력 때문에 그 돌을 다루는 기술자들에게도 특별한 지위를 부여하는 경우가 많았다. 또한 철을 제련하고, 그렇게 얻은 철을 벼르는 일과 관련해서는 여러 가지 터부와 숭배 의식, 신화가 따라다녔다.[10]

영국에서 전해져 오는 아서왕 전설에는 광석에서 금속을 채취하는 장인에게 권력이 주어졌다는 사실을 짐작케 하는 장면이 있다. 그 전설에 따르면 '참된 왕'은 '돌에서 칼을 끄집어 낼 수 있는' 능력을

---

epiphylogenesis'이라고 불렸다.

* 철기 시대는 청동기 다음 시대로, 붉은 암석에서 비롯된 시대가 붉은 금속의 시대를 대체한 것이다.

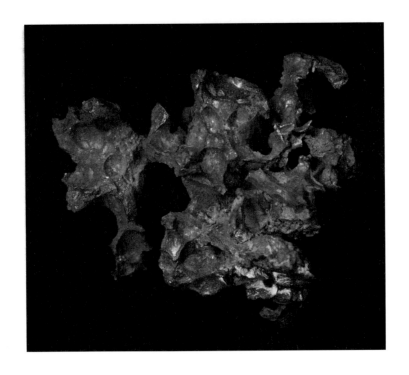

24 1749년 러시아 볼쇼이산에 떨어진 크라스노야르스크 운석 조각.
돌과 철이 함유된 이런 운석은 매우 드물다.
그러나 18세기 이후 수집된 석철石鐵 운석은
수천 톤에 이른다.

가진 사람이었다.[11] 돌에서 철제 무기, 즉 칼을 끌어내는 것은 제련 기술을 가진 장인만이 할 수 있는 일이었다. 금속으로서의 철은 자연 상태에서는 발견되지 않기 때문이다.

엄밀하게 말하자면 철은 땅 속에서는 금속으로 존재하지 않았지만, 땅 위에서는 아주 가끔 금속으로 발견되기도 했는데, 바로 운석의 형태를 통해서였다. 철로 이루어진 철질鐵質 운석이 떨어진 곳은 숭배의 장소가 되었고, 거기서 얻은 철로는 대개 종교적인 의식에 사용되는 도구를 만들었다.

16세기 초 스페인 출신의 아즈텍 왕국 정복자 에르난 코르테스 Hernán Cortés가 아즈텍 사람들에게 철을 어디서 구했느냐고 묻자 그들은 손가락으로 하늘을 가리켰다. 철을 뜻하는 수메르의 상형 문자는 '하늘'과 '불'을 뜻하며, 고대 이집트인들은 '하늘에서 온 금속'이라고 불렀다. 고대에는 운석, 즉 '우레석thunder stones'이 신들의 무기로 널리 받아들여졌다.[12]

하지만 운석은 아주 드물게 떨어지기 때문에 철 산업을 지탱할 수는 없었다. 하늘에서 내려오는 철은 영혼적인 가치가 있었지만, 붉은 광석들로부터 철을 제련하는 방법을 터득한 이후 철은 군사적 가치를 지니게 되었다. 장인들이 땅에서 구한 광물로부터 철을 얻음으로써 천상에서 온 철의 위치를 대체하게 되자 철 자체가 갖는 높은 가치와 더불어 장인들이 가진 기술에 신비감이 더해졌다. 철을 제련하는 방식에는 철광석에 황토, 석회암, 가루로 낸 조개껍질을 섞은 다음

파이프로 숨을 불어넣는 (기술이 발전하면서부터는 풀무로 공기를 불어넣는) 과정이 포함돼 있었다.* 13세기에 알베르투스 마그누스는 "철은 흙이나 암석의 깊숙한 곳에서 그들과 단단하게 결합돼 있기 때문에 매우 강한 불을 가함으로써 철을 끌어낼 수 있다"고 썼다.[13]

장인들은 자연을 자유자재로 다루는 힘, 즉 적절한 광석을 구해 그것을 가열해서 철을 제련하고 다듬는 기술을 가지고 있는 것으로 여겨졌다.[14] 아서왕의 전설에서 이 힘은 왕국을 비롯해 왕과 마법의 검 엑스칼리버Excalibur(이 칼은 불과 숨결을 이용해 암석에서 만들어졌다)에도 깃들어 있는 것으로 보았으며, 왕은 백성들의 참된 '기개mettle'를 이용해 그 칼을 더욱 '단단하게' 만들었다. 그리고 다른 문화권에서는 빨강을 다룰 때 이 힘이 구현된다고 여겼다.

선사 시대에는 엑스칼리버가 가진 것과 같은 힘이 (구석기 시대 혈거인들이 만들었던) 합성된 적토에 들어 있다고 보았다. 이후에는 그 힘이 시노피아나 밀토스, 진사, 그리고 그것들의 비밀을 알고 있었던 예술가들과 약제상, 연금술사들에게로 옮겨 갔다. 그리고 대 플리니우스가 "이런 관습의 기원을 설명하기 힘들다"고 했던 제우스의 조각상이나 신들의 제사를 집전했던 사람들처럼, 진사를 바른 물건이나 사람들에게로 그 힘이 옮겨 갔다고도 할 수 있다. 이 힘들은 진사에서

---

* 철을 함유한 광석에는 적철석을 비롯해 침철석goethites, 갈철석limonites, 능철석siderites, 자철석magnetites, 마그헤마이트maghemite, 인철광lepidocrocite, 페리하이드라이트ferrihydrite가 있고 소철광bog ore 같은 질 낮은 광석도 포함돼 있다. 이들은 모두 빨간색 안료로 사용되었다.

빨강의 문화사

수은이 추출되고 그 수은에 다시 진사가 만들어지는 사실과 분명히 관계가 있었을 것이다.

'붉은 영약' 버밀리온

고대 그리스인들이 시노페를 통해 교역한 빨강들 중에는 진사cinnabar 가 포함돼 있었다. ('cinnabar'나 'cinabro,' 'sinopia'라는 단어가 갖는 유사성은 이들이 오랜 역사를 통해 밀접한 관계가 있음을 보여 준다.) 진사는 빨간색 안료로는 가치를 인정받지 못했지만 광석으로서는 높은 평가를 받았다. 적토를 제련해 철을 얻었던 것처럼, 진사로부터 수은을 추출할 수 있었기 때문이다. 진사는 수은을 다량으로 함유하고 있어 거기서 수은을 추출하는 것은 붉은 광석으로부터 철을 제련하는 것보다 훨씬 쉬웠다. 진사는 땅 속에 묻혀 있음에도 불구하고 은색의 '땀'방울과 같은 액체 금속이라고 할 수 있다. 진사는 땅 속에서도 끊임없이 수은을 내놓기 때문에 테오프라스토스가 '시노픽 밀토스' 광산에는 사람을 질식시키는 공기가 가득하다고 쓴 까닭도 이 때문이다.[15]

진사 광산에 관한 최초의 증거는 약 4000년 전, 신석기 시대 후반에 나타난다.[16] 그러나 역사를 기록하기 시작한 무렵에는 테오프라스토스가 썼듯이 진사와 수은을 다루는 것이 상당히 위험하다는 것을 누구나 알 수 있었던 것이 확실하다. 그리스도 시대에는 진사를 다룰 때는 진사 가루를 흡입하지 않도록 동물의 방광으로 만든 마스크

25 1669년 아이작 뉴턴의 손에 들어온 헝가리산 진사 조각.
연금술에 관심이 많았던 뉴턴은 연금술 실험을 위해
진사를 필요로 했을 것이다. 회색으로 보이는 부분은
수은 방울들이 표면을 덮고 있기 때문에 생긴 것이다.

를 쓰도록 권장했다. 스페인의 알마덴Almadén* 광산에서는 '가장 우선적으로' 광부들의 안전을 고려했기 때문에 현지에서 진사를 가공하는 것을 금지하는 대신 매년 900킬로그램의 진사 원석을 로마로 보냈다. 천 년 뒤, 화가들과 학자들은 버밀리온이 작업하는 사람들의 건강을 매우 위협한다고 경고했다.[17] 광석은 보석 세공서lapidaries에서 자주 다루어졌다. 약초 의학서가 식물을 다루고, 동물 우화집은 동물을 다루었던 것처럼, 보석 세공서는 광물을 다루었다. 그런데 알베르투스 마그누스도《광물에 관한 책Book of Stones》이라는 보석 세공서를 썼지만, 진사에 대해서는 언급하고 있지 않다. 또한 그가 쓴《암석에 관한 책Book of Intermediates》에서도 스쳐지나가듯이 언급한 것 외에는 본격적으로 다뤄지지 않았다. 하지만《금속에 관한 책Book of Metals》에서는 진사를 '(수은을) 만드는 암석'이라고 기록했다.[18] 진사를 금속의 관점에서 바라본 것은 알베르투스 마그누스만이 아니었다. 대 플리니우스는《은과 금에 관한 책Book of Silver and Gold》에서 진사는 "은 광산에서 발견된다"고 썼다.[19] 진사를 금속의 관점에서만 관심을 가졌던 까닭은 진사가 수은을 함유하고 있고, 수은은 은과 금을 제련하는 데 사용되었기 때문이다.

액체 수은을 얻기 위해 진사를 가열할 때 독성이 강한 유황 증기가 자욱하게 발생하기 때문에 고대인들이 진사를 수은과 황이 결합

---

* 세계에서 가장 큰 수은 광산으로, 로마 시대부터 개발되었다. — 옮긴이

된 물질로 본 것은 당연했다. 모든 금속은 서로 연관돼 있다고 보았기 때문에 수은과 황도 각각의 금속 안에서 서로 공존한다고 여겼고 단지 순도와, 수은과 황을 함유한 비율에서 차이가 날 뿐이라고 보았다. (금속은 완벽함의 정도에 따라 구분된다고 보았는데, 가장 낮은 단계에 있는 것이 납이고 가장 고귀한 금속을 금으로 보았다.) 알베르투스 마그누스는 "금속의 구조에서 황은 남자의 정액에 있는 물질과 같고 수은 Quicksilver은 태반embryo 속에 응고된 생리(월경) 혈과 같다"고 썼다. 이런 사고는 이후에도 계속 이어져 17세기에 나온 연금술을 다룬 책자에서는 "자연Nature과 인간Art 모두 황Sulphur과 수은Mercury으로부터 금속을 만들었다"고 기록했다.[20]

적토와 진사는 자연이 땅 속에서 금속을 숙성시킬 때 초기 단계에 속하는 것이었다. 따라서 장인들이 적토와 진사로부터 금속을 얻는 것은 자연이 금속을 숙성시키는 속도를 앞당기는, 즉 적토와 진사를 조숙시키는 것과 같다는 믿음이 퍼져 있었다. 나아가 연금술사들은 광석으로부터 금속을 채취할 수 있을 뿐 아니라, 개별 금속들이 보다 완벽함을 향해 나아가도록(즉 납의 단계에서 금의 단계로 상승할 수 있도록) 연금술이 도울 수 있다고 믿었다. (그래서 중세 시대 사람들은 적토를 만들기 위해 황토를 가열하는 것은, 자연이 황토를 철로 만들도록 돕는 첫 단계이며 궁극적으로는 금을 만들기 위해 몇 단계를 더 거쳐야 한다고 보았다.) 결국 연금술사들의 작업은 금속의 색을 제대로 파악하는 것이었으며 특히 빨강은 대단히 중요한 위치를 차지하고 있었다.

알베르투스 마그누스는 "연금술사들은 금속을 금으로 만들 붉은 영약靈藥/elixir을 열심히 찾았다"고 썼는데, 여기서 '붉은 영약'은 '태양의 빨강the red of the Sun' 혹은 '태양의 치료제the medicine of the Sun'라고 불리기도 했다. 알베르투스는 '빛나는 붉은 가루a shining red powder'를 합성하는 방법에 대해 기술하기도 했다. 이 붉은 가루가 바로 '붉은 영약' 혹은 철학자의 돌the Philosopher's Stone이라고도 불린 것으로, 연금술사였던 로저 베이컨Roger Bacon은 황과 수은으로 이것을 만들 수 있다고 주장했다.[21] 그래서 연금술사들은 금을 만들기 위해 황과 수은으로 이루어진 이 빨간 가루를 찾아 나섰다. 또 황과 수은으로 된 빨간 가루를 안료로 사용했던 화가들도, 금빛이 나는 안료를 얻기 위해 이 가루를 '붉은 영약'처럼 사용했다.[22]

첸니노 첸니니는 회화 이론서에서 가장 질이 좋은 빨간 안료는 버밀리온이며 그것은 "연금술을 통해서 얻어진다"고 썼다. 그 또한 버밀리온 만드는 법을 알고 있었던 것 같으나 상세한 방법은 기술하지 않은 채 "여러분은 그것을 만드는 다양한 방법을 손에 넣을 수 있을 것이며 특히 가톨릭 교회의 수도사들에게 물어보면 금방 알 수 있을 것"이라고만 썼다.[23] 그는 버밀리온 만드는 방법은 널리 알려진 지식이며, 직접 만드는 대신 약제상에서 살 수도 있다는 식으로 쓰고 있다. 하지만 그보다 몇 세기 이전에 쓰여진 다른 회화 관련 서적에서는 버밀리온을 만드는 방법이 구체적으로 다뤄져 있다. 테오필루스Theophilus*는 이렇게 썼다.

황을 구한 다음…… 마른 돌로 부수어 가루로 내고, 저울로 수은의 무게를 재 황 무게의 절반에 해당하는 양을 황에 섞는다. 그렇게 섞인 것을 유리병에 담는다. 증기가 새나가지 않도록 유리병 입구를 진흙으로 완전히 덮은 뒤 불 옆에 둬서 말린다. 진흙이 마르면 유리병을 숯불에 묻는다. 유리병이 뜨거워지면 병 안에서 요란한 소리가 나는 것을 들을 수 있는데 그것은 수은이 활활 타는 황과 결합하면서 내는 소리다. 소리가 멈추자마자 유리병을 꺼낸 뒤 입구의 진흙을 없애고 안에 든 안료를 꺼낸다.[24]

하지만 실제로 해 보면 테오필루스가 제시한 방법은 생각보다 어렵다는 것을 알 수 있고, 위험한 요소도 많다. 간단히 말하면, 이 방법은 빨간색의 고체화된 황화수은을 얻은 다음 위험하게도 그것을 숯불에 넣어 황을 없애고 독성을 가진, 순수한 수은을 얻는다는 것이다. 수은은 그보다 양이 많은 황 — 이것은 화산에서 수집했을 것이다 — 과 결합한 다음 빨간색 고체를 얻기 위해 숯불에 넣어졌다. 현대 화학자들이라면 (중세의 연금술사들과는 정반대로) 번거롭게 왜 그런 방법을 쓰느냐고 되물을 것이다. 현대 화학의 관점에서 보자면, 테오필루스가 제시한 방법을 거쳐서 얻은 빨간 물질은 애초에 손에 넣은 빨간 물질, 즉 진사와 똑같다. 그런데도 괜히 부수어서 다시 결합시키는 과정

---

* 테오필루스는 11세기 말~12세기 초에 활동한 독일 베네딕트회 수도사다. 그가 쓴 《다양한 예술 계획Diversarum artium schedula》은 벽화, 모자이크, 스테인드글라스 등의 제작 기법을 기록한 예술서로 중세 미술 연구에 중요한 문헌으로 평가받는다. — 옮긴이

을 거친 것이다. 하지만 연금술사들과 예술가들에게 애초의 빨간 물질, 즉 진사와 실험을 거쳐서 얻은 최종 물질인 버밀리온은 아주 다른 것이었다. 버밀리온에는 자신들이 그것의 색을 내는 데 직접 관여함으로써, 측정할 수 없을 정도로 엄청나게 큰 가치가 덧붙여졌다고 믿었던 것이다. 그들이 색을 만드는 데 참여한 경험은 빨강의 본질뿐만 아니라 자신들의 본질, 그리고 만물의 본질에 대해 통찰력을 제공한다고 믿었다. 연금술사들은 두 종류의 물질이 자연에서 춤을 줄 때, 그 안무를 총괄하는 역할을 자신들이 정중하게 받아들였다고 생각했다. 즉 각각의 물질이 화려한 조명을 받으면서 자연에서 홀로 춤을 추다가 상대가 가진 진정한 가치를 확인하고서 다시 결합하게 되는 과정에 자신들이 개입했다는 것이다. 말하자면 연금술사들은 물질들의 '러브 스토리'에 관계한 참여자이자 동시에 증인인 셈이었다.

진사로부터 버밀리온을 합성하는 과정은 예술가들과 약제상, 연금술사들에게 물질세계의 기본 구조에 깊이 관여할 기회를 주었다. 이것은 단단한 고체 물질을 구한 다음 그것으로부터 액체와 증기로 된 물질을 만들어 내고, 그 액체 물질을 고체와 섞어 또 다른 고체 물질을 만드는 과정이었다. 이 과정에서 여러 가지 색을 만나게 되는데 빨강(진사)에서 시작해 은색(수은), 금빛이 나는 주황색(황), 검정(흑진사metacinnabar, 테오필루스는 이 단계를 조심스럽게 빼버렸다)을 거쳐 마침내 빨강(버밀리온)으로 되돌아오게 된다.

이것은 단계마다 용감무쌍한 실험자들이 계획을 짠 색상 여행

26 19세기에 만든 합성된 버밀리온.
천연 진사에서 수은과 황을 추출한 다음
다시 재결합시켜 얻었다.

color-coded journey이라고 부를 만하다. 이 여행에서 가장 중요한 단계는 하양, 검정, 빨강이 등장하는 때이며, 이들은 연금술사들이 열심히 찾던 색들과 동일한 순서를 보여 주었다.[25] 최종 단계에서의 빨강은 기린혈의 탄생과 관련된 신화를 암시하기도 한다. 그 신화에서 기린혈은 코끼리와 용으로 변장한, 질료 형상론에서의 '형상'과 '질료' 사이의 다툼으로부터 만들어졌다.

이 특별한 빨강은 누구도 만들 필요가 없었음에도 불구하고, 많은 사람들이 상당한 위험을 무릅쓰고 이에 뛰어들었으며, 버밀리온을 만드는 방법과 관련해서는 중세 시대의 모든 필사본에 가장 흔하게 등장한다.[26] 연금술사들과 약제상들, 예술가들이 버밀리온을 만들었던 것은 물론이고 가정에서도 비누나 수프를 만들듯이 버밀리온을 제조했다. 빨간 버밀리온을 만들겠다는 욕망은 유럽 전체에 퍼져 있었다. 예를 들어 마르코 폴로는 여행 도중에 인도에서 200세나 된 요가 수행자를 만났는데, 그 수행자도 수은과 황으로 묘약을 만들어 정기적으로 먹는다고 — 이것은 케르메스 코디얼을 연상시킨다 — 기록했다. (그 묘약은 동종요법* 치료제로서 양이 많지는 않았을 것이다.)[27] 손오공은 서역으로 여행하는 길에 도교 수행자를 만나는데, 그 수행자는 '단丹'이라고 불리는 정제된 진사를 갖고 있었다. '단'은 외단外丹과 내단內丹의 주요 구성 요소로서, 외단과 내단은 각각 정령精靈/

---

* 질병과 비슷한 증상을 일으키는 물질을 극소량 복용함으로써 병을 고치는 것을 말한다. — 옮긴이

빨강의 문화사

alchemy의 바깥쪽과 안쪽을 가리킨다. 따라서 갈홍葛洪[*]이 4세기에 쓴 《포박자抱朴子》에서 영약을 만드는 27가지 재료 가운데 진사를 21번째에 넣어 놓은 것은 결코 놀라운 일이 아니다.[28]

연금술의 영약은 전 세계적으로 빨간색을 띠고 있었다. 특히 유럽에서는 좀체 구할 수 없는 이 영약 ― 생명의 힘 혹은 철학자의 돌 ― 을 손에 넣기 위해 버밀리온 외에도 다른 빨강을 탐색했다. 그중 한 예가 20년 이상 더비에서 작업해 온 화가 조셉 라이트Joseph Wright[**]의 그림에 나타나 있다. 이 그림은 한 세기 전에 일어난 사건에서 영감을 받은 것인데, 당시의 계몽주의 분위기와는 어울리지 않아 그의 사후에야 팔렸다. 이 그림의 제목은 〈철학자의 돌을 찾는 연금술사, 고대 점성술사들이 그랬던 것처럼, 인燐을 발견하고서는 그것이 성공적인 것이기를 기도하다The Alchemist, in Search of the Philosophers' Stone, Discovers Phosphorous, and Prays for the Successful Conclusion of his Operation, as was the Custom of the Ancient Chemical Astrologers〉이다. 그림은 연금술사와 그의 작업장을 보여 주며, 화학 반응이 일어나고 있는 병에서 나오는 강력한 빛이 작업장을 비추고 있다. 빛을 내면서 타고 있는 인 ― 광물이 가진 생명력을 보여 준다 ― 은 사람의 오줌을 농축, 정제해서 얻은

---

[*] 갈홍(283~342)은 중국의 도교 사상가이자 연금술에 몰두한 의약학자이며 스스로 포박자라 불렀다. ― 옮긴이

[**] 조셉 라이트(1734~1797)는 영국의 화가로, 산업 혁명의 중심지였던 더비에서 태어나 줄곧 더비에서만 살아 '더비의 조셉 라이트'라고 불리기도 한다. 빛의 효과를 추구하는 그림을 줄곧 그렸고 '공기 펌프 실험' 같은 과학 실험을 담은 작품을 그리기도 했다. ― 옮긴이

기름으로 만들어졌다. 사람의 오줌은 물론 빨간색이었다.

유럽의 연금술사, 약제상, 예술가들은 다른 빨간 염료 중 하나인 기린혈을 알고 있었고 실제로 사용하기도 했다. 하지만 그들은 기린혈을 얻을 수 있는 원천은 동양의 어느 전설적인 곳에만 있다고 상상하고 있었다. 반면 버밀리온의 기원에 대해서는 직접 보고, 냄새 맡고, 듣고, 느낄 수 있었고, 이런 점이 진사에 대해 더욱 흥미를 갖게 만들었다. 만약 당신이 진사로부터 버밀리온을 만들 수 있다면 은빛으로 움직이는 그 수은의 표면에서 전 세계를 보게 될 것이다. 그러나 운이 없으면 눈에 보이지 않는 황 연기가 목에 차서 당신을 질식시킬 것이다. 만약 이를 이겨 내고 성공한다면 당신은 숯불 아래서 황이 수은과 결합하면서 내는 요란한 소리를 듣게 될 것이다. 마지막으로 당신이 응고된 검은 물질이 담긴 유리병을 깨부수면 수많은 빨간 결정체들이 반짝반짝 빛나고 있는 것을 보게 될 것이다. 버밀리온의 수은과 황은, 기린혈의 신화에 등장하는 코끼리와 용에 대응하는 관계였다.

철학에 경도된 예술가, 약제상, 연금술사들은 버밀리온을 합성하는 과정에서 아리스토텔레스의 질료 형상론이 구체적으로 작동하고 있는 것을 경험할 수 있었을 것이다. 또한 노자의 말을 빌면, 이 빨강은 '만물'의 음陰과 양陽을 보여 주는 것이었다.[29] 용과 코끼리가 벌이는 우주적인 차원에서의 다툼이 빨강을 만들어 냈다는 전설이 적절하게 받아들여졌던 것처럼, 수은과 황의 결합이 빨강을 만들어 낸다는 것도 적절한 것으로 여겨졌다. 빨강은 아리스토텔레스의 색 체계에서 중심을 차지한다. 다시 말해 검정(음의 색, 즉 물질)과 하양(양의 색, 즉 형상)의 중간에 위치하고 있는 것이다.[30]

　두 원리 ─ 수은과 황 ─ 의 본질과, 그것들이 만물의 변화 ─ 합성과 분리, 모임과 흩어짐, 결혼과 이혼 ─ 에 기여하는 역할을 이해한 사람에게는 크나큰 힘이 주어졌다. 그 힘은 장인들에게 주어졌고, 아서왕과 마법의 칼에 관한 전설에도 관련돼 있었다. 연금술사들도 그 힘을 갈구했으며, 금속을 금으로 바꾸는 능력을 통해 자신들도 그 힘을 가질 수 있다고 믿었다. 그러나 힘은 ─ 그 힘이 칼에서 나오든 금에서 나오든 ─ 남용되거나 오용될 위험을 항상 안고 있다. 그래서 화가들은 이 특별한 빨강을 합성하는 방법에 관해서 기록할 때 '수도사들'에게 물어보라는 식으로 세세하게 언급하는 것을 피했다. 또한 다루는 물질의 이름이나 가공하는 과정에 대해서도 모호하게 처리해 버렸다. 이것은 문외한들에게 진실을 숨기기 위한 것이었고, 자연의 힘을 부당하게 이용할지도 모를 사람들로부터 자연을 보호하기 위해서였다.

　그래서 문화적으로 중요한 이 빨강에 대해 다양한 명칭이 붙게 되었고, 그로 인해 서로 이질적인 것들이 이름을 통해 강하게 연결되는 결과를 빚었다. 예를 들면 '진사'는 시노피아와 연결되었고, '버밀리온'은 베르미스와 연관되었던 것이다. 베르미스는 원래 '아주 작은 벌레'를 뜻하는 말이지만 벌레에서 추출되는 매우 값비싼 빨간 염료를 총칭하기도 했다. 또 사람들을 혼동시키기 위해 버밀리온을 '미니움minium(연단)'이라고 부르기도 했는데, 이것 또한 인공적으로 얻어 지는 다른 빨강, 즉 연단을 지칭하는 것이었다.

연단과 미라

연단 중에서도 버밀리온과는 다른 연단은 다른 금속, 다른 광석으로 부터 만들어졌다. (로마 시대의 건축가 비트루비우스Vitruvius와 대 플리니 우스는 이런 연단을 '버밀리온으로서의 연단minium-as-vermilion'과 구별하기 위해 2차성 연단minium secondum이라고 불렀다.) 과거의 야금학治金學에서 는 금속들을 행성이나 신들과 연관지어 생각했다. 예를 들어 수은은 그리스 신화의 헤르메스Hermes[로마 신화의 머큐리] 신에 해당하고 행 성은 수성과 관련된다. 철은 아레스Ares[로마 신화의 마르스] 신과 화성 에 해당하며, 세 번째로 합성된 빨강인 납은 모든 신의 아버지인 크로 노스Kronos[로마 신화의 사투르누스Saturnus]와 토성에 연결된다.

1세기에 영국의 섬 브리튼은 크로노스가 잠에 빠진 채 잡혀 있던 감옥이 있었던 섬으로 묘사되었다. 크로노스 주위에는 '하인과 신하 역할을 하는 많은 반신반인半神半人들이' 둘러싸고 있었다.[31] (천상에서 는 토성으로, 지상에서는 납 금속으로 현현하는) 크로노스 신을 수행했던 '반신반인'들 중에는 (달과 은과 관련된) 여신 디아나Diana*가 포함돼

---

* 로마 신화의 숲의 여신으로 디아나는 '빛나는 것'이라는 뜻이다. ― 옮긴이

있었다. 감옥에 갇힌 신과 여신에 관한 이 전설은 브리튼을 식민지화하도록 부추겼다. 로마 제국은 크로노스와 디아나를 잠에서 깨우기를 원했는데, 왜냐하면 두 신이 오늘날 방연석方鉛石[*]이라고 불리는 광물 안에서 함께 잠들어 있다고 여겼기 때문이다. 그래서 이들은 브리튼 섬을 침략했을 때, 금속[납]을 함유한 이 단단하고 광택이 나는 암석 [방연석]을 캐낸 다음 불에 가열했다. 이렇게 하면 유독한 황이 빠져 나가고 칼크스calx(금속재)가 남았다.

이 금속, 즉 방연석으로부터 빨간 가루인 연단을 얻는 방법은 여러 가지가 있었는데, 그중 하나는 로마인들이 브리튼섬의 납을 원했던 이유와 연관이 있다. 납 안에 용해돼 있는 작은 양의 은은 회취법灰吹法/cupellation이라고 불리는 시간이 오래 걸리는 과정을 통해 추출할 수 있었다. 회취법에는 은을 함유한 녹은 상태의 납에 공기를 불어 넣어 리사지litharge[산화납]라는 고운 가루를 얻는 과정이 포함돼 있었다. 이 가루의 이름 — 이것은 돌을 뜻하는 'lith'와 '은'을 뜻하는 'arge'의 합성어다 — 은 그것이 얼마나 중요한지를 보여 준다. 왜냐하면 녹은 상태의 납이 모두 리사지로 변하면, 마른 가루 위에 녹은 상태의 순수한 은이 자리 잡고 있다는 것을 가리키기 때문이다.

흐릿한 노란색을 띠는 리사지는 특별히 안정된 상태가 아니기 때문에 보다 안정된 상태인 연단, 즉 붉은 납으로 바뀔 수 있다. 이렇게

---

[*] 화학 성분은 황화납(PbS)이며 납을 추출하는 가장 중요한 광석으로 불투명하다. 순수한 것은 86.6%의 납을 함유한다. — 옮긴이

27 AD 100~150년 무렵 로마 · 이집트 시대의 빨간 수의를 걸친 미라.
시신은 거의 변하지 않았으며, 나무로 된 관은 여러 색으로 채색돼 있다.
여기에 사용된 염료는 안달루시아에 있는 시에라 모레나 산맥의 광산에서
채굴한 납을 연단으로 가공한 것이다. 이 광산에서 채굴된 납은
지중해 반대 지역에까지 수출되었다.

은을 추출하는 과정에서 부산물로 얻어진 연단이 로마 제국 시대에 안료로서 거래되었다는 증거들이 있다. 극소량 원소 분석법과 납 동위원소 분석법으로 2세기 로마 · 이집트 시대의 빨간 수의로 덮인 미라들을 조사해 보면, 거기에 쓰인 빨간 안료가 리사지에서 만들어졌다는 것을 알 수 있다. 또한 리사지는 스페인의 리오 틴토Rio Tinto('붉은 강'이란 뜻이다) 광산에서 은을 얻기 위해 채굴한 납에서 부수적으로 얻어졌다는 것도 알 수 있다.[32] 연단을 생산하는 과정에서는 버밀리온을 만드는 과정에서처럼 유독 물질이 배출되었다. 또한 연단은 소수의 수도사들이나 화가, 연금술사, 요가 수행자, 도교 수행자들이 주도면밀하게 극히 적은 양을 만들어 낸 것이 아니었다. 로마가 금속들을 확보하기 위해 제국 전체에 걸쳐 야심차게 추진한 사업 과정에서 얻어진 부산물로서 별로 중요하게 취급되지 않은 사소한 물질에 지나지 않았다.

일단 납에서 은이 모두 모두 추출되고 나면, 남겨진 납은 배관 파이프를 만들거나, 스테인드글라스 창을 고정시키거나 지붕에 물이 새 들어오지 않도록 하는 데 사용되는 등 다양한 용도로 쓰였다. 납이 산성을 띤 물질에 노출되면 ― 식초나 오줌을 묻히거나, 말의 배설물로 만든 거름에 한 달 정도 묻어 두면 ― 표면에 녹이 슬면서 점점 하얗게 변했다. 이 하얀 가루를 모아 안료나 약제로 사용하기도 했다. 그런데 이 하얀 가루를 숯불 안에 넣어 두면 연단으로 변했다.[33] 이렇게 얻은 빨간 가루인 연단은 버밀리온과 함께 약제로 사용되었을 뿐 아니라, — 앞에서 루주의 개괄적인 역사에서 살펴보았듯이 — 화장품의 재료로서도 오랫동안 사용되었다.

합성된 빨강은 금속을 함유한 광석이나 금속 자체로부터 만들거나, 둘 모두로부터 얻기도 했다. 예를 들어 철은 가루로 된 적토로부터 얻기도 하지만(이것은 결국 가루 상태의 붉은 녹 더미로 바뀌게 된다), 붉은 녹과 흡사하게 보이는 자연 상태의 철광석으로부터도 얻었다.[34] 우리가 여태까지 다뤄온 금속들은 그 자체로는 빨강이 아니었다. 수은은 은색이고, 철은 다양한 회색을 갖고 있고, 납은 검정이다. 그러나 과거의 수은 - 황 이론에 따르면, 금속 내부의 균형이 황 쪽으로 기울게 되면 빨강이 될 수도 있다. 금은 흔히 빨간색으로 묘사되었고 구리도 마찬가지였다. 그래서 금과 구리는 더 많은 합성된 빨강을 만들기 위한 수단으로 사용되었다.

붉은 유리

구리도 오래 두면 철이나 납처럼 녹이 슬지만, 과거에는 납처럼 — 식초나 오줌을 묻히거나 말의 배설물로 만든 거름에 한 달 정도 묻어둠으로써 — 의도적으로 녹이 슬게 하기도 했다. 그런데 그렇게 얻은 녹은 녹색이다.[35] 구리에서 나오는 빨간색은 유리를 착색할 때 사용되었는데, 그것은 루비 모조품을 만드는 데 이용된 기린혈 수지가 가진 빨강과는 크게 달랐다. 기린혈의 빨강은 시간이 지나면서 색이 바랬지만, 구리의 빨강은 천 년 전에 칠해진 것도 최근에 칠해진 것처럼 거의 변화가 없다.

유리는 모래와 식물의 재로 만들었는데, 테오필루스는 특히 너도밤나무의 재를 추천했다. 만약 빨간 유리를 원한다면 액체 상태의 유리에 구리를 더해 주기만 하면 되었다. 그렇게 섞인 혼합물은 열 때문에 뜨거워지며 이것으로 유리잔이나 유리창을 만들었다. 하지만 이 공정은 말처럼 간단하지는 않다. 착색된 유리를 만드는 것은 매우 숙련된 기술을 필요로 했다. 유리와 구리의 혼합물이 너무 뜨거우면 빨간 유리가 아니라 녹색 유리가 된다. 빨간 유리는 (파란색 유리에 이어서) 두 번째로 비싸게 거래되었고 고딕 성당들이 (역시 파란색 유리 다음으로) 두 번째로 선호하는 것이었다.[36]

오늘날에도 남아 있는 중세 시대의 빨간색 스테인드글라스는 모조 루비를 만들던 기술에 크게 빚지고 있다. 왜냐하면 모조 보석은 고대 시대부터 있어 왔는데, 창유리를 만드는 기술은 바로 모조 보석을 만들던 기술에서 비롯되었기 때문이다. 1세기에 대 플리니우스는 빨간 유리로 루비의 모조품을 '거의 똑같이' 만들 수 있다고 주장하면서, 다만 자세히 살펴보면 둘 사이에는 색과 단단한 정도, 무게에서 차이가 있고 무엇보다 유리에는 거품이 들어 있다고 지적했다.[37] 12세기에 테오필루스는 '착색된 유리에 보석을 박는 것'에 대해 썼다. 그는 유리에 박힌 '보석들'과 '유리'가 같은 물질이라는 것을 완전히 이해하고 있었던 것이다.[38]

28 6세기 무렵 앵글로색슨족이 사용하던 금으로 된 브랙티에이트bracteate에
석류석을 모방한 붉은 유리가 박혀 있다. [5~7세기에 유행한 브랙티에이트는
다양한 금으로 디자인되었다. 끈을 연결해 목에 걸었고 액을 막는 부적 용도로 쓰였다.]

중세 시대의 모조 루비는 실제의 루비 카보숑cabochons*처럼 돔과 같은 반구 형태로 깎였다. 또한 이 모조품들은 런던 웨스트민스터 사원의 중앙 제단에 있는 13세기에 그려진 기막히게 멋진 제단화 같은 일류 예술품들과 나란히 놓였다. 수세기에 걸쳐 영국 왕실은 2000개가 넘는 모조 보석으로 장식된 제단 앞에서 대관식을 가졌고, 여기에는 빨간 유리로 만든 모조 루비도 수백 개가 포함돼 있었다.[39] 그토록 중요하게 취급되는 대상들과 나란히 모조 루비가 놓여 있었다는 사실은, 모조 보석을 만드는 이유가 단지 재정 문제 때문에 생긴 고육지책만은 아니었을 수도 있음을 알려 준다. 오히려 모조 보석은 그것을 다루는 뛰어난 기술과, 거기에 투여된 시간과 노력 때문에 높은 평가를 받았다. 12세기의 에나멜 명판에는 이런 문구가 씌어져 있다. "창조자가 만물 위에 존재하듯이, 예술은 금과 보석 위에 존재한다Art is above gold and gems: the Creator is above all things."[40]

건조한 모래와 식물의 재, 구리를 이용해 진짜와 흡사한 모조 루비를 만들었던 웨스트민스터의 장인들에게는, 버밀리온을 합성하는 과정이 하나의 명상 과정이었던 것처럼, 명상을 위한 기회였다. 빨간 유리를 만드는 과정에 명상적인 성격이 있다는 것은 유리에 들어 있는 금이 루비의 빨강을 만들어 낸다는 사실에 의해 더욱 강화되었다. 루비레드ruby-red 색은 이 색이 나는 유리를 만드는 데 기여한 17세

---

* 위를 둥글게 연마한 보석을 말한다. ─ 옮긴이

기의 두 연금술사 이름을 따서 카시우스 퍼플Purple of Cassius, 혹은 쿤켈 퍼플Purple of Kunkel이라고도 불렀다.* 19세기에 앨버트 왕자Prince Albert**를 비롯한 주요 인사들은 화학자이자 물리학자 마이클 패러데이Michael Faraday가 대중을 대상으로 한 강연장에서 보여 준 멋진 광경을 보고 즐거워했다. 현미경용 슬라이드 유리에 들어 있는 나노미터 크기의 금 입자들이 루비레드 색 빛을 냈던 것이다.[41]

구리로 착색되었든 금으로 착색되었든, 빨간 유리와 모조 루비는 빨강의 질을 결정하는 데 결정적으로 기여했다. 빨간 유리와 모조 루비는 진짜 루비의 어떤 특성을 갖고 있었던 데다 엄격한 노동의 산물이었기 때문에 인공물로서 존경받을 만한 특성을 갖고 있었다(말 그대로 '심원한 기술과 예술성으로 가득 찬' 것이었다). 이처럼 전통적으로 합성된 빨강은 현대의 합성된 빨강[인공 염료]과는 전혀 달랐다. 이 문제에 대해서는 다음 장에서 자세히 다룰 것이다. 오늘날의 합성된 빨강은, 사람들이 접근하지 못하도록 높은 담이 쳐진 거대한 공업 단지에서 만들어지고 있기 때문에 실제로 어떤 공정을 거쳐서 만들어지고 있는지 아는 사람이 거의 없다. 반면 중세 시대에는 유리를 만드는 과정과 관련된 신비는, 역설적이게도, 널리 알려진 지식이었다. 초

---

* 독일의 연금술사 안드레아스 카시우스Andreas Cassius와 요한 쿤켈Johann Kunckel을 말한다. — 옮긴이

** 앨버트(1841~1910)는 빅토리아 여왕의 장남이었던 에드워드 7세로 재위 기간은 1901~1910년이었다. — 옮긴이

29 마이클 패러데이가 쓰던 루비레드 색을 한 현미경 슬라이드.
이 색은 나노 크기의 아주 미세한 금 입자(패러데이는 이것을 '졸sol'이라고 불렀다)가
유리에 분산돼 있기 때문에 생긴 것이다. 이 슬라이드는 패러데이가
1858년 왕립과학연구소에서의 강연을 위해 준비한 것으로,
"왕립과학연구소에서 강연을 마친 뒤 패러디이가 직접 나에게 준 금
Farardays Gold given to Me himself after his Lecture at the RI"이라고 새겨져 있다.
[RI는 왕립과학연구소Royal Institution를 가리킨다.]

서의 유명한 《켄터베리 이야기Canterbury Tales》 중 '대지주 이야기The Squire's Tale'에는 이런 대목이 나온다.

> ⋯⋯ 유리가 양치식물의 재에서 만들어지다니
>
> 얼마나 괴상한가라고 사람들은 말하는데,
>
> 둘 사이에 닮은 점이 하나도 없지만,
>
> 익숙해지면 아무런 문제가 될 게 없다네.[42]

사람들은 진짜 루비가 ― 어떤 간교한 술책을 통해 ― 큰 뱀의 머리에서 나온다는 사실을 믿었고, 또한 루비와 매우 흡사한 어떤 것, 즉 모조 루비가 ― 역시 어떤 술책을 통해 ― 식물의 재와 모래, 아주 소량의 구리나 금으로부터 만들어질 수 있다는 것도 알고 있었다. 그런 믿음과 지식은 사람들이 이 세계와 관계를 맺는 방식, 또한 서로서로와 관계 맺는 방식, 빨강이라는 색과 관계 맺는 방식을 보여 준다. 11세기에 이탈리아의 세니Segni에서 주교를 맡았던 성 브루노St Bruno는 빨간색 스테인드글라스와 모조 루비는 "큰소리로 외치는 것이 아니라 그저 자신을 내보임으로써 하느님 말씀을 전한다"고 했다.[43] 이들 합성된 빨강은, 항상 존재하면서도 자신을 숨기고 있기 일쑤인 홍실에 대해 우리에게 작은 실마리를 제공한다.

5장

더 나은 삶을 위한 빨강

19세기에 새로운 빨강들이 대거 등장했다. 그들이 태어난 곳은 공장이었다. 이 빨강들도 자기만의 스토리를 갖고 있었지만, 엄격히 말해 일대기를 가진다고는 할 수 없었다. 왜냐하면 그들을 만든 창조자들조차 그들에게서 아무런 생명력을 보지 못했기 때문이다. (이들에게서 생명력을 보지 못했다는 것은 산업적으로 대량 생산된 빨강들에 붙여진 명칭만 보아도 쉽게 알 수 있다.) 그렇지만 산업적으로 만들어진 새로운 빨강들은 유럽 경제에 크게 기여했으며, 화학 혁명의 주축이기도 했다. 그래서 사람들은 인공적인 합성을 통해 얻어진 색상은 모두 근대의 산물로 알고 있지만 사실은 고대인들도 버밀리온이나 연단처럼 합성을 통해 색을 얻었다. 또한 근대에 합성된 색들이 대량 생산될 수 있었던 것은 장인들이 주도하는 낡은 기술 시스템으로부터 과학적인

31 얀 데 헤엠의 정물화 〈유리 꽃병 속의 꽃들〉의 일부를 확대한 것.

30 네덜란드 정물화가 얀 다비드 데 헤엠Jan Davidsz. de Heem(1606~1683?)의
〈유리 꽃병 속의 꽃들Flowers in a Glass Vase〉, 패널에 유화.
근대 초기의 회화에는 동물, 식물, 광물에서 얻은 빨강과 합성된 빨강이 모두 사용되었다.

탐구 및 공장에 기초한 새로운 기술 시스템으로 이동한 덕분이라고 믿고 있지만 실상은 그처럼 단순하지 않다.

예를 들어, 19세기 초엽까지도 꼭두서니는 자연에서 얻어지는 가장 인기 있는 빨간 염료였고, 네덜란드가 유럽의 최대 공급처였다. 네덜란드가 꼭두서니를 만드는 방식은 소규모였으며 여러 지역에 흩어져 있는 장인들이 염색업의 근간을 이루고 있었다. 각각의 도시와 지방은 자기네들이 만들어 내는 꼭두서니의 색이 얼마나 뛰어나며 색이 얼마나 오래 지속되는지에 명예를 걸고 경쟁을 펼쳤다. 지역 공동체들은 농민들이 꼭두서니를 수확해서 말리고 불순물을 없애고 가루로 빻는 일련의 과정을 다 함께할 수 있도록 '스토브 하우스stove houses'라는 공간을 제공했다. 이런 시스템은 수세기 동안 지속되었다.

그러나 프랑스에서 꼭두서니 뿌리를 가공하는 새로운 방식이 도입되면서 전체 공정이 중앙 집중화되었고 농민들도 통제권도 잃게 되었다. 꼭두서니 뿌리를 말리고 정제하고 가루로 빻는 일련의 과정이 대규모 공장에서 이루어지게 된 것이다. 공장에서 생산된 꼭두서니 가루들은 일괄적으로 포장돼 염색 공장과 날염 공장으로 바로 공급되었다. 이렇게 되자 1840년부터 네덜란드는 꼭두서니 시장을 놓고 프랑스와 경쟁을 벌이게 되었다. 네덜란드는 시장을 되찾기 위해 서로 다른 등급의 꼭두서니를 섞는 것을 금지하는 법안도 폐기하고 공정 과정을 개선하는 등 갖은 애를 썼지만 소규모 생산 시스템으로는 공장 시스템을 이겨내기가 여의치 않았다.[1] 한편 1860년대가 되자 또 다른 플레이어가 이 게임에 뛰어들었다. 그것은 콜타르coal tar*에서 얻어진 합성된 빨강으로, 가격이 매우 싼 장점이 있었지만 산업 폐기물을 엄청나게 배출하는 단점이 있었다.

석탄에서 얻은 색

합성된 콜타르 염료를 발견한, 자타가 공인하는 원조는 독일 화학자 아우구스트 빌헬름 폰 호프만August Wilhelm von Hofmann이다. 1840년대 초 콜타르에서 아닐린aniline을 추출했던 그는 곧이어 벤젠과 암모니아로부터도 아닐린을 합성하는 데 성공했다. 그는 1845년 런던으로 건너가 아닐린 추출 작업을 계속했다. 특히 아닐린이 말라리아 치료제인 퀴닌quinine 등 많은 약제들과 비슷한 점이 많다는 데 주목해 아닐린으로 합성 약제를 만드는 실험에 집중했다. 그는 또한 1850년대까지 교단에서 많은 제자들도 배출했다.

1856년 호프만의 실험실 조교로서 당시 10대였던 윌리엄 헨리 퍼킨William Henry Perkin은 퀴닌을 합성하는 실험을 하다 실패했는데 그 과정에서 매우 진한 자주색을 얻게 되었다. 퍼킨은 곧바로 왕립화학대학Royal College of Chemistry을 그만두고 아버지의 후원을 받아 염료를 만드는 회사를 차린 후 모브mauve라 불린 짙은 자주색 염료로 엄청

---

* 석탄을 고온에서 가열할 때 생기는 부산물로 검은 액체다. 300가지가 넘는 성분을 포함하는데 이 중 유용한 성분을 추출해 염료나 살충제, 의약품의 원료로 활용하고 있다. — 옮긴이

난 부를 거머줬다(그의 성공담은 다른 책에서 다뤄졌다).[2] 한편 호프만의 제자 중 퍼킨보다는 덜 눈에 띄었던 에드워드 체임버스 니콜슨Edward Chambers Nicholson도 염료를 대량 생산하는 일에 뛰어들었다. 니콜슨은 스승인 호프만과 계속 협력을 유지했고, 두 사람은 결국 아닐린을 원료로 한 다양한 색상을 개발하는 데 성공했다. 그중에는 대단히 중요한 빨강[아닐린 레드]도 포함돼 있었다.

1850년대 후반, 아닐린 퍼플은 의류업계에서 모두가 탐을 내는 색이 되었으며, 영국에서는 퍼킨에 의해 대량 생산되었고, 프랑스와 독일에서도 공장에서 만들어졌다. 이 색이 어마어마한 인기를 끌자 색을 개발하는 연구가 더욱 활기를 띠었고, 그런 와중에 오랫동안 프랑스 섬유 산업의 중심지였던, 독일 국경과 마주한 알자스에서도 새로운 빨강 — 아닐린 레드aniline red — 이 발견되었다. 이 색은 프랑스에서는 '푹신fuchsine'으로, 영국에서는 '마젠타magenta'*로 불리면서 1859년 선풍적 인기를 모았다. 한편 호프만은 '로제인roseine' 혹은 '로자닐린roseaniline'이라고도 불리는 아닐린 레드의 화학식이 $C_{20}H_{19}N_3$, HC_2H_3O라고 주장했다. 이처럼 색을 구체적인 화학식으로 표현할 수 있다는 것은 엄청나게 유용한 것이었다. 왜냐하면 이 화학식으로 특허를 받은 다음 이를 위반한 업체에 대해 소송을 제기할 수 있게 되었기 때문이다. 붉은 염료에서 거둬들이는 수익이 엄청나다 보니, 이

---

* 이탈리아의 지명이기도 한 이 이름은 이탈리아와 프랑스 연합군이 오스트리아에 대승한 기념으로 그 전장의 이름을 딴 것이다. — 옮긴이

제 막 태동한 염료 산업계 내부에서의 경쟁도 그만큼 격렬해졌다. 니콜슨의 정밀한 제조 기술 덕분에 프랑스의 푹신은 그 전 해에 호프만이 영국에서 만들었던 빨강과 동일하다는 것이 밝혀졌다.

화학자들 사이의 경쟁 의식, 특히 영국에서는 호프만, 스위스에서는 호프만의 독일인 동료 학자인 휴고 쉬프Hugo Schiff의 직업적인 라이벌 의식은 아닐린 레드의 정확한 화학 성분을 알아내기 위한 연구를 부추겼다. 이윽고 1864년에 이르러, 이전에 호프만이 제기했던 화학식이 올바르다는 것을 학계에서 인정하게 되었다. 이와 같은 이론화학 지식으로 인해 염료업계는 특허권을 소유한 업체에 의한 독점화 경향이 더욱 심화되었다. 그래서 경쟁 업체들은 다른 화학식을 가진 염료를 만들어 내기 위해 힘을 쏟았다. 화학 물질에 의한 대기 오염이 사회 문제로 대두하기 시작하고 특허권을 둘러싼 소송이 빈발하면서 다른 빨강을 찾으려는 시도는 더욱 뜨겁게 달아올랐다.

1865년 무렵 호프만은 화학자로서 국제적인 명성을 얻게 되었고, 같은 해 베를린대학교에서 상당히 좋은 조건을 제시하자 영국을 떠났다.[3] (19세기 후반 색을 찾는 화학자들의 사회적 지위는 오늘날의 인터넷 기업가들과 비견할 만했다.) 또한 1865년에는 독일의 이론화학자 프리드리히 아우구스트 케쿨레Friedrich August Kekulé가 6개 탄소와 6개 수소를 가진 벤젠의 화학 구조가 어떻게 생겼는지에 대한 논문을 발표했다. 케쿨레는 이 구조 ─ 하나의 링 모양이다 ─ 를 꿈에서 발견했다고 주장했는데, 꿈에서 뱀이 자기 꼬리를 물고 있는 모습을 보았다는 것이었다.[4] 뱀이 자기 꼬리를 무는 이미지는 '우로보로스ouroboros'라는 이름으로 알려져 있었고 천 년 이상에 걸쳐 연금술사들이 자연의 통일성을 묘사하기 위해 사용해 온 이미지였다. 케쿨레의 꿈에 나타난 우로보로스는 합성염료의 발전에 기여했는데, 호프만과 같은 화학자들은 물질을 이해할 때 '우아함과 단순함'이 가장 중요하다고 보았기 때문이었다.[5] 1865년 이후 화학자들은 아닐린을 탄소 원자들이 육각형의 링을 이루고 있는 우아하면서도 단순한 구조로 이해하게 되었고, 이 새로운 접근 방식 덕분에 색을 연구하는 화학자들은 수천 가지의 염료를 개발할 수 있게 되었다.

과거의 빨강이 농장에서만 얻어졌던 것이 아니었듯이 근대의 빨강도 공장에서만 얻어진 것은 아니었다. 과거에 합성된 빨강과 근대에 합성된 빨강 사이의 가장 중요한 차이는 꼬리를 물고 있는 뱀 모양의 육각형 링 구조에 압축돼 있다. 합성 물질의 복잡한 구조를 표현하는 방식에 있었던 것이다. 과거에는 합성된 빨강을 인간의 내면을 통해 이해하려고 했다고 할 수 있다. 그래서 수은과 황, 버밀리온이 춤을 춘다고 믿었던 것처럼 시적인 이미지를 통해 그 복잡함을 겨우 엿볼 수 있었다. 연금술사들이 기록했던 매우 난해한 제조 비법처럼, 아무리 시적으로 표현하더라도 언어로는 나타낼 수가 없었던 것이다. 반면 근대에 새롭게 합성된 빨강은 외면화되었고 점점 방대해진 화학 관련 논문과 출판물에 분명하게 기록되었다. 그것은 분명한 수식과 분자 구조로 표현되었고 반복될 수 있는 화학적인 방법, 제조 과정에 필요한 장비 등등을 구체적으로 기록했다. 이렇게 내면적인 것에서 외면적인 것으로 변환됨으로써, 과거에는 인간이 물질의 변화 과정에 직접 개입함으로써 중심적인 위치를 차지했으나 근대에는 인간은 주변부로 밀려나 버리게 되었다. 중세의 연금술사들은 수은이나 황과 같은 물질들과 친밀하면서도 '함께 어울리는social' 관계를 맺었으나, 근대의 화학자들은 아닐린과 거리감을 느끼면서 '기술적인 technical' 관계를 맺게 되었으며 가능하면 인간적인 요소를 배제하려고 애썼다.[6]

실험실에서 벗어나 공장으로

1850년대로 다시 돌아가 보면, 호프만은 아닐린의 어떤 특성들은 제대로 이해를 하지 못하고 있었다. 당시는 케쿨레가 아직 물질의 구조를 밝혀내지 못한 때였기 때문에 호프만은 '본능에 따른 실험 방식'으로 '생산을 통해 이 공백을 메우면서' 묵묵히 기다리는 수밖에 없었다.[7] 그는 자신이 대학에 자리 잡은 화학자이기 때문에 퍼킨처럼 산업 현장에서 일하는 화학자들과는 연구 동기나 해결해야 할 과제, 문제에 대한 해결책도 다르다는 사실을 알고 있었다. 대학교 실험실에서 시험관을 가지고 이론적인 연구에 치중하다가 이윤이 목적인 공장의 연구 방식으로 옮겨간다는 것은 간단한 일이 아니었다.

1860년대에 합성염료를 대량 생산하는 공장에서는 실험 장비의 규모도 컸을 뿐 아니라 대단히 노동 집약적이기도 했다. 그러나 1890년대에는 적절한 맞춤식 장비들이 구비되면서 실험도 훨씬 자본 집약적이 되었다. 염료를 만드는 화학적인 공정도 안정되었고 장비들도 점점 특화되고 질이 높아졌다. 예를 들어 비산砒酸/arsenic acid 으로 아닐린 레드를 만들 때 이용되는 기계가 점점 개선돼, 1863년에서 1889년 사이에 나온 문헌을 보면 9가지나 되는 기계에 대해 설명이 돼 있는 것을 알 수 있다. 알리자린alizarin 염료를 만드는 데 이용된 기계의 경우도, 기계에 대한 특허를 내고 대량 생산 체제가 이루어지기까지 7년 정도밖에 걸리지 않았다. 빨간 염료에 대한 화학은 엔지니어들의 창의성을 드높였고, 새로운 빨강을 추구하는 일련의 과정은 산업화를 이끄는 주요한 동인이었다. 몇십 년 사이에 기계 장비들이 급속히 대규모화되면서, 작은 유리 시험관으로 행해지던 실험실의 실험도 1000리터짜리 철제 용기로 행해지는 실험으로 대체되었다. 이 철제 용기들은 맨홀을 갖추고 이를 통해 사람들이 안으로 들어갈 수도 있었다. 하지만 독성과 부식성이 있는 화학 물질 때문에 내부에 들어가서 일하는 것은 인체에 극히 해로웠다.

산업적으로 합성된 빨강은 대학에서 연구하는 화학자들과 산업 현장에서 일하던 엔지니어의 합작품이었으며, 그들은 기술의 경계를 점점 넓혀 나갔다. 또한 투자자와 법률가들은 이들이 가진 기술을 제대로 인정해 주었다. 화학에서 이루어진 기술적 진보들 가운데 일부는 공개되었지만 일부는 누설되지 않도록 비밀스럽게 처리되기도 했

빨강의 문화사

다. 마찬가지로 어떤 기계 장치들은 널리 알렸지만 어떤 것들은 교묘하게 얼버무리면서 자세한 내막을 공개하기를 꺼렸다. 투자자와 법률가들도 자신들이 이전에는 없던 새로운 영역에 발을 들여놓고 있다는 사실을 잘 알고 있었으며, 그래서 어떤 것을 비밀로 하고 어떤 것을 공개할지를 놓고 많은 고심을 해야 했다.

염색 과정과 염색된 직물은 1862년(런던), 1867년(파리), 1873년(비엔나), 1878년(파리) 등 네 차례 국제박람회에서 소개되기도 했다. 오래지 않아 염료 제작자들은 염료 만드는 기술을 비밀로 유지하는 것이 매우 어렵다는 것을 깨닫게 되었다. 한 업체가 특허를 내면 경쟁업체들이 특허가 난 기술에 대해 면밀한 검토에 들어갔고, 새롭게 나온 염직물 기술에 대해 아직 특허가 나지 않은 경우에는 경쟁 업체 연구진들이 그 천을 조각조각 내서 분석을 하기도 했다. 결국 아무리 신기술을 개발한다고 해도 그것을 이용해서 경쟁 업체들을 따돌릴 수 있는 기간은 불과 몇 개월에 지나지 않으며, 산업 설비나 장비와 관련된 비밀도 1년 이상 지탱되지 않는다는 사실이 분명해졌다. 이렇게 된 가장 큰 이유는 화학 산업에 종사하는 인력들이 업체를 자주 옮겨다녔기 때문이었다.

빨강을 만드는 남자, 여자 그리고 아이들……

역사적으로 볼 때, 빨간 염료를 만든 사람들은 농작물을 수확하는 지역(꼭두서니를 기르는 지역)이나 (코치닐 등을 수입하는) 항구, 직물을 가공하는 지역과 연결된 도시에 주로 거주했다. 염료와 직물로 유명했던 노리치는 수세기 동안 영국에서 두 번째로 규모가 큰 도시였다. 그러나 18세기 무렵 베틀이 기계화되어 직물 생산 방식이 혁명적으로 바뀌게 되면서 직물 산업의 중심도 노리치에서 북쪽 지역으로 옮겨 가게 되었다. 게다가 한 세기 뒤에는 아닐린 레드가 개발되면서 노리치의 염료 생산량도 급격히 감소해 버렸다. 이 새롭게 합성된 빨강은 자본 집약적인 기계 장치 덕분에 엄청나게 많은 양이 생산되었고 천연 염료를 생산하던 소규모 업자들은 경쟁에서 밀릴 수밖에 없었다. 프랑스의 경우 1865년에 말린 꼭두서니 뿌리 1퀸틀quintal(이것은 50킬로그램에 조금 못 미치는 무게였다)의 가격은 200프랑이었다. 하지만 10년 후에는 같은 양이 8분의 1 가격인 25프랑에 팔렸다. 비슷한 시기에 영국은 터키에서 꼭두서니를 수입하고 있었는데, 1870년대의 꼭두서니 수입 가격은 1850년대에 비해 10분의 1로 곤두박질쳤다. 꼭두서니뿐 아니라 자연에서 얻는 모든 색들이 영향을 받았다. 예를 들어 스리랑카에서 나는 지의류에서 얻은 빨강은 1851년 톤당 380파운드 하던 것이 1867년에는 20파운드와 30파운드 사이에서 거래되었다.[8] 콜타르로부터 빨강이 개발되면서 삶의 방식이 전반적으로 파괴돼 버린 것이다.

꼭두서니가 이처럼 종말을 맞게 된 것은 독일 출신의 염료 개발자와 염료 상인이 공동으로 세운 한 기업 때문이었다. 그 기업은 바이

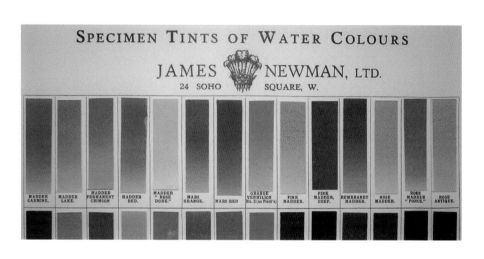

32 꼭두서니의 최후.

알리자린이 대규모로 이루어지던 꼭두서니 무역을 붕괴시킨 이후에도
물감을 전문적으로 취급하는 상인들은 여전히 꼭두서니에서 추출한
안료를 공급했다. 1930년대에 런던의 한 물감 상인이 제공한 이 견본 색에는
꼭두서니에서 나오는 17가지 색상 중 10가지가 들어 있다. 나머지 7가지 색상은
스칼렛 매더Scarlet Madder, 퍼플 매더Purple Madder, 루벤스 매더Rubens Madder,
옐로 매더Yellow Madder(연한 색과 진한 색 두 가지가 있다),
매더 오렌지Madder Orange, 매더 그린Madder Green이다.

엘Bayer인데, 1868년 꼭두서니 뿌리에서 빨간색을 발현하는 성분의 화학 구조를 발견했고 이를 토대로 이듬해 '알리자린'을 합성하는 데 성공했다. 자연에서 나는 빨간 성분을 인공적으로 대체하는 데 성공한 것이다. (바이엘은 알리자린을 만드는 공정을 런던에서 특허를 신청했는데, 이는 퍼킨이 거의 같은 내용을 가지고 특허를 신청하기 바로 전날이었다.)[9] 1870년에는 공정 과정을 개선해 콜타르에서 알리자린을 대량 생산할 수 있게 돼 더 많은 이윤을 남기게 되었다. 1871년에는 알리자린만을 별도로 생산하는 공장을 건설했다. 1874년 이 공장이 고용한 노동자는 64명이었으나, 1877년에는 136명으로 늘어났고 알리자린의 하루 생산량도 6000킬로그램에 달했다. 콜타르로부터 색을 추출하는 거대한 시장에 뛰어든 기업은 바이엘뿐만이 아니었다. 또 다른 독일 거대 기업인 바스프(Badische Anilin und Soda-Fabrik: BASF)가 1865년에 세워졌다. 회사명에 포함된 'A'는 콜타르에서 추출된 최초의 염료인 아닐린을 가리켰다.

영국 공장들(독일 화학자들의 도움을 받고 있었다)은 1865년에 합성 염료를 생산함으로써 세계적으로 앞서나갔지만, 10년이 지나자 독일 공장들이 흐름을 주도하게 되었다. 독일 기업들이 이처럼 빠르게 사세를 확대할 수 있었던 것은 체계적인 연구에 더해서, 당시로서는 최초로 국제적인 마케팅에 많은 힘을 쏟았기 때문이었다.[10] 독일 화학 공장이 급증한 시기는 1871년 독일의 25개 주가 하나의 제국으로 정치적으로 통일된 시기와도 일치했다. 같은 해 프랑크푸르트 조약은 프랑스가 독일의 합성된 알리자린을 구매하도록 허용했고, 그것은 프랑스 자국 내에 형성돼 있던 꼭두서니 염료 산업을 크게 약화시키는 결과를 낳았다.[11]

1913년 바이엘은 직원 수가 1만 명에 달했고, 1914년 독일의 합성염료 생산량은 전 세계의 85%를 차지했다. 1925년 바이엘, 바스프, 아그파AGFA[*] 등 여러 화학 기업들이 결합해 카르텔인 이게 파르벤(IG Farbenindustrie AG)이 설립되었다('파르벤Farben'은 독일어로 '색'을 뜻한다). 이 카르텔에 속한 기업들은 대부분 염료 제조업으로 출발한 업체들이었다(아그파의 마지막 글자인 'A'도 '아닐린'을 뜻했다). 1차 세계 대전의 발발 여파로 독일 기업들이 세계 합성염료 시장에서 차지하던 비중은 1926년 44%로 떨어졌었다. 하지만 카르텔을 통해 몸집을 불림으로써 점유율이 높아져 1932년에는 전 세계 시장의 65%를 회복하게 되었다. 1933년 히틀러가 수상에 취임한 이후 1937년에는 이게 파르벤이 나치의 전쟁 준비에 동원되었다. 이 과정에서 유태인 출신의 화학자들은 카르텔에서 추방되었다. 1933년에서 1943년 사이에 이게 파르벤의 수익은 두 배로 껑충 뛰었는데, 염료 공장을 신경 가스와 폭약 생산 라인으로 교체한 결과였다. 이 카르텔은 나치의 강제 수용소를 건설하는 데도 참여했으며, 수용소 안에 화학 공장도 지어 유태인

---

[*] 아그파는 아닐린 섬유를 생산하는 회사라는 뜻을 가진 독일어 'Aktiengesellschaft für Anilinfabrikation'의 약자이며 1867년 설립되었다. 컬러 염료, 이후 방사선용과 사진용 필름을 개발·판매했다. — 옮긴이

재소자들을 생산 라인에 동원했다. 여기에 투입된 유태인 재소자들은 기껏해야 3~4개월밖에 생존하지 못했는데, 카르텔이 운영하던 탄광에 투입된 유태인들은 이보다 더 짧아 고작 한 달 정도 만에 죽음을 맞이해야 했다.[12] 2차 세계 대전 막바지인 1945년 이게 파르벤에 속해 있던 2000개가 넘는 자회사들은 독일의 패망으로 뿔뿔이 흩어지게 되었다. 카르텔이 소유하고 있던 특허권도 빼앗겼으며 엔지니어들과 과학자들은 연합군으로부터 심문당한 뒤 연합국에 취직하거나, 이전에 카르텔을 구성했던 개별 회사로 다시 들어갔다.[13] 한때 나치에 부역했던 바이엘이 지금 내걸고 있는 기업의 모토는 '더 나은 삶을 위한 과학'이다.[14]

이게 파르벤이 2차 세계 대전 시기에 수용소의 유태인들을 강제 노동에 동원한 사실은 가뜩이나 이전부터 노동자들의 근무 환경 때문에 악명이 높았던 화학 제조업체들의 평판을 더욱 악화시키는 결과를 낳았다. 영국의 염료 제조업체들은 1850년에 제정된 '공장법'의 적용을 받지 않았지만, 사회적 압력이 높아지면서 근무 환경을 점차 개선시켜 나갔다. 그 결과 염색 제조업체 노동자들의 주당 근무 시간은 단계적으로 줄어들어 1862년에는 주당 60시간(평일에는 10시간 30분씩, 토요일에는 7시간 30분 근무)이 되었다.[15] 염색 공장은 근무 시간이 길었을 뿐 아니라 노동자들의 건강 상태도 몹시 나빴다. 1940년대에 한 노동조합 조합원은 염색 노동자들이 처한 열악한 상황을 기록하면서, 가장 흔한 염색 원료인 콜타르뿐만 아니라 최종 생산물인 아닐린 같은 염료도 노동자의 건강에 치명적인 위협을 가하고 있다고 지적했다.[16] 그로부터 50년 후, 미국에서 진행된 연구에 따르면 아닐린 염료 공장에서 일하는 노동자들의 암 발생 위험은 아직도 평균보다 훨씬 높은 것으로 나타났다.[17] 고체 안료를 생산하는 공장이라고 해서 이보다 특별히 더 안전한 것은 아니다. 예를 들어 크롬 chromium(이것은 18세기 말에 이 원소에서 여러 가지 색들이 분리되어 나온 데서 생긴 이름이다)을 다루는 노동자들은 '크롬 구멍chrome holes'이라고 불리는 통증이 심한 궤양이 생기는 위험을 감수해야 한다. 이름이 가리키듯이 이 궤양은 살을 조금씩 파먹고 들어가는 무서운 증상을 보이는데, 그 결과 크롬은 발견된 지 30년도 안 돼 처음으로 주목해야 할 산업 재해 물질로 간주되었다.[18]

물론 자연에서 색을 얻는 것도 쉬운 일은 아니었다. 네덜란드 감옥의 죄수들이 브라질우드를 가공하는 공정에 동원되었던 사실에서 그런 어려움을 알 수 있다. 하지만 이것은 매우 드문 경우였고, 죄수들을 노동으로 교화한다는 이데올로기적인 동기도 있었지만, 어쨌든 오래 지속될 수는 없는 관행이었다. 자연에서 색을 얻는 과정은 일의 리듬 자체가 죄수들이나 공장의 시계에 의해서가 아니라, 태양이나 달의 움직임, 계절의 변화에 의해 결정되었다. 근대의 산업화된 공정으로 합성된 빨강을 생산하게 됨으로써 자연에서 빨강을 만들어 내던 이들은 엄청난 타격을 받아야 했다.

⋯⋯ 그리고 그들의 이웃들

합성염료를 제조하는 과정은 공장에서 일하는 노동자들에게만 문제를 일으킨 것이 아니었다. 생산 과정에서 발생하는 오염 물질과 공해는 공장이 들어서는 지역의 사회적인 이슈로 등장했다. 아닐린 레드는 흔히 비산을 사용해서 만들었으며, 그 과정에서 굉장히 독성이 강한 폐기물이 나왔다. 1850년대에 유럽 여러 지역에서 이런 오염 물질에 대한 사회적인 관심이 높아졌고, 이에 맞서 1860년대에는 염료 생산업체들이 자기네 공장에서 강 하류로 폐기 물질을 버릴 수 있도록 의회에 엄청난 로비를 벌이기도 했다. 다음 사례는 당시 오염 문제가 얼마나 심각했는지를 잘 보여 준다.

바젤에서는 1758년부터 요한 루돌프 가이기Johann Rudolph Geigy가 세운 회사가 (브라질우드를 포함한) 나무로부터 빨강을 얻고 있었다. 그러다 1859년 아닐린 레드를 생산하는 공장으로 바꾸면서 요한 뮐러 파크Johann Müller-Pack에게 임대를 했다. 뮐러 파크는 아닐린 레드를 푹신 혹은 마젠타로 포장해 마케팅을 했다. 3년 뒤인 1862년 가이기는 근처에 두 번째 공장을 세웠고 또다시 뮐러 파크에게 임대를 주었다. 같은 해 뮐러 파크는 런던국제박람회에서 나무로부터 추출한 염료를 선보여 상을 받았는데, 이 박람회에서는 호프만이 비소에서 아닐린 레드를 합성하는 방법을 소개하기도 했다. 이를 접한 뮐러 파크는 호프만의 방식을 자기 공장에 적용했는데, 이때부터 노동자들의 건강 문제가 대두되기 시작했다.

1863년 4월, 바젤시에서 파견한 화학자들이 밀러 파크의 공장을 방문해 비산 폐기물이 구덩이에 배출되고 있는 것을 목격하게 되었다. 5월에 공장을 다시 방문한 화학자들은 비소가 잔뜩 함유된 폐수가 인근 운하로 하루 두 번씩 방류되고 있는 것도 확인했다. 10월에 바젤시 당국은 아닐린 가스가 공장에서 새나오고 있다는 민원을 접수하게 된다. 11월, 시 당국은 공장 한 곳에 대해 염료 생산을 중단하도록 조치했다. 하지만 이듬해인 1864년 1월 생산 중단 조치를 무시하고 공장을 계속 가동하고 있었던 것이 확인돼 시 당국은 또다시 밀러 파크에게 아닐린 레드의 생산을 중단하라고 명령했다. 그러자 밀러 파크는 아닐린 레드의 생산을 중단하는 대신 파란색 염료와 옅은 보라색violet 염료를 생산하면서 당국의 조치를 피해 나갔다.

같은 해 7월, 시에서 파견한 화학자들이 공장 근처 우물에서 채취한 물의 성분을 분석해 보고서를 발간하면서, 구덩이에 파묻은 폐기물에서 비소가 토양으로 스며들어 마을의 식수원을 오염시키고 있다고 지적했다. 8개월간 재판이 진행된 결과 밀러 파크는 사업자 등록이 취소되었다. 공장을 다시 인수한 가이기 가족은 폐기물을 라인강으로 바로 배출할 수 있도록 파이프라인을 건설했다. 1873년에 나온 공식 보고서는 가이기 공장의 새로운 조치도 오염 문제를 여전히 야기하고 있다고 지적했고, 결국 바젤시 당국은 비산을 이용해서 아닐린 레드를 제조하는 공정 자체를 아예 금지시켜 버렸다. 그러나

1880년대에 이르기까지도 라인강 인근의 어부들은 폐사한 수많은 물고기들이 떠오르고 있다는 보고를 올리고 있었다. 오염 문제는 대중의 관심사였지만, 화학 회사들은 이를 무시할 수 있을 만큼 충분한 힘을 갖추고 있었다. 독일 염료 회사들은 폐기물을 배에다 싣고 북해나 발트해로 나가 처분하기도 했지만 가까운 강으로 흘려보내는 불법적인 행위도 여전히 멈추지 않았다. 뮐러 파크 공장의 폐기물로 오염된 우물로 인해 몇 명이 사망했는지에 대한 기록은 남아 있지 않지만, 비슷한 시기 프랑스에서도 아닐린 레드 공장 인근에 폐기물 오염으로 7명이 사망한 경우가 있었다.[19]

지금은 노동자들의 건강과 환경 오염 문제가 합성된 빨강을 만드는 공장에만 국한된 것이 아니라고들 말한다. 그건 사실일 것이다. 비슷한 문제가 핵발전소나 석유를 시추하는 현장, 다른 많은 산업 현장에서도 제기되기 때문이다. 그러나 핵발전소나 석유 시추 현장, 다른 많은 공장들과 관련된 오염 문제는 개념적인 측면에서도 인프라적인 측면에서도 합성된 빨강이 대량 생산되면서 발생한 문제와 밀접한 관련이 있다. 그것은 현재의 경제 구조나 무역 구조가 신대륙의 코치닐과 밀접한 관련이 있는 것과 비슷하다.

영어권 세계에서 널리 주장하는 것과는 달리, 퍼킨의 '모브'는 콜타르에서 색을 합성한 최초의 경우가 아니었으며(노란 피크린 산Picric acid에서 합성한 것이 최초였다), 콜타르에서 합성한 가장 뛰어난 색도 아니었다(아닐린 레드에서 파생된 옅은 보라색violet이 훨씬 뛰어났다). 콜타르에서 합성된 색 중 가장 중요한 것은 빨강이었다. 아닐린 레드는 빨강 그 자체로도 사용되었지만 다른 색을 내는 데 원료로도 이용되었기 때문에 많은 양이 생산되었다. 아닐린 레드를 원료로 추출된 다른 색에 대한 특허 건수가 런던에서만 1868년 이전까지 47건에 달했다.[20] 아닐린 레드는 다른 산업에서 나온 폐기물[콜타르]을 활용해 새로운 물질을 만들어 냄으로써 이윤을 창출하는 자본 집약적인 기업의 힘을 잘 보여 준다.

퍼킨이 '모브'를 발견하게 되었음에도 불구하고 영국이 천연 염료를 수입하는 양은 거의 줄지 않았다. 그러나 독일 화학자들이 체계적으로 알리자린을 발견한 이후 영국의 꼭두서니 수입량은 1872년에서 1877년 사이의 5년 동안 1만 2500톤에서 1900톤으로 크게 줄었다.[21] 천 년을 이어온 꼭두서니 무역을 붕괴시킨 알리자린 레드와, 화려한 색상의 아닐린 레드는 화학자들로 하여금 산업에 뛰어들게 만들고 자본가들로 하여금 그들에게 돈을 대도록 만들었다. 그들은 아닐린 레드와 알리자린 레드를 대량 생산하는 시스템과 새로운 무역 양상을 만들어 냈으며, 오늘날의 거대한 다국적 화학 회사와 제약 회사, 에너지 기업을 탄생시키는 원동력이 되었다.

새로운 빨강의 이용

합성된 빨강들은 대부분 천이나 옷감에 사용되었다. 이 새로운 색들은 의류 산업에서 높은 가치를 인정받았지만, 가격이나 색이 바래지 않고 지속되는 정도, 옷감에 얼마나 착색이 잘되는지에 따라 평가가 달랐다. 염색업자들은 합성염료를 선호했다. 대량 생산을 할 때 천연 염료보다 생산량을 예측하기가 더 쉬웠기 때문이다. 하지만 일부 합성염료는 옷감을 물에 넣으면 색이 쉽게 빠지고 빨리 바랜다는 사실이 알려지면서 소비자들 사이에 불만이 높았다. 아닐린 레드(1858)와 거기서 파생된 염료들은 염색하기에 편하다는 이유로 중요하게 취급되었지만 면과 실크에만 사용할 수 있다는 단점이 있었다.

알리자린 레드(1868)는 색이 물에 잘 빠지지 않고 햇빛에 노출되어도 잘 바래지 않았기 때문에 의류업계에서 가장 선호하는 염료였다. 콩고 레드Congo red*(1884)는 값이 싸고 이전의 합성염료와 달리 양모에도 염색이 가능했다. 이처럼 합성염료에 의해 사람들의 취향이 바뀌게 되었지만 이에 대한 반발도 있었다. 1890년 염색 기술을 가진 한 교수는 인공 염료를 무분별하게 사용해서는 안 된다면서 "우리가 아닐린에 집착할 필요는 없다…… 그 색은 투박하고 미적이지도 않다"고 지적했다. 하지만 그는 아닐린을 적절히 활용하면 "이전의 색들에 비해 질적으로 낮고 생기도 있어 보이게 한다"고 덧붙이기도 했다.[22] 새로운 빨강(그리고 새로운 다른 색들)이 이전의 염료에 비해 옷감에 염색했을 때 훨씬 오래 지속되긴 하지만 이들 중 상당수는 소비자

---

* 독일 바이엘사의 화학자 파울 뵈티거Paul Böttiger가 만든 최초의 직접 목면 염료다. ― 옮긴이

빨강의 문화사

들의 불만을 샀다.

새로운 빨강들이 가진 질과 색의 지속성은 특히 화가들의 눈길을 끌었다. 오늘날에는 화가들이 어떤 문제를 겪는다고 해도 사람들이 그다지 중요하게 대하지 않는다. 이를테면 과학의 어떤 성과가 예술가들에게 문제를 일으킨다고 해도 그런 문제를 걱정하는 사람은 거의 없으며, 과학과 예술 사이에 연관 관계가 있다는 사실을 주목하는 사람도 거의 없다. 그러나 합성된 빨강이 봇물처럼 터져 나오던 시기는 라파엘 전파에 속한 화가들처럼 예술가들이 사회적으로 매우 높은 대접을 받던 시절이었다. 그 결과 예술가들이 어떤 문제에 봉착하면 그것을 해결하기 위해 과학자들이 팔을 걷어붙이고 나서는 분위기가 있었다. 예를 들면 1795년 무렵부터 화학자들은 화가들이 쓰는 안료 중 하나인 청금석(라피스 라줄리lapis lazuli)의 가격이 매우 비싸 어려움을 겪는 것을 알고 이를 대체할 값싼 안료를 개발하기 위해 애를 썼다. 정부들도 이 연구를 적극 뒷받침하면서 각국 화학자들을 대상으로 공모하기도 했는데, 결국 1824년 프랑스의 화학자가 개발에 성공해 6000프랑의 상금을 탔다.[23] (오늘날 합성된 청금석이 '프렌치 울트라마린French Ultramarine'이라고 불리는 이유는 이 때문이다.) 이처럼 합성된 빨강이 화가들에게 문제를 야기하게 되었을 때 그것은 문화적으로 꽤 중요한 이슈가 될 수밖에 없었다.

〈크레용The Crayon〉이라는 미술 잡지의 1856년 10월호에는 합성된 빨강 중 어떤 것이 믿을 만하며 어떤 것은 피해야 하는지에 대한 기사가 실렸다. 예를 들어 버밀리온과, 철이나 흙에서 얻은 빨강은 '색이 오래토록 바래지 않는' 반면 연단과 납에서 추출한 빨강은 오염된 환경 탓에 '나쁜 증기가 발생해 몸에 손상을 입힐 수 있기' 때문에 '피해야 하는' 것으로 분류되었다. 기린혈도 수은 과산화물peroxide of mercury이나 수은 요오드화물iodide of mercury, 코발트 인산염phosphate of cobalt 같은 불안정하고 독성이 있는 합성된 빨강과 함께 '피해야 하는' 안료로 분류되었다.[24]

라파엘 전파 창립 멤버 중 한 명인 윌리엄 홀먼 헌트William Holman Hunt는 자신에게 전문적으로 안료를 공급해 주던 물감 취급업자인 찰스 로버슨Charles Roberson과 주고받은 편지에서 그가 제공하는 빨강이 '적갈색liverish'으로 변해 버린다며 불만을 토로했다.[25] 헌트는 그렇게 색이 변해 버린 그림의 예를 편지에 동봉하기도 했는데, 로버슨은 이 문제를 해결하기 위해 백방으로 뛰어다녔다. 1869년 〈필즈 크로마토그래피Field's Chromatography〉에는 꼭두서니에 '벽돌 가루, 적토, 빨간색 모레, 진흙, 마호가니 톱밥' 같은 불순물이 섞여 있는 경우가 많다고 주장하는 글이 실렸다. 또한 아주 고운 가루로 된 프랑스산 꼭두서니도 '무게의 절반 이상이 고무수지, 설탕, 소금' 등으로 채워져 있다고 주장했다.[26] 현대에 들어 이 시대의 그림들을 분석해 본 결과 화가들이 쓰던 꼭두서니는 아닐린 레드 때문에 오염되거나, 심지어 아닐린 레드로 완전히 대체되었던 것으로 드러났다.[27] 이처럼 이물질에 의한 오염이나, 무게를 늘리기 위해 부정한 방법으로 불순물을 섞는 것, 혹은 완전히 검증되지 않은 안료들을 쓰는 바람에 그림에 미친 악영향은 매우 컸다. 예를 들어 빈센트 반 고흐Vincent Van Gogh의 〈오베르의 우아즈강The Oise at Auvers〉(1890)에서, 저녁놀이 지는 하늘에 생긴 빨간색이 도는 분홍빛sunset-pink 구름은 시간이 지나면서 완전히 하얀색으로 변해 버렸다. 고흐가 원래 칠했던 색은 액자 틀 아래에 있는 그림의 테두리에서만 확인할 수 있을 뿐이다. 프레임이 빛으로부터 색을 보호했기 때문이다.[28]

20세기 화가들도 빨강 때문에 계속 곤혹스러운 일이 이어졌다. 예를 들어 마크 로스코Mark Rothko는 1960년대 초에 하버드대학교 벽화를 제작하면서 배경을 진홍색crimson으로 칠하기 위해 리톨 레드 lithol red(루주로도 사용되는 색이 바래는 빨강)와 프렌치 울트라마린(영구적으로 보존되는 색)을 섞어 사용했다. 하지만 벽화가 밝은 빛에 노출되면서 빨간색조가 급격히 바래기 시작해 결국 철거를 해야 했다.[29]

이처럼 화가들이 색과 관련해 예기치 못한 문제에 직면하게 된 데는 18세기를 통해 가속화된 노동 분업이 한 원인이었다. 특히 1841년 물감 튜브가 등장해 화가들이 이를 적극적으로 사용하게 되면서 사정이 악화되었다. 물감 튜브는 화가들에게 처음으로 자유를 주었다. 왜냐하면 튜브에 미리 담겨 있는 안료를 가지고서 언제든지 야외로 나가 그림을 그릴 수 있었기 때문이다. 그 이전 수세기 동안은 화가들이 스스로 물감을 만든 다음 그 자리에서 즉시 사용했다. 혹은 그렇게 손수 만든 물감을 동물의 방광이나 고무로 만든 주머니에

33 빈센트 반 고흐, 〈침실The Bedroom〉, 1888, 캔버스에 유화.
이 이미지는 2015년에 통상적인 조명 아래에서의 원화 모습을
복제한 것이다. 고흐가 그렸을 당시와는 달리 변색이 돼 있다. 특히 벽과
바닥, 문에 칠해진 제라늄 레이크Geranium Lake와 코치닐의 빨간색이
많이 바래 있다. 고흐는 동생 테오와 동료 화가이자 친구인 고갱에게
보낸 편지에서 이 그림은 보라색violet 혹은 연보라색lilac을 한 벽과
붉은 바닥을 가진 침실을 그린 것으로, '휴식 혹은 잠을 연상시키는'
그림이라고 설명했다.

34 빈센트 반 고흐의 〈침실〉의 색을 복원한 것.

분위기가 보다 따뜻해지고 부드러워짐으로써 고흐가 원래 의도했던 '휴식 혹은 잠을
연상시키는' 그림에 더 가까워졌다. 이 이미지는 반 고흐 박물관의 엘라 헨드릭스Ella
Hendriks가 로이 S. 번스Roy S. Berns(뉴욕 로체스터대학교 색채연구소 소장)와의
공동 작업을 통해 이뤄낸 것이다. 이 복원에는 [체코의 화학공학자인 파울 쿠벨카Paul
Kubelka와 프란츠 문크Franz Munk가 제안한] 쿠벨카-문크 이론이 적용되었다.
즉 원화에 사용된 안료가 무엇인지를 알아낸 다음 인공적으로
열처리를 해artificial ageing 색상에 대한 데이터를 구하는 방식이었다.

보관했다가 가시로 뚫어서 짜내 사용했다. 고무주머니와 튜브 사이에 주사기가 보관 용기로 사용되던 시기가 아주 짧게 있었다. 하지만 물감 주사기는 이물질이 섞여드는 위험이 있었다. 화가들은 다른 주사기 사용자들, 즉 마약 중독자들과 동일한 문제를 안고 있었던 셈이다. 마약 중독자와 마찬가지로 화가들도 물감 주사기 공급자에게 의존할 수밖에 없었고, 자신들이 돈을 주고 사는 것이 과연 불순물이 들어가지 않은 순수한 것인지 확인할 방법이 없었던 것이다.

평범한 소비자들도 같은 문제를 안고 있었다. 고대의 콘펙티오 알케르메스나 최근의 캄파리 — 이것은 몸을 치료하는 효과도 있고 기분전환도 시켜 준다 — 는 케르메스와 코치닐로 빨간색을 냈지만, 19세기와 20세기에는 음식에 색을 낼 때 값이 싼 합성된 빨강이 자연에서 얻는 빨강을 거의 대체했다. 하지만 이들 합성된 빨강 중 일부가 암을 유발하고 행동 장애를 일으킬 수도 있다는 사실이 밝혀지면서 이후 수십 년간에 걸쳐 서서히 자연에서 얻는 천연 빨강이 다시 사람들의 관심을 끌게 되었다. 신세계 코치닐 무역도 되살아나(코치닐 양식업은 꼭두서니 재배업과 마찬가지로 오랫동안 거의 궤멸 상태에 빠져 있었다) 카나리아 제도에 있는 테네리페Tenerife와 란차로테Lanzarote, 페루의 아야쿠초Ayacucho는 매년 말린 코치닐 벌레를 수백 톤씩 생산하고 있다.[30]

몇 세대 사이에 예술가들에 이어 대중도 색과 관련해 완전히 새로운 영역으로 들어섰다. 사람들은 더 이상 그 색이 어디에서 추출되는지 알지 못했다. 그들이 쓰는 빨강은 자연에서 얻거나 구운 흙에서,

버밀리온에서, 연단에서, 꼭두서니에서, 코치닐에서 추출한 것일 수도 있고, 크롬, 아닐린, 알리자린 등 수백 개의 다른 원천이 있었을 수 있었다. 빨강은 과거의 장소로부터, 과거의 삶의 방식과 무역 경로로부터 뿌리가 뽑혀져 버렸다. 하지만 빨강과의 관계는 이후 몇 세대 만에 이전보다 훨씬 더 복잡하게 될 운명에 처해 있었다.

6장

멋진 빨강

아닐린이나 알리자린 같은 산업화된 빨강들은 새롭긴 했지만, 활용할
수 있는 색의 범위를 넓히는 데는 거의 기여하지 못했다. 그럼에도 이
들 덕분에 색의 활용도가 확대되는 데 엄청난 발전이 있었다고 주장
하는 것은 이데올로기적인 편견과 역사적인 증거를 무시하는 태도가
결합해서 나오는 주장일 뿐이다.* 일반화해서 말하자면, 빨강이 대량
생산됨으로써 가격이 많이 떨어졌고, 의상 디자이너와 화가들이 자신
들의 주제를 표현할 때 어느 정도의 범위 안에서 변화를 줄 수 있게

---

* 색의 활용도는 파랑과 녹색에서는 확대돼 왔고, 채도 수준에서 보자면 19세기에도 계속 확
대되었다고 할 수 있다. 하지만 일반적으로 예술가들은 근대 이전에도 충분한 색을 확보하고
있었다. 유럽인들이 일상적으로 색을 활용할 수 있는 범위도 현대의 많은 학자들이 생각하는
것보다는 훨씬 폭이 넓었다.

된 정도였다. 가격의 하락이 시각적으로 새로운 수단들 — 예를 들면 옥외 광고 게시판이나 새로운 포장재 — 을 탄생시키고 이것은 다시 패션과 예술적인 표현 방식에 영향을 준 것도 사실이다. 또한 20세기 에는 아주 새로운 색들이 출현하기도 했다.

1930년대 초에 형광색을 내는 '데이글로dayglo' — 이것은 오렌 지색, 분홍색 등의 다양한 빨강을 포함하고 있다 — 가 처음 개발된 이후 1960년대에 큰 인기를 끌었는데, 지금은 '비가시광선black light' 인 자외선에 의해 더욱 질이 개선되었다. 데이글로는 이전에 없던 완 전히 새로운 색이었으며 매우 현대적인 색이기도 했다. 이것 외에도 현대 과학은 이전의 예술가들이 결코 예상하지 못했던 다른 빨강들 을 개발해 왔다. (예술이 과학의 발전을 예측하기는 하지만, 내가 아는 한, 17세기에 SF 소설이 탄생한 이후 이와 같은 '멋진 색'들이 개발되리라고 전망 한 작품은 단 한 권도 없다.) 이 새로운 빨강들은 여태까지의 그 어떤 빨 강과도 근본적으로 다르지만, 어느 날 갑자기 출현한 것은 아니었다.

이 새롭게 개발된 멋진 빨강brave new reds은 중세 시대에 성당에 들어섰을 때 경험할 수 있는 색과 유사하다고 할 수 있다. 성당 바닥 과 벽, 심지어 예배에 참석한 신도들의 몸에서도 찾아볼 수 있었을 이 빨강은 빨간색을 머금은 물질에서 얻어진 것이 아니었다. 그것은 물 질 — 물질 자체는 빨간색을 띨 수도 그렇지 않을 수도 있다 — 로부 터 투사된 것이었다. 큰 교회와 대성당을 건축한 이들은 유리창에 여 러 가지 색을 입혔고, 그 채색된 유리창에 구약과 신약성서에 나오는

35 킹스 칼리지 예배당King's College Chapel의 늦은 오후, 빨간빛이 남향으로 된
스테인드글라스 창문 곁에 나타났다. 이 빨강은 낮 시간 동안 예배당의 맞은편 벽과
창문, 바닥을 거쳐 여기까지 왔다. 조금 지나면 서쪽으로 향한 벽을 타고 올라갈 것이다.

일화들을 그려 넣었다. 성 브루노가 말했듯이, 유리창에 그려진 내용이 무엇이든 간에, 그 스테인드글라스는 묵묵히 '하느님 말씀을 전하고' 있었다. 햇빛이 스테인드글라스를 비추면 부드럽게, 그리고 천천히 움직이는 색의 조각들로 성당이 가득 채워졌다. 이 색의 조각들은 해가 뜨고 지는 것에 따라 벽에, 바닥에, 건너편 벽에 자신을 비추면서 천 년 이상을 그렇게 반복해 왔다.

중세 후기가 되자 스테인드글라스에 이어 환등기magic lantern가 등장했다. 환등기는 색이 칠해진 유리 슬라이드를 사용했으며, 애초에는 마술사들의 도구였으나 엘리자베스 시대에 장난감으로 이용되다가 19세기에 사회 전체에 퍼지게 되었다. 환등기가 널리 보급되자 곧이어 은막을 이용한 영화cinema가 출현했다. 스테인드글라스나 환등기, 영화는 모두 색이 칠해진 물질에 빛을 비추는 방식을 사용했다. 착색된 색들 중 빨간색의 경우, 중세의 스테인드글라스는 구리에서 추출된 것이었고 빅토리아 시대 환등기의 유리 슬라이드에는 기린혈이 사용되었고, 영화의 셀룰로이드 필름에는 아닐린 레드 같은 유기물 염료가 사용되었다.

스테인드글라스와 환등기, 영화를 넘어서 새로운 멋진 빨강이 어떻게 급속히 개발되었는지, 그 과정을 개괄적으로 살펴보자.

새로운 빨강을 향한 사냥

지난 세기에는 새로운 빨강을 만들기 위한 활동이 엄청난 열기를 띠고 진행되었다. 그것은 크게 두 가지 방식을 띠고 있었다. 스테인드글라스와 환등기, 영화 필름뿐만 아니라 전통적으로 모든 안료와 염료는 — 또한 대부분의 현대적인 안료와 염료는 — 선택적으로 빛을 흡수한다. 그 빛이 태양에서 오든, 파라핀 램프에서 오든 영사기의 전구에서 나오든 마찬가지다. 한편 색은 물질을 활성화시켜exciting 빛을 내도록 함으로써 얻어질 수도 있다.[*]

겉보기에는 칙칙한 물질도 활성화를 통해 색을 만들어 낼 수 있다. 가장 확실한 예로, 쇠로 된 부지깽이를 뜨거운 불 속에 넣으면 달궈져서, 즉 활성화가 되어서 빨갛게 되는 경우를 들 수 있다. 하지만 이 경우에는 부지깽이를 불에서 끄집어내 식히면 다시 원래의 검정색으로 돌아간다. 흐릿한 색을 띤 금속도 열을 가해 밝은 색을 내게 할 수 있다. 예를 들어 칼슘을 가열하면 벽돌 같은 붉은색을 띠고, 스트론튬strontium은 오렌지빛 진홍색orange-scarlet, 리튬은 보랏빛 진홍색

---

[*] 색을 만드는 또 다른 방법은 색이 없는 아주 얇은 물질의 층을 이용해 '간섭interference'을 일으키는 것이다. 도로에 번져 있는 무지개 색은 물에 떠 있는 휘발유의 아주 얇은 층에 의한 것이다. 공작이나 나비, 물고기도 이런 방식으로 화려한 색을 낸다. 이러한 광자 구조들photonic structures 중 어떤 것 — 푸른 깃털 같은 것 — 은 문화적으로 높은 가치를 인정받아 왔다. 그러나 이들이 색을 만들어 내는 방식은 아직 폭넓게 이용되지 않고 있기 때문에 이 책에서도 다루지는 않을 것이다.

36 폭죽이 터지면서 나온 빨간 연기가 목성과
보름달을 순간적으로 가리려고 하고 있다.

violet-crimson을 띠게 된다. 이런 색들은 고등학교의 과학 실험 시간에 실제로 확인해 볼 수 있다. 물론 이런 실험을 할 때는 안전 규칙을 잘 지켜야 한다. 이런 현상을 더 흥미롭게 확인할 수 있는 것은 매년 전 세계에서 벌어지는 신년맞이 제야 행사에서의 화려한 폭죽(불꽃) 놀이에서다. 폭죽놀이는 7세기 무렵 중국에서 처음 시작되었는데, 폭죽의 원래 이름은 '화약火藥'이었다. 이 화약이라는 이름을 통해서 중국 전통 의학에서 사용되던 금속과, 폭죽에서 터져 나오는 색 사이에 연관이 있다는 것을 짐작할 수 있다.[1] 물질을 불 속에 넣는 것은 그 물질을 활성화시키는 가장 확실한 방법이지만, 햇볕에 노출하는 것도 물질에 에너지를 주는 한 방법이 된다. (일광욕을 하면 우리 몸이 뜨거워지는 것도 햇볕으로부터 에너지를 받기 때문이다.) 빛이 물질을 비출 때, 빛으로부터 흡수하는 에너지가 가시광선과 일치하면 그 물질은 색을 내게 된다. 염료나 안료는 물론이고 단단한 암석도 이 원리에 따라 색을 낸다. 자외선을 흡수하는 물질은 색을 내지 않지만, 자외선이 가진 에너지가 변화를 일으킬 수는 있다(자외선이 차단되지 않은 상태에서 햇볕에 장시간 노출되면 피부가 빨개지는 것은 이 때문이다).

'데이글로'는 자외선은 흡수하고 가시광선은 방출함으로써 색을 낸다. 이런 과정은 영구적으로 계속될 수 있지만, 색 자체는 매우 빨리 바래는 경향이 있다. 밝은 색 의상과 페인트, 화장품 등에 사용되고 있는 데이글로가 등장하기 이전에도, 색을 내는 빛colored light을 만들기 위해 데이글로의 원리가 사용된 적이 있다. 자외선을 흡수하고

37 수 세퍼드Sue Shepherd, 〈파이어 [Fire I〉, 2014, 파운드 오브제found objet
(발견된 오브제)와 네온. 이 작품은 형광 활성화(수만 볼트의 전압으로 압력이 낮은
네온 가스를 활성화했다)를 통해 (1kw의 필라멘트를 가진) 타오르는 난로를
모방하고 있다. 이 난로는 집안을 따뜻하게 하기 위해 사용되던
전통적인 화로를 본뜬 것이다.

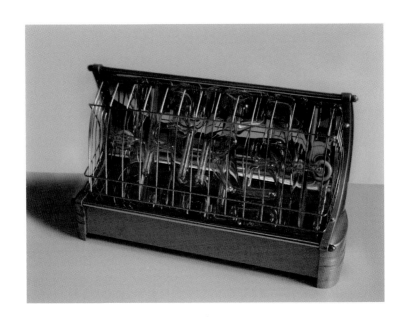

38 수 셰퍼드. 〈파이어 I〉.
수만 볼트의 전압을 가하지 않았을 때의 네온 가스.

가시광선을 방출하는 물질, 즉 '인광 물질phosphors'은 1900년대 초에 네온 불빛을 만들 때 처음 사용되었다. 오늘날에는 이런 인광 물질을 조합해 절전형 백열 전구low-energy light bulb를 만들어 내고 있다.

한편 크고, 무겁고, 진공 상태로 된 유리관의 한쪽 끝에 물질을 놓아두고 유리관의 반대편에 있는 '음극cathode'에서 전자를 방출하면 그 물질이 활성화되어 색을 낸다는 사실을 알게 되었다. 1927년에 나온 한 논문은 이러한 진공 유리관은 '1초당 라듐 1톤에서 나오는 것과 맞먹는 양의 전자를 만들어 낼 수 있으며, 라듐은 희귀 물질로 전 세계적으로 1파운드 정도만이 존재한다'는 사실을 밝혔다. 이 논문은 또한 "하얀색 광물인 방해석方解石/calcite은 음극선cathode rays에 잠깐이라도 노출되면 작열하는 석탄처럼 빨갛게 변한다"는 사실도 밝혔다.[2]

이후 이 '음극 진공관,' 즉 '브라운관'이 대량 생산되면서 흑백 TV 시대를 열었다. 초기의 흑백TV는 수상기 자체는 덩치가 컸지만 화면은 상대적으로 작았다. 얼마 지나지 않아 대형 흑백 화면을 만드는 데 성공했으나 컬러 TV가 출현하기까지는 꽤 오랜 시간이 지나야 했다. 컬러 TV는 근 40년에 걸친 치열한 연구 끝에 1960년대에 가서야 개발되었는데 그렇게 더뎌진 주된 이유는 빨간색 빛을 내는 인광 물질을 발견하는 데 어려움을 겪었기 때문이다. 하얀색 방해석이 음극선의 공격을 받으면 '작열하는 석탄처럼 빨간' 빛을 낼 수 있었지만, 다른 점에서는 컬러 TV를 구현하는 데 조건이 맞지 않았던 것이다.

흑백 TV의 브라운관은 온 세계를 집 안 거실로 가져오는 효과를

빨강의 문화사

발휘했다. 나무로 된 베니어 문짝 뒤에 숨듯이 들어가 있던 흑백 TV
는 거의 반세기에 걸쳐 집 안의 중심을 차지하는 존재였다. 브라운관
TV를 그처럼 문짝 뒤에 숨겨놓듯이 배치했던 까닭은 하얀색 암석[방
해석]을 빨갛게 만들 수 있는 광선총[음극선]을 소파에서 바라보기를
원치 않았기 때문이었다. 그런 점에서 브라운관이 거실에 들어온 때
와 거의 비슷한 시기에 SF 작품에서 광선총이 자주 등장하게 된 것은
우연의 일치가 아니라고 할 수 있다. 또 다른 이유는 음산한 감시의
눈길과 관련이 있었다. 브라운관은 군사용으로도 응용되었는데 바로
레이더였다. 레이더는 숨겨진 위협을 찾아내 시각화하는 도구였다.
결국 사람들은 브라운관이 레이더처럼 자신들을 노려보고 있다는 느
낌을 받았기 때문에 TV를 시청하지 않을 때는 문짝 뒤로 숨겨 놓았
던 것이 아닐까.

평평한 빨강

브라운관 안에 있는 전자 부품은 시간이 흐르면서 점점 작아지고 기
능도 좋아졌다. 2000년대 초에 브라운관은 거의 대부분 평면 화면으
로 대체되기에 이르렀다. 이제 브라운관cathode ray tube은 동영상 공유
사이트인 유튜브YouTube의 이름에서만 명맥을 유지하고 있다.[3] (마찬가
지로 환등기는 디지털 파워포인트PowerPoint의 '슬라이드slide' 개념에 흔적이
남아 있다.)* 컴퓨터가 도래하면서 화면에 8가지 색을 만들어 낼 수 있

다는 점을 자랑스럽게 내세웠지만 얼마 지나지 않아 256가지 색을 내는 데 성공했고 지금은 8개의 비트를 이용해 거의 1700만 가지의 색을 낼 수 있을 정도가 되었다. 그러나 1700만 가지에 이르는, 이론적으로는 소프트웨어만이 그 차이를 구별할 수 있는 이 수많은 색들도 기본적으로는 과거 컬러 TV에 사용되었던 원리처럼 세 가지 색(빨강, 녹색, 파랑)을 만들 수 있는 화면에 디스플레이되어야 한다.**

평면 화면의 첫 세대는 네온 전등을 만들었던 이전의 기술을 되살린 '플라즈마 화면'이었다. 이것은 비활성 기체인 제논xenon(크세논)을 활성화시켜 자외선을 얻은 다음, 다시 빨강과 녹색, 파란 인광 물질을 활성화하는 방식이었다. 평면 화면을 만드는 또 다른 방법은 전류를 빛으로 전환시키는 '발광 다이오드light emitting diodes,' 즉 LED를 이용하는 것이다. 최초의 상업용 LED 디스플레이는 화가들의 안료와도 관련이 있었던 무기 물질을 사용했다.*** 최근에는 '유기물organic LED,' 즉 OLED가 개발되었는데, 이것은 대부분 콜타르를 원료로 썼지만 일부는 안트라센anthracene을 사용하기도 했다. 안트라센은 알리자린의 원료로서 19세기에 합성 알리자린이 대량 생산되는 데 기여

---

* 환등기가 채색된 유리 '슬라이드'를 사용해 만들어졌기 때문이다. — 옮긴이
** 8가지의 디지털 비트는 각각의 색에 대해 256(2^8)가지의 레벨이 가능하게 한다. 따라서 세 가지 색이 모두 낼 수 있는 레벨은 256^3, 즉 256×256×256=16,777,216가지가 된다.
*** 발광 다이오드는 갈륨(Ga), 인(P), 비소(As)로 만들어진 반도체로, 전류가 흐르면 빨강, 녹색, 노랑의 빛을 낸다. 여기서 화가들의 안료와도 관련이 있는 무기물이란 비소를 말한다. 비소는 아닐린 레드의 주재료이기 때문이다. — 옮긴이

한 물질이다. 이처럼 세월이 흐르면서 겉으로 많은 변화가 있는 것 같지만 실제로는, 로프를 구성하는 홍실처럼, 불변하는 요소들이 있는 것이다.

과학자들은 빛을 방출시키는 방법들을 찾는 와중에도 빛을 흡수하는 새로운 방식, 즉 스테인드글라스와 환등기, 영화 필름을 잇는 방식을 찾는 것도 멈추지 않았다. 하지만 대부분의 시도가 실패로 끝났고 가까스로 성공한 것 중 하나가 '2색성色性/dichroism'* 이었다. 이것은 빛을 흡수하는 결정체가 전기장에 의해 서로 다른 방향으로 놓이도록 함으로써 얻어진다. 이것은 얼핏 고도의 기술을 요하는 것처럼 보이지만 이전에도 2색성을 얻는 기술이 있었다. 즉 퀴닌** 을 먹인 개의 오줌에 요오드를 가하면 2색 현상을 일으키는 결정을 얻을 수 있었던 것이다.[4] 오줌과 퀴닌을 이용한다는 말에서 우리는 과거에 화가들이 소의 오줌으로부터 인디언 옐로를 얻었던 것이나, 연금술사들이 사람의 오줌에서 인을 발견한 것, 19세기에 퍼킨이 퀴닌을 합성하는 실험을 하다 실패하면서 오히려 수익성이 좋은 모브를 발견한 사실 등을 떠올리게 된다.

1960년대 이후 빛을 흡수함으로써 색을 내는 기술에서 보다 성

---

* 빛이 결정을 투과하는 방향에 따라 서로 다른 두 가지 색으로 보이는 현상이다. 예를 들어 디크로염dichro salt은 결정축의 방향에 따라 빨간색과 녹색으로 보인다. — 옮긴이
** 꼭두서니과에 속하는 키나나무의 껍질에서 얻어지며, 광학적인 활성도가 높아 유기물 합성의 중간체 형성에 사용된다. 말라리아의 특효약이기도 하다. — 옮긴이

공적인 방법이 등장했는데 바로 '액정 디스플레이liquid crystal displays,' 즉 LCD를 이용한 것이었다. 이것도 처음에는 손목시계나 휴대용 계산기 — 이들은 일본산 제품이 많았다 — 같은 아주 작은 화면용에만 사용되었다. 액정 자체는 모두 콜타르에서 만들어졌는데 초기에 만들어진 액정에는 19세기에 나온 합성된 빨강을 일부 포함하고 있었다. 1970년대 후반 전 세계의 액정 판매량은 연간 500만 파운드에도 미치지 못했지만, 이 책을 쓰는 현재 시점에서는 연간 10억 파운드어치가 넘게 팔려나가고 있다.[5] 오늘날 전화기를 비롯해 각종 전자 장치에 사용되는 LCD에는 30가지 정도의 화학 물질이 포함돼 있다.

유통 기한이 있는 빨강

20세기 후반과 21세기 초에 우리가 누리고 있는 빨강들은 구석기 시대 이후 격동의 1960년대 초에 이르기까지 인류가 접한 그 어떤 빨강과도 근본적으로 다르다. 천연적이든 인공적이든 이전의 모든 빨강들은 색이 얼마나 오래 지속되느냐가 가장 중요했다. 옷감이든 그림이든 빨리 색이 바래는 빨강은 높은 평가를 받지 못했다. 하지만 '멋진 빨강들' — 물질의 활성화를 통해 만들어지는 빨강들 — 은 이런 잣대로는 평가할 수 없는 다른 점이 있었다. 빨갛게 작열하는 부지깽이는 열이 식으면 검정색으로 다시 돌아가고 데이글로도 다른 상업적인 색들보다 빨리 바래기 때문이었다.

빨강의 문화사

멋진 빨강들은 만들어지면 오래지 않아 색이 바래는, 말하자면 우리 눈앞에서 빠르게 색이 변하는 특성을 갖고 있었다. 환등기와 영화도 (스크린 위에서) 빠르게 색과 이미지가 변하지만 그 색과 이미지는 (슬라이드 유리나 필름 릴에) 계속 남아 있어야 한다. 필름 기술은 현재의 사건을 필름에 기록해 다음에 언제든지 다시 볼 수 있도록 하기 위한 것이기 때문이다. 반면 브라운관과 그 이후에 발전된 기술은 색과 이미지들을 순간적이고도 즉각적으로 먼 거리로 보낼 수 있게 했다. 이 새로운 기술 덕분에 생방송이 가능해졌고, 브라운관이 그 어떤 환등기보다도 공격적으로 가정에 침투하게 되었다.

색을 순간적으로 바꾸려면 색들이 사라졌다가 빠른 시간 안에 다시 나타날 수 있어야 했다. 그런 점에서 하얀색 방해석은 컬러 TV에는 적합한 인광 물질이 아니었다. 음극선들이 방해석으로 쏟아질 때 빨간색이 사라졌다가 다시 나타나는 속도가 충분히 빠르지 않았기 때문이다. 과거에는 색이 바래지 않고 오래 지속될수록 좋다고 믿었지만, 인광 물질과 LED, LCD가 만들어 내는 빨강들(그리고 녹색과 파랑)에게는 그런 지속성은 오히려 치명적인 단점이었다. 브라질우드와 지의류의 빨강이 높은 가치를 인정받지 못했던 것은 색이 빨리 바랜다는 점이었는데, 이제는 그런 특성이 매우 바람직한 것으로 받아들여지게 된 것이다. 색의 지속성은 TV와 컴퓨터, 전화기의 화면에 사용하기에는 부적절했고 그래서 현대 과학은 지속성이 매우 짧은 빨강을 만들어 내는 것을 새로운 목표로 삼게 되었다.

아주 짧게 존재하는 빨강이 전혀 새로운 것은 아니다. 새벽녘이나 땅거미가 질 때 생기는 붉은 하늘은 단 몇 분간만 지속되며, 교회에 해가 비칠 때 흐릿하게 떠도는 빨간색은 서서히 교회 벽을 타고 올라갔다가 조금씩 사라진다. 현대 과학은 천 분의 몇 초 사이에 사라질수 있는 빨강을 만들기 위해 엄청난 노력을 쏟아 부었다. 물론 그 빨강은 한번 사라지면 영원이 없어지는 것이 아니라 나타났다 사라졌다를 계속 반복할 수 있어야 했기 때문에 과학자들은 수십만 시간 동안 작동할 수 있는 전자 부품을 만들어 내는 것을 목표로 삼았다. 한번 사라졌던 빨강이 다시 나타나는 것은 활성화된 물질이 얼마나 장시간 빛을 낼 수 있느냐에만 달린 것은 아니다. 전자 제품에 들어 있는 다른 모든 부품들이 이에 부응해서 정확하게 작동해 주어야 한다. 더불어 전자 제품 자체도 사람들이 갖고 싶어 할 만한 디자인이어야 했다.

이처럼 순간적으로 나타났다가 사라지는, 실체가 없는 무형의 빨강은 이전에는 볼 수 없었던 전적으로 새로운 것이어서, 색이 갖는 문화적인 중요성을 미지의 영역으로 끌어갔다. 빨강이 순간적으로 출몰하는, 가장 최근에 개발된 모든 물질들은 활성화되었을 때만 그런 특성을 드러낸다. 따라서 전자 제품의 스위치가 꺼지거나, 배터리가 다닳거나, 제품을 작동시키는 소프트웨어에 문제가 생기면 색이 순식간에 흐릿해지면서 사라지게 된다. 디지털이 만들어 낸 색들은 가상 현실virtual realities ― 이것은 실제일 수도 있고 아닐 수도 있다 ― 의 외형적인 측면이라고 할 수 있다. 그 결과 우리가 전자 화면을 통해 빨강을 경험하는 시간이 점점 더 많아지면서, 진짜 현실에서의 빨강과의 접촉은 점점 줄어들고 있다.

새로운 멋진 빨강들은 잠재적으로만 빨갛다는 점에서 코치닐이나 꼭두서니, 적토, 버밀리온, 알리자린 같은 빨강과는 전혀 다르다고 할 수 있다. 모든 디지털 기기들의 화면은 생기 없는 회색이 그들의 '진짜 색상'이다. 그 회색 화면은 말 그대로 상상할 수 없을 정도로 많은 조건들이 충족될 때만 빨간색을 드러낸다. 이런 조건들 중 몇 가지는 제품 사용자가 잘못을 바로잡을 수 있는 능력이 있느냐 없느냐에 달렸다. 예컨대 배터리가 다 방전되었는데도 이를 모른 채 당황하는 사용자가 있을 수 있다. 이 경우 배터리를 충전하면 다시 색이 출현한다. 그러나 새로운 빨강들이 얼마나 원활하게 제공되느냐는 것은 상당히 폭넓은 조건의 스펙트럼을 갖고 있으며, 그것들 중 대부분은 개인의 통제 능력을 완전히 벗어나 있다.

이러한 빨강들을 유지하기 위한 기술적인 조건들 ― 예컨대 제품을 이루는 부품들의 수명 ― 은 매우 전문적이어서 문제가 생겼을 때 보통 사람들은 접근하기가 어렵다. 또한 특허권 계약, 인터넷 서비스 제공업자들의 수익 모델, 안정적인 전력 공급을 둘러싼 지정학적 문제 등도 연관돼 있다. (전력 공급과 관련된 지정학은 세계 석유 시장의 변덕스러운 상황은 제쳐 두더라도, 한 국가 안에서의 문제만 해도 매우 복잡하다. 정치학자 제인 베넷Jane Bennet은 2003년 미국에서 발생한 정전 사태로 약 5000만 명이 피해를 입었던 사건을 예로 들면서 디지털 기기와 전력 공급 사이의 문제를 논했다. 그녀는 발전소, 송전선, 정치가들, 사업가들, 소비자들 그리고 전기의 원천인 전자들로 이루어진 미국의 전력망은 그 자체로 하나의 생명을 갖고 있다고 본다.[6] 가상의 빨강들은 우리가 아직 제대로 이해하지 못하고 있는 이 생명 형태 덕분에 존재하는 것이다.) 또한 다국적 기업들이 디지털 기기에 필수적인 부품들, 예를 들어 희귀 금속인 탄탈룸 tantalum을 안정적으로 공급받기 위해 각국 정부들과 어떤 관계를 맺느냐에 따라, 또한 선진 산업 국가에서는 환경주의자들과, 개발 도상 국가에서는 군사 지도자들과 어떤 관계를 맺느냐에 따라서도 새로운 빨강은 많은 영향을 받는다.

멋진 빨강들 ― 멋진 녹색들과 멋진 파랑들은 물론이고 ― 은 모든 문화 영역에서 교전 규칙rules of engagement을 바꾸어 놓았다. 새로운 빨강이 현대 세계에 도래한 것은 500년 전 구세계에 신세계의 코치닐이 상륙한 것과 비교할 수 있다. 말린 코치닐은 ― 보다 정확히 말하면, 그 벌레들이 만들어 낸 색을 향한 우리의 욕망은 ― 국제 무역 질서를 급격히 재편시켰을 뿐 아니라 문화적으로도 엄청난 단절과 붕괴를 초래했다. 마찬가지로 코치닐보다 더 작은 전자 부품들은 ― 혹은 더 정확히 말하면, 그것들이 만들어 낸 색을 향한 우리의 욕망은 ― 문화적으로 또 다른 엄청난 변화를 불러오기 시작했다. 그것들이 우리의 교전 규칙을 바꾸고 있다는 가장 명백한 사건 중 하나가 지난 2008년 전 세계의 은행과 주식 시장에 설치된 화면들이 모두 빨갛게 된 사건이었다. 그것은 실제 화폐보다 가상의 금융 거래가 더 많아서 발생한 사태였다.[*] 이 글을 쓰고 있는 현재, 이때의 경험으로부터 세계가 어떤 교훈을 배웠다는 증거는 거의 없으며, 디지털 세계에서의 새로운 작업 규칙들도 아직 제시되지 않고 있다.[7] 기존 문화의 또 다른 붕괴 조짐으로는 해적 행위가 매우 수익성이 좋은 사업이 되면서 다시 성행하게 되었다는 점이다. 지금 사이버 공간에서 일어나고 있는 해적질에 비하면 카리브해 지역에서 일어나는 진짜 해적질은 어린애 장난처럼 보일 정도다.[**]

새로운 빨강의 영향

문화적인 맥락에 볼 때 이전까지는 모든 색들은 천이나 옷감, 그림, 스테인드글라스처럼 착색이 된 물질과 그것을 바라보는 사람의 눈 사이의 관계 안에 놓여 있었다. 물체에 착색된 빨강은 알을 밴 벌레, 기린혈 나무(혹은 민담으로 전해지는 용과 코끼리), 콜타르(이것은 수없이 많은 생명체가 죽어서 남긴 화석으로부터 만들어진다)처럼 살아 있는 생명체에서 얻어진 것이 대부분이었다. 그러나 현대에 들어와 빨강이

---

[*] 2008년 발생한 미국발 금융 위기를 가리킨다. — 옮긴이
[**] 여담으로 말하자면, 자연의 질서를 파괴함으로써 얻어진 멋진 빨강들이 문화적인 질서도 붕괴시킨다는 사실은 아이러니하다. 인공적으로 합성된 인광 물질과 LED는 원래는 아무런 색을 갖지 않는 크리스털이지만, 물질 내부의 원래 질서가 인간에 의해 붕괴됨으로써, 기술적인 용어로 말하자면 새로운 질서가 인간에 의해 의도적으로 '첨가됨으로써doped' 색을 내게 된다.

문화적으로 널리 받아들여지게 되자 생명체를 원천으로 한 빨강은 모두 죽게 되었다. 인간은 예술이 발생하던 초기부터 자신들이 만든 이미지에 다시 생명을 부여할 필요를 느꼈다. 그래서 예술 탄생 초기부터 중세 시대 말기에 이르기까지, 이미지들은 구체적인 형상을 하고 있었고 종교적으로 바쳐지고 신성시되었다. 이미지에 생명을 불어넣는 종교적인 제의에는 고대 이집트에서 행해진 미라의 '입을 여는' 의식도 포함되는데, 그것은 하느님이 진흙으로 아담을 빚은 다음 아담의 입에 숨을 불어넣어 생명을 갖게 한 것과 크게 다르지 않다.[8] 서양에서는 지난 몇 세기 동안 제의적인 의식을 통해 이미지를 신성시하는 행위는 더 이상 이루어지지 않았지만 그 이미지들에 주목하는 사람들, 즉 회화나 조각을 감상하는 사람들에 의해 여전히 생기를 부여받고 있다. 착색된 사물들 — 옷감이나 그림, 스테인드글라스처럼 — 이 모두 망각을 향해 정해진 궤도를 서서히 따라 가고 있다는 사실은, 시각적인 이미지가 의미를 가지고 생기를 띠도록 하기 위해 우리가 보다 적극적으로 참여할 필요가 있다는 점을 보여 준다.

반면 LED와 전자 부품, 전기 설비들이 결합된 디지털 기기가 내는 색들의 라이프사이클은 우리가 입는 빨간색 의상의 라이프사이클보다 훨씬 이해하기 어렵기 때문에 변덕스럽게 태어났다가 사라지는 것처럼 보인다. 디지털 색들은 라이프사이클을 헤아리기 어렵기 때문에 항상 거기 존재해 왔던 것처럼 여겨지며, 그 결과 우리의 참여를 거의 혹은 전적으로 거부하는 것처럼 보인다. 우리는 전자적인 화면이 훨씬 편리하다고 믿고 있다. 하지만 다른 한편으로 우리는 색을 바라보는 새로운 방식 안으로 몽유병자처럼 걸어 들어가고 있는 실정이다. 우리는 이집트의 왕 타무스Thamus가 지혜의 신 토트Thoth가 발명한 문자를 받아들이기를 거부하면서 했던 말을 기억해야 한다. 타무스는 문자가 이집트인들에게 '지혜를 갖게 되었다는 자만심'을 심고 '자신들의 영혼을 망각'하게 만들 것이라고 했던 것이다.[9]

우리는 디지털 기기를 사용하게 되면서 '신분 도용identify theft'이라는 문제를 겪고 있다. 어떤 하나의 시스템을 사용하게 되면 사용자가 그 시스템의 일부가 되며, 더 이상 그 시스템으로부터 분리될 수 없다는 것은 명백한 사실이다. 시스템에 동화되는 과정에서 사용자의 신분은 몇몇 개의 숫자로 환원되면서 더 이상 생명을 가진, 숨 쉬는 존재가 아니게 된다.[*] 집단적으로 보면 사회적인 정체성도 빈곤해지고 있는데, 우리가 미처 모르는 사이에 엉뚱하게 이용되는 일들이 자주 일어난다. 마찬가지로 디지털 색들도 일종의 '신분 도용'의 피해를 입어 왔다고 할 수 있다.

전통적으로 빨강은 루비나 딸기, 울새의 가슴 털, 버밀리온과 꼭두서니 뿌리, 코치닐 벌레로 만든 물감이나 잉크 등을 통해서만 자신을 드러냈다. 그러나 이제는 어떤 것으로부터도 빨강을 만들어 낼 수 있고, 게다가 1초 동안 빨강이었다가 다음 순간 다른 색으로 바뀔 수

---

[*] 컴퓨터 시스템은 정보를 수집할 뿐이지만, 이렇게 수집된 정보는 해커들과 광고업자들, 정부 기관들의 타깃이 된다.

39 알브레히트 뒤러Albrecht Dürer의 〈성모와 아기 예수(붓꽃과 함께 있는 성모)
The Virgin and Child(The Madonna with the Iris)〉, 1500~1510년 무렵, 라임나무 패널에 유화.
주변 조명과, 모바일 휴대폰의 디스플레이 화면, 디지털 사진술, 컬러 인쇄술이
결합됨으로써 회화의 연색성color rendition[광원이 물체의 색상에 미치는 현상]을
엄밀하게 고려할 필요가 없어졌다.

40 LCD 디지털 화면에서 서로 다른 색을 나타내는 동일한 디지털 파일을 확대한 것. 이 파일들은 빨강, 녹색, 파랑의 단계들이 각각 0에서 256까지 변함으로써 색상을 내게 된다. 맨 위의 파일은 빨강−녹색−파랑의 단계가 각각 180, 70, 50이다(이렇게 결합하면 뒤려의 〈성모와 아기 예수〉에서 성모의 오른팔에 해당하는 오렌지레드 색이 된다). 두 번째 파일은 각각의 단계가 175, 110, 120이다(이 경우는 성모의 무릎에 해당하는 연한 빨강pale-red을 띠게 된다). 가장 아래는 각각 100, 3, 20이다(성모의 왼쪽 팔 아래에 있는 짙은 빨강dark-red에 해당한다).

도 있다. 왜냐하면 디지털의 빨강을 만들어 내는 원천은 아무런 색도 가지고 있지 않기 때문이다. 심지어 빨강에는 그것만의 고유한 느낌이 없는데, 균질한 화면 위에서 만들어지기 때문이다. 화면의 표면이 균질하다는 것은 사람들로 하여금, 위협적일 만큼 다채로운 진짜 현실을 상대하기보다는 가상 현실을 더 다루고 싶은 욕망을 불러일으킨다. 이 균질한 화면이 어디에나 존재한다는 사실은 디지털 루비, 디지털 딸기, 디지털 울새 가슴 털이 모두 똑같은 빨간색이며, 녹색과 파랑색을 조금씩 더하거나 뺌으로써 만들어진다는 것을 뜻한다. 나아가 이 빨강들은 모두 동일한 질감texture을 갖는다. 우리의 눈이 색을 인식하는 과정은 사물의 질감을 인식하는 과정과 밀접히 연관돼 있다. 그러나 디지털화된 루비의 빨간색은 아무런 깊이도 광채도 없고, 디지털 딸기는 말랑말랑하지도 않고 물기도 머금고 있지 않으며, 디지털 울새의 빨간 가슴은 털이 가볍게 떨지도 않고 맥박도 뛰지 않는다.

물론 과거에도 기술의 발달은 우리가 색과 맺는 관계를 변화시켰다. '사물'을 '이미지'로 전환하는 것은, 그것이 그림이든 조각이든, 항상 어려운 문제를 제기했다. 지난 수천 년간 그림과 조각이 제기하는 문제들에 대해 각각의 문화권은 나름의 해결책을 제시해 왔다. 지역을 막론하고 세계 각지에서 주기적으로 벌어졌던 성상 파괴 운동은 이미지가 불러일으키는 감정의 폭과 깊이가 얼마나 큰지를 잘 보여준다. 마찬가지로 우상 숭배의 가능성, 어떤 사물과 그 사물을 묘사한 것 사이에 생기는 혼란, 닮은 것과 실물 사이의 관계 등도 풀기 어려운 복잡한 문제였다. 이런 이슈들은 지금도 명쾌하게 해결되지 않았는데(현대 사회에서는 포르노에 의한 인간의 대상화가 그런 사례 중 하나다), 새롭게 등장한 색들은 이미지의 범람을 가능케 함으로써 그런 문제들을 유례가 없을 정도로 더욱 복잡하게 만들고 있다. 한 논자가 지적했듯이 "기술의 향연이 통제되지 않는 폭식을 낳고 있는" 것이다.[10]

디지털 색들은 수명이 대단히 짧은 이미지들을 곳곳에 넘쳐나게 하면서 새로운 문제를 던지고 있다. 그것들은 거리에 나뒹구는 버려진 잡지나 신문들과는 달리 구겨지지도 않고 사라지지도 않으며, 그림이나 조각과는 달리 불에 타지도 않고 바스라지지도 않는다.* 디지털 색은 자연의 법칙을 거스르는 것처럼 보인다. 그들은 어떤 한 장소에 머물지 않으면서도 동시에 (네트워크가 허용하는 한) 거의 모든 곳에 존재하는 것처럼 보이며, 시간의 흐름에도 아무런 영향을 받지 않는 것처럼 보인다. 요즘은 SNS상에서 '친구 끊기unfreinding'를 통해 자기 사진에 접근하지 못하도록 하지만 과거에는 자기 손으로 직접 자신의 과거 사진을 찢어 버림으로써 훨씬 더 큰 만족감을 느꼈었다.

동물이나 식물에서 얻은 염료를 사용하던 전통적인 방식을 되돌아보면, 빨강은 그것을 품고 있는 동물이나 식물에 의해 통제되었다. 코치닐과 꼭두서니의 라이프사이클은 농민이나 무역업자들이 무엇을 할 수 있는지를 결정했고, 염색업자들은 방직업자들이 무엇을 할

---

* 마거릿 대처의 조각상에서 머리가 잘려나간 사건을 다룬 2002년 7월 4일자 〈가디언〉은 약 38만 부가 발행되었다. 하지만 이 글을 쓰는 현재 아마 10부도 남아 있지 않을 것이다.

수 있는지를 결정했으며, 나아가 사치규제법(이것은 빨간색 의상을 입는 사람들이 제정했다)은 누가 어떤 옷을 입을 수 있는지를 결정했다.[11] 오늘날에도 여전히 색은 어떤 옷이 팔릴지 안 팔릴지를 결정하는 주요한 요인들 중 하나다. 하지만 오늘날에는 문화의 산물이 색을 통제하는 경향이 심화되고 있다. 디지털 기기가 우리가 어떤 색을 보고, 어떻게 볼지를 결정하기 시작한 것이다.

디지털화한 색은 물질적인 원천으로부터 색을 분리시켰으며, 우리의 시각 세계를 새로운 영역으로 몰아넣었다. 숙련된 수천 명의 대학원생들이 하드웨어와 소프트웨어의 질적 수준을 높이고, 가장 좋은 카메라 앵글을 선택하고, 명암과 색상의 대비를 바꾸고, 디지털 이미지에 맞는 사운드트랙을 작곡하고 있다. 반면 실제의 사물들은 최고의 시각적 효과를 위해 편집될 수가 없다. 지금의 디지털 환경에서는 현실의 눈부신 풍광들도 사람들에게 별다른 감흥을 주지 못한다. 그 눈부신 풍광이 무엇이든 — 가장 높은 산이든, 가장 수심이 깊은 바다든, 혹은 축구 경기장이든 — 우리가 이미 이전에 본 것들일 뿐이다. 아마도 클로즈업이나 운이 좋다면 선명도가 매우 뛰어난 고화질 화면으로 보았을 것이다.

새로운 빨강은 모더니티가 만들어 낸 가장 최근의 산물 중 하나다. (모더니티는 '탈신성화disenchantment(탈주술)'를 하나의 특성으로 삼는다.)[12]* LED나 LCD(아닐린이나 알리자린은 말할 것도 없고)를 둘러싼 이야기들은 기린혈이나 버밀리온을 둘러싼 이야기만큼 '신성하지' 않다. 미국의 전력망을 우리가 아직 제대로 이해하지 못한 생명 형태라고 본 제인 베넷은 새로운 빨강들에게서 신성함의 잠재력을 보았다고 할 수 있다. 그렇지만 그녀도 새로운 빨강에는 사람들을 홀려서 속일 수 있는 불길한 힘이 있다는 사실을 간파했다.[13]

---

* 그러한 탈신성화는 베르나르 스티글레르가 말한 '방향성 상실disorientation'과 관련이 있다. '방향성 상실'은 인간성과 기술 사이에 생긴 (지금은 더욱 커진) 긴장의 결과다.

　모더니티가 데카르트적인 세계관에서 태동했다는 사실을 고려하면 탈신성화의 어떤 측면은 불가피하다고 할 수 있다. 이레델 젱킨스Iredell Jenkins는 데카르트의 세계관을 "현실을 빈곤하게 만드는 관점"이라고 주장했다.

7장

경계 가로지르기

우리는 다양한 빨강을 살펴보면서 전통적인 것과 현대적인 것들을 비교해 보았다. 거기에는 동물과 식물, 광물뿐 아니라 인공적인 빨강과, 가끔 빨강을 드러내지만 기본적으로는 색을 갖지 않는 물질도 포함돼 있었다. 그러나 빨강의 원천들 사이에 존재하는 이런 구분이 뚜렷한 것은 아니다. 특히 빨강은 색의 범주 중에서도 신축성이 크기 때문에 빨간색을 띤 물질들 사이에서는 경계를 분명하게 나누기가 쉽지 않다. 빨간색 물질의 범주에는 황색금, 오렌지색 불꽃, 갈색 강아지, 자주색 천 등이 포함된다.

　알을 밴 코치닐이 숙주 식물의 일부로 여겨질 정도로 워낙 단단히 달라붙어 있어 빨강의 원천이 코치닐 벌레인지 숙주 식물인지 구별하기 힘들었던 경우도 경계가 흐릿한 예로 들 수 있다. 16세기 후반

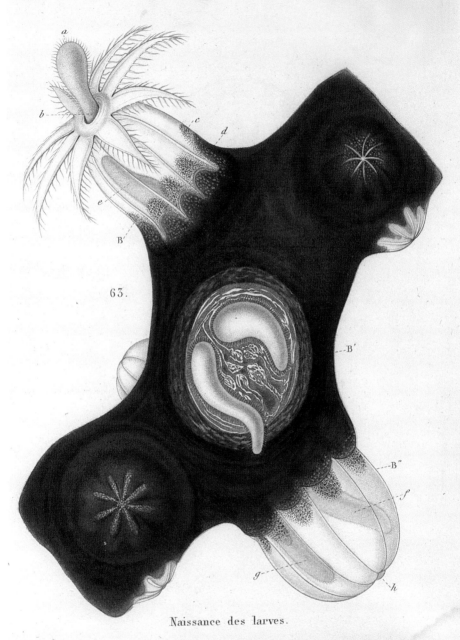

63.

Naissance des larves.

del.

Librairie J.B. Baillière et Fils Paris.

Imp. A. Salmon R. Vieille Estrapade, 15.

Annedou

41 식물도 아니고 암석도 아닌 산호(물속에서는 식물이고
공기 중에서는 돌이 된다)는 동물(물에서는 살아 있고 물 밖으로
나오면 죽는)의 군집이라고 생각할 수도 있다.
이 그림은 19세기 것으로 산호가 태어나서 신체 기관을
만들어 가는 모습을 보여 준다.

스페인 사람들은 자신들이 키우고 수확하는 것이 정확히 무엇인지를 잘 알고 있었지만 코치닐과 숙주 식물을 구별하기 힘든 점을 의도적으로 이용했다. 왜냐하면 신세계 코치닐을 다른 나라 사람들은 제대로 구분하지 못하게 함으로써 자신들이 계속 독점하기 위해서였다. 빨강을 둘러싼 이러한 혼동은 지금도 활용되고 있다. 예를 들어 립스틱의 빨강은 이나 진드기, 깍지벌레 같은 패각충에서 추출되지만(오늘날에는 바스프사가 산업적으로 재배하는 조류藻類에서도 추출된다) 이런 사실이 알려지면 빨강의 원천에 대한 낭만적인 성격이 사라져 소비자들의 반감을 살 수 있기 때문에 은폐되고 있다.[1]*

빨간 산호도 전통적인 동물 - 식물 - 광물의 경계를 흐릿하게 한다. 오비디우스의 《변신Metamorphoses》에 따르면 페르세우스Perseus** 가 메두사의 잘린 머리를 해초더미 위에 놓자마자, 해초더미가 "상대를 돌로 만들어 버리는 메두사의 힘에 빨려들어" 저절로 딱딱해졌다고 한다. 바다 요정들은 이렇게 단단해진 해초의 씨를 여기저기 뿌렸는데 그 결과 "오늘날에도 산호는 공기와 닿으면 딱딱해지게 되었다. 즉 산호는 물속에 있을 때는 식물이지만 물 밖으로 나오면 돌이 된다."[2]

우리에게는 고대인들이 알을 밴 벌레들을 애벌레로 가득 찬 썩은

---

* 16세기 스페인 사람들이 의도적으로 숨겼던 일이 지금도 무심코 계속된다. 21세기에 출간된 한 책에서는 알을 밴 케르메스 벌레를 '참나무 사과oak galls'라고 설명한다.
** 제우스와 다나에 사이에 태어난 아들이자 아르고스왕 아크리시오스의 외손자로, 메두사의 목을 벤 영웅이다. 바다 괴물의 먹이가 될 위기에 처한 안드로메다를 구출하고 그녀와 결혼한다. ─ 옮긴이

　　　　　　　　　　　　　　　　　　　　　　　　　빨강의 문화사

산딸기로 혼동했다거나, 산호의 역할은 바다에 사는 생물들을 위해 군락을 제공하는 것이라고 이해하고 있었다는 이야기를 들으면 기이하게 여겨질지도 모른다.[3] 또는 고대인들이 나무의 수액을 코끼리와 용의 피가 합쳐진 것이라고 생각했다거나, 루비는 뱀의 머리에서 얻은 것이라고 묘사한 것을 읽을 때도 마찬가지일 것이다. 그러나 그와 같은 경계 흐리기는 고대인들에게만 국한된 것은 아니다. 예를 들어 20세기에도 알래스카와 유콘 지역에 사는 수렵 - 채집인 공동체에서는 빨간색 금속인 천연 구리는 지하에서 태어났으며 '덩치가 큰 호저porcupine* 처럼' 이리저리 돌아다닌다고 믿었다. 또한 천연 구리는 사람에 의해서 발견되는 것이 아니라 구리들이 스스로 선택해서 사람들에게 나타나는 것이라고 여겼다.[4] 21세기에는 지정학적이고 군사적으로 매우 중요하게 여겨졌던 수많은 '레드 라인'들이 흔적도 없이 사라져 버린 것처럼 보인다. 이처럼 역사적으로 나타나는 경계 흐리기를 우리가 좀 더 관대하게 받아들인다면, 범주에 대한 그러한 혼동confusion은 범주를 적극적으로 융합fusion하기 위한 시도였다고 해석할 수도 있다. 그러면 빨강은 노랑이나 오렌지색, 갈색, 자주색 등과 구별되는 특별한 색의 형태가 아니라, 색 그 자체일 수도 있게 된다.[5]**

---

* 몸에 길고 뻣뻣한 가시털이 덮여 있는 동물이다. ― 옮긴이
** 물론 우리에게 빨강은 상대적으로 범위가 작고 고정된 색상이다. 우리가 색상hue을 강조하게 된 것은 최근의 일이다. 그러나 색을 역사적으로 이해하게 되면서 색의 톤tone, 즉 색조와 채도saturation, 색의 질감textural effects에도 관심을 갖게 되었고 이에 따라 색을 보다 역동적인 현상으로 바라보게 되었다. 색상의 융합으로서의 빨강은 색이 가진 역동성을 ― 분리적인 방

42 번쩍이는 빨강들.

캐나다의 슈피리어 호수Lake Superior에서 발견된 천연 구리 금속.

전통적인 범주들이 갖는 유연성과 상호 투과성은 현실을 거대한 연속체로 — 서로 분리된 독립적인 실체들의 집합이 아니라 — 보게 한다. '자연은 진공을 혐오한다.'* 그리고 경계 흐리기는 범주들 사이의 간극을 제거함으로써 혼합과 연결을 가능하게 한다. 동물, 식물, 광물 사이의 경계 흐리기는 신이 세계를 통일적으로 창조했다는 사실을 반영하는 것으로 받아들였다.[6] 전통적인 세계에서는 물질을 종류kind가 아니라 정도degree로서만 서로를 구분했다. 인간에게는 동물(인간과 동물 모두 감각을 갖는다), 식물(인간과 식물 모두 번식을 한다), 광물(인간과 광물 모두 지상에 존재한다)과 공유하는 면들이 있다고 보았던 것이다. 이러한 상호 연관성은 인간이 빨간색을 띤 물질들 — 황토를 비롯해 적철, 지의류 등 — 을 육체적, 심리적, 정신적인 존재로 받아들이게 해 주었다.

경계 흐리기는 또한 현실을 역동적으로 바라보도록 해 주었다. 범주들이 고정돼 있다고 보는 관점은 현실이란 영구적으로 변하지 않는 단단한 실체들로 이루어져 있다고 간주하지만, 범주들의 경계가 흐릿하다고 보는 관점은 현실이란 끊임없는 변화의 과정에 있다고 간주한다. 오비디우스 — 그가 쓴 《변신》은 경계를 가로지르는 것에 관한 책이다 — 와 화가들 — 이들은 습관적으로 물질을 변형시키는

식이 아니라 — 통합적으로 접근하게 해 준다.

* 진공이 있다는 것은 사물들 사이에 공간이 있다는 뜻이 된다. 즉 사물들 사이에 서로 경계가 있다는 것이다. 결국 자연은 이런 경계 짓기를 하지 않는다는 뜻이다. — 옮긴이

43 영국 랭커셔에서 발견된 포도송이 모양의 엄청나게 큰 적철석 조각.
적철석을 가리키는 'haematite'는 '포도송이 모양을 한 혈석血石'이라는 뜻의
그리스어에서 왔다. 하나의 광물을 묘사하기 위해 식물과 동물에서 가져온 용어를
모두 사용한 이 이름은 근대 이전의 사람들이 현대인들보다 세계를 바라보는 관점이
훨씬 유연했음을 보여 주는 사례라고 할 수 있다.

일을 한다 — 은 이 두 가지 관점을 다 이해하고 있었다. 오비디우스는 우주가 카오스적인 것(《변신》 1권)이기도 하고 질서 정연한 것(《변신》 15권)이기도 하다는 걸 보여 주었다. 화가들은 자신들이 그리고자 하는 대상을 선택할 때 필요에 따라 고대 그리스의 철학자들인 파르메니데스Parmenides — 그는 현실의 영구적으로 변하지 않는 특성을 강조했다 — 의 전통을 따르기도 했고, 헤라클레이토스Heraclitus — 그는 현실의 유동적인 특성을 강조했다 — 의 전통을 따르기도 했다. 루비와 기린혈, 산호와 케르메스에 관한 이야기들은 이 두 가지 관점을 모두 수용하는 방식에 관한 것이었다.

현대 세계는 사물들을 깔끔하게 범주별로 분류하고 싶어 하지만, 현실은 그런 분류를 완강하게 거부한다. 예를 들어 빨강을 함유한 지의류는 나무도 아니고 균류菌類도 아니고 조류藻類도 아니지만 그럼에도 세계 곳곳에 퍼져서 자라나고 있다. 빨간 딸기에 있는 안토시아닌은 새들을 건강하게 하기도 하고, 식물의 씨도 뿌리게 함으로써 동물계와 식물계를 잇는 가교 역할을 한다. 현대 지질학은 백악chalk이 바다 생물의 미세한 껍질들로부터 만들어진다는 사실을 밝혀냈고, 대기 화학은 이 껍질들이 물속에 녹아 있는 이산화탄소와 동물들이 호흡할 때 내는 이산화탄소로부터 만들어진다는 것을 밝혀냈다. 하지만 우리는 백악과 우리가 숨을 내쉴 때 나오는 이산화탄소 그리고 해양 미생물의 먹이가 되는 바닷속 이산화탄소 사이의 유기적인 관계를 완전히 잊어버렸다. 반면 도자기에 광택에 낼 때 쓰는 유약에 석회암

limestone — 백악이 경화된 형태 — 을 넣는 오늘날의 도공陶工들은 백악이 '생물학적인 근원을 갖는' 암석으로서, 지구 생명들이 순환하는 과정에서 파생되었다는 점을 잘 인식하고 있다.[7] (유약에 석회암을 넣는 공정은 4000년 전 사람들이 최초로 철을 제련할 때 쇠가 부드럽게 흐르도록 하기 위해 적토에 조개껍질을 넣었던 방식을 따르고 있는 것이기도 하다.)

자연적인 것과 인공적인 것

이처럼 자연계에서 동물과 식물, 광물 사이의 경계가 뚜렷하지 않다면, 자연에서 얻어지는 빨강과 인공적으로 얻는 빨강 사이의 경계 역시 흐릿하다고 할 수 있다. 선사 시대 동굴 벽화를 그렸던 이들이 사용했던 아주 초기의 빨간색 안료는 적토나, 황토에 열을 가해 얻은 것이었다.[8] BC 300년 무렵 테오프라스토스는 황토는 불 속에서 '벌겋게 단 숯처럼' 된다고 했다.[9] 그는 흙이 불의 본성과 '공감을 일으켜' 빨갛게 변한다고 주장하려고 했던 것 같다. 불과, 불에 탄 흙이 서로 '공감'한다는 것은 둘 모두 빨간색이고, 원소로서도 '건조함'이라는 특성을 공유하며, 아리스토텔레스의 원소론에서도 서로 공감하는 관계이기 때문일 것이다.[10]* 당시 사람들은 자신들이 피운 모닥불 아래에서 황토가 적토로 바뀌는 걸 확인했거나, 혹은 벼락이나 자연적인 원인으

---

* 다른 두 가지 원소는 물과 공기였다. 이 4원소는 '건조함'과 함께 '습함,' '차가움,' '뜨거움'이라는 속성이 결합된 것이었다.

로 숲이 불타고 난 뒤 황토가 적토로 변한 것을 확인했을 수도 있다.

　전통 세계에서는 모든 기술을 ― 황토가 적토로 바뀌든, 도자기에 광택을 내든, 버밀리온을 합성하든 ― 오직 자연을 돕는 행위로 이해했다. 13세기에 나온 《헤르메스의 서Book of Hermes》는 "인간이 하는 작업의 본질은 자연에 속하고, 만드는 과정은 인간에 속한다"고 썼다.[11] 알베르투스 마그누스는 "자연의 산물이든 인간 기술의 산물이든 그것들은 모두 자신들의 힘을 가장 먼저 하늘로부터 받는다"고 했다.[12] 하늘은 자연적 원인이나 초자연적 원인으로 벼락이나 숲을 타게 해서 적토를 만들 수도 있었고, 인간이 모닥불을 피울 수 있도록 영감을 불어넣음으로써 인공적으로 적토를 만들 수도 있게 했던 것이다.

　전통 사회가 자연적인 것과 인공적인 것에 거의 차이를 두지 않았던 까닭은 만물은 생명에 관여하며, 또 만물은 고유하게 타고난 욕망에 따라 행동한다는 세계관을 가지고 있었기 때문이다. (이것은 물체는 생명을 갖고 있지 않으며 만물은 외부의 힘에 의해 움직인다는 근대적인 세계관과 비교하면 확연히 다르다.) 이런 이론적인 문제를 제쳐 놓더라도, 실제 현실에서도 자연적인 것과 인공적인 것의 경계를 명확히 구분하기는 쉽지 않았다. 예를 들어 벌레나 식물에서 빨강을 얻는 것은 자연적인 과정이지만, 그 빨강으로 옷감을 염색하거나 그림 물감으로 사용하는 것은 인공적인 과정이었다. 염색이 물에 씻겨 색이 빠지지 않기 위해서는 빨간 염료가 섬유나 안료 입자에 단단히 달라붙어야 했다. 빨강이나 매염제, 옷감을 만들 때 쓰이는 재료는 자연적인

44 다채로운 진홍색이 잎을 통해서 전해지고, 잎의 안쪽과 바깥쪽에도 반사되고 있다.
케임브리지대학교 식물원이 보유한 이 튤립Tulipa stapi은 이란 서부와
이라크 북부 지역이 서식지다. 16세기 이후 이 야생 튤립을
개량한 원예 품종이 많이 나왔다. 모든 인공적인 것의 뿌리에는
자연이 있다는 것을 보여 주는 예라고 할 수 있다.

산물이지만, 염색을 하는 과정과 최종적인 결과물은 자연적인 것과는 거리가 멀었다. 이처럼 자연적인 것과 인공적인 것은 서로 섞여 있는 것이다.

앞 장들에서 살펴보았던 중세 시대의 연금술사 및 화가와 근대 과학자 사이의 경계 또한 뚜렷하지 않다. 연금술이란 간단히 말해 세계를 이해하는 방식, 세계 속에서 차지하는 인간의 위치를 이해하려는 방식이었다. 그러나 근대 과학은 연금술에서 태동했음에도(연금술의 물질적인 '세계 - 관world-view'에서 나왔다) 인간을 자연으로부터 분리시킴으로써(즉 '세계world'와 '관점view'을 떼어 놓음으로써) 완성되었다.[13]*

물질과 비물질

색은 항상 빛과 물질 사이의 상호 작용으로 이해돼 왔다. 전통 사회에서는 빛은 물질이 아니라고 간주했지만, 오늘날의 우리는 빛은 공간을 통해서 전달되는 파동이거나 입자들의 흐름이라고 생각하게 되었다. 혹은 파동과 입자 둘 모두라고 보고 있다. 현대 물리학에서 주장하는 '파동 - 입자 이중성'은 '빨강'을 두 가지 방식으로 바라볼 수 있

* 근대 과학은 인간과 자연이 가진 정신적인 측면을 무시함으로써 발달했다. 만약 이런 측면을 받아들였다면 근대 과학의 방법론은 훨씬 복잡해졌을 것이다. 대안적인 유럽 과학은 조르다노 브루노Giordano Bruno와 함께 사라졌다. [조르다노 브루노(1548~1600)는 르네상스 시대 이탈리아의 철학자다. 사제가 되었으나 자연학에 심취해 가톨릭 교리에 대한 회의를 품게 되었는데, 이단으로 판정되어 1600년에 화형당했다. 그의 철학은 범신론적인 특징이 강하다.]

음을 암시한다. 즉 빨강은 특정한 주파수를 가진 무게가 없는 파동이 거나, 특정한 압력을 가진 광자photon들의 흐름인 것이다. 마찬가지로 고체 물질도 딱딱한 입자들이 모인 것, 혹은 국부적으로 존재하는 파동의 총합으로 이해할 수 있다.

물리학은 물질과 비물질 사이의 뚜렷한 구분을 무너뜨려 왔다. 우리가 사용하는 모바일 휴대폰은 그 자체로는 단단한 물체이지만 휴대폰이 방출하는 전자기파는 무게가 없다. 따라서 모바일 휴대폰은 전원 버튼을 눌렀을 때 텅 빈 화면에 다양한 색상이 떠오르도록 하기 위해 물질과 비물질 사이의 흐릿한 경계를 활용한다고 말할 수 있다. 빨강은 불에 탄 흙, 버밀리온, 연단, 꼭두서니, 코치닐, 혹은 콜타르에 기반을 둔 합성된 화학 물질 같은, 이 세상 어딘가에 존재하는 물질들로부터만 나오는 것이 아니다. 이제 빨강은 전자 기기의 텅 빈 화면에 순간적으로 나타났다가 사라지기를 반복하게 되었지만, 전자 기기들 자체는 이 세계 어디에도 실체적으로 존재하지 않는 사이버 공간에 의해 유지되고 있다. 우리 주머니 안에 쏙 들어가는 전자 기기들이 작동하는 것을 보고 있자면, 물질과 비물질 사이의 경계를 뚜렷하게 나누는 것은 실제 세계에서는 허구에 불과하다는 사실을 알게 된다.

휴대폰이 이런 방식으로 작동하는 것이 명백함에도 불구하고, 아직도 많은 사람들은 르네 데카르트René Descartes가 물질과 비물질을 이분법적으로 나눈 사고의 영향을 강하게 받고 있다. 데카르트는 눈에 보이는 물질세계는 '저기 바깥에'에 있고, 비물질인 우리의 의식은 우리들 '안에'에 있다 — 이것은 철학적인 레드 라인이라고 할 수 있다 — 고 보았다. 하지만 데카르트의 주장과는 달리 우리는 일상 언어에서도 세계가 본래 둘로 나누어져 있다는 사고를 부인하는 예를 찾아볼 수 있다. 예를 들어 어원적으로 볼 때 'matter'는 물질세계의 'mother(어머니)'이기도 하지만, ('Does it matter?[그게 중요해요?]' 'Yes, it matters.[네, 매우 중요해요.]' 같은 말들에서 알 수 있듯이) 의미 세계의 어머니이기도 하다. 저기 바깥에 있는 '객관적인' 세계와 우리 안에 있는 '주관적인' 세계 사이에는 넘을 수 없는 경계선이 있는 것이 아니다. 양자 물리학에서도 물질과 의미는 서로 떼어 낼 수 없을 정도로 얽혀 있다고 해석하고 있다.[14]

그렇지만 보통 사람들에게 양자 물리학은 기이할 뿐 아니라 너무 난해하다. 그래서인지 깊이 분리되어 있고, 실제로 정신 분열적인 데카르트적 세계관이 서양인들에게 깊이 스며들어가 있다. 근대 정신은 의미가 자유롭게 유동하는 주관적인 세계보다는 견고한 물질로 이루어진 객관적인 세계에서 훨씬 더 편안함을 느낀다. 이런 경향과 관련해서 말하자면, 나는 이 책에서 여태까지 물질세계에 존재하는 빨강에 초점을 맞춰 왔다. 하지만 앞으로는 빨강과 관련된 의미들로 초점을 옮겨가려고 한다.

8장

빨강의 의미

카를 마르크스Karl Marx는 빨강을 얻는 서로 다른 원천들을 효율의 관점에서만 바라보면서 다음과 같이 썼다.

콜타르에서 추출하는 빨간색 염료인 알리자린을 만드는 데는 단 몇 주일이면 되지만, 꼭두서니가 완전히 성숙하는 데는 1년이 걸렸으며, 그 뿌리는 그보다 몇 년 전에 심는 것이 보통이었다.[1]

프리드리히 엥겔스Friedrich Engels도 두 빨강 사이의 본질적인 차이에는 전혀 눈길을 주지 않았다. 그는 이렇게 말했다.

'물질 자체thing-in-itself'가 인간을 위한 것thing-for-us이 되었다. 예를 들

면 알리자린은 꼭두서니처럼 재배하기 위해 고생할 필요가 없으며……
게다가 훨씬 더 싸고 콜타르로부터 수월하게 추출할 수가 있다.[2]

　　마르크스와 엥겔스는 빨강의 신비에 대해서는 관심이 없었고, 색
과 물질세계를 자신들의 목적에 맞는 용도로만 파악할 뿐이었다. 빨
갛게 염색된 깃발은 염색되지 않은 깃발에 비해 더 많은 노동이 투여
되어야만 하는 상품이었다. 노동의 관점에서만 바라보았기 때문에 빨
강의 원천이 꼭두서니인지 알리자린인지는 중요치 않았으며, 그 둘은
모두 단순히 상품일 뿐이었다. 마르크스와 엥겔스는 유물론적 이데올
로기에 열중한 나머지 빨강이 갖는 미묘한 뉘앙스의 차이에는 눈을
감았다. 그것은 비트겐슈타인이 지적했던 '새로 페인트칠을 한 외양
간 문 앞에 서 있는 황소' 같은 현대 과학자들과 비슷했다. 마르크스
와 엥겔스는 빨강을 제공하는 물질들에 내재한 의미와는 거리를 둠
으로써 장차 문제가 될 빌미를 제공했다. 두 사람은 데카르트적인 이
분법의 희생자였다. 빨강을 자신들의 힘을 행사하는 데 이용하려고만
할 뿐 빨강이 왜 우리들에게 영향력을 발휘하는지에 대해서는 알려
고 하지 않았고 알 수도 없었다.

　　에르빈 바르트 폰 베렌알프Erwin Barth von Wehrenalp는 1937년 펴
낸《색을 위한 투쟁Struggle for Colour》에서 "빨강은 생명과 사랑, 그리
고 열정의 색이다. 빨강은 생명을 이루는 두 요소 — 활활 타오르는
태양과 불의 열기 — 가 지닌 색"이라고 주장했다. 그는 '이 자연의

색에 대항하는 전쟁'을 선포한 것은 매우 '황홀한' 경험이라고 밝히면서, "실험실의 독일 화학자들이 자연에서 가장 중요한 염료의 하나인 빨강에 치명적인 일격을 가한 사실"에 대단한 자부심을 느꼈다. 이것은 프랑스 군인들이 입은 빨간색 바지가 독일인들이 만든 염료로 염색됐다는 사실을 지적한 것이었다.[3] 그는 빨간색이 힘을 가지고 있는 것을 당연하게 여겼던 것 같다. 폰 베렌알프는 '과학이 자연으로부터 독립'할 것을 기대했다. 그의 기대는 과학이 농업적인 원천으로부터 독립해서 빨강을 추출함으로써 일정 부분 성취되었다고 할 수 있다. 하지만 과학은 인간의 자연적인 본성이 왜 빨강을 원하는지 혹은 두려워하는지에 대해서는 의문을 갖지 않았다.[*]

빨강을 향한 사랑과 증오

특정한 빨강을 욕망하거나 두려워하는 데에는 많은 이유가 있을 것이다. 꼭두서니를 재배하는 농부들에게는 빨강이라고 해서 다 같은 빨강이 아니었다. 농부 가족과 그들이 속한 공동체는 꼭두서니 수확

---

[*] 마르크스와 엥겔스, 폰 베렌알프는 아닐린과 알리자린을 분리되고, 외부적이고, 객관적인 탄소 입자 6개가 링 구조로 연결된 것으로 본 근대의 화학자들과 같은 관점을 지니고 있었다. 이런 관점은 인간의 본성을 포함해 자연을 통일적으로 바라보는 관점과는 사뭇 다른 것이었다. 수천 년을 이어온 전통적 관점에서는 수은과 황이 춤을 춘다고 생각했으며, 뱀이 꼬리를 무는 이미지도 자연의 통일성 속에서 바라보았다. 데카르트의 이분법적인 세계관이 등장하기 이전의 연금술사들과 예술가들은 세계는 완전히 서로 얽혀 있다고 보았기 때문에 빨강이 우리의 심리에 영향을 미칠 수 있음을 이해할 만한 가능성은 가지고 있었다.

이 어떠냐에 따라 생계가 좌우되었으며, 알리자린 레드가 그들의 생계를 위협하고 삶의 방식을 파괴했다. 천을 염색하는 사람에게도 꼭두서니와 알리자린은 거의 모든 면에서 서로 다른 것이었다. 공장의 화학자들에게도 마찬가지여서 알리자린은 자신의 가족을 먹여 살리지만 꼭두서니는 자기의 삶과는 무관했으며 점점 더 무시할 수 있는 것이 되어 갔다. 회화에서는 알리자린과 꼭두서니 사이의 확연한 차이가 한 세기 이상이나 계속 이어졌다. 윈저 앤드 뉴턴Winsor & Newton 은 1832년부터 2011년 런던에 있는 공장을 폐쇄할 때까지 말린 꼭두서니 뿌리로 회화용 빨간 물감을 생산하는 동시에 알리자린으로부터도 빨간 물감을 대량 생산해 왔다. 그래서 화가들은 필요에 따라 꼭두서니와 알리자린 둘 중에서 선택을 할 수 있었다. 윈저 앤드 뉴턴의 소비자들은 자연에서 나는 꼭두서니는 부드러운 반면 합성된 알리자린은 좀 더 딱딱한 느낌을 준다는 것을 알았다. (혹은 적어도 그렇게 느꼈다.) 꼭두서니는 수십 개의 분자들로 이루어져 있지만, 알리자린은 이론적으로는 단 하나의 분자로 돼 있다. 사람들은 이 두 빨강의 차이에 익숙해져야 했다. 비유하자면 그 둘은 다양한 생물이 살고 있는 푸른 목초지green meadow와 단 하나의 품종만 재배하는 푸른 들판green field과 같았다. 알리자린 레드는 스크린 인쇄screen print* 처럼 단조롭게 색을 배치하는 데 사용된 반면 꼭두서니는 화가의 붓에 의해 색을 유

---

* 비단이나 발이 고운 인조 섬유로 잉크를 정착시키는 인쇄법을 말한다. — 옮긴이

빨강의 문화사

기적으로 표현하는 데 사용되었다.

이처럼 빨강이 갖는 서로 다른 차이들은 생산 방식이나 사용 방법에서뿐만 아니라 색의 의미에 대해서도 큰 영향을 미쳤다. 색을 만드는 방식의 변화는 미처 예측하지 못한 결과물도 만들어 냈다. 예를 들어 아닐린 레드와 마젠타, 푹신을 만드는 과정에서 나오는 비소 폐기물은 공장 주변의 강과 식수원을 오염시키면서 문제가 되었지만, 이것이 살충제로 매우 효과적이라는 사실이 알려지면서 미국에서는 '런던 퍼플London Purple'이라는 이름을 달고 엄청나게 팔려나갔다. 이 살충제는 (나중에 농업 노동자들과 벌, 농산물 소비자들에게 매우 나쁜 영향을 미친다는 사실이 드러날 때까지) 19세기 농업을 크게 변화시킨 일종의 '화학 무기'였다. 또한 원예 문화도 바꾸어 놓았는데, 살충제 덕분으로 꽃들을 온실에서 대량으로 생산할 수 있게 되었기 때문이다.

꽃을 재배하는 데 대량 생산 시스템이 도입된 것은 원예와 조경 스타일에 변화를 초래했다. 길게 열을 맞추어서 묘목을 옮겨 심는 방식은 정원과 주택 단지, 도심 공간에도 침투하기 시작했다. 1899년 영국의 조경 디자이너 거트루드 지킬Gertrude Jekyll은 "진한 핏빛이거나 혹은…… 볼썽사나운 마젠타색이기 일쑤인 진홍색 식물을 심지 말라"고 충고했다.[4] 2년 뒤 미국인 정원사인 앨리스 모스 얼Alice Morse Earle은 마젠타색 꽃들은 "현대적인 아닐린 염색의 눈부신 성취" 덕분에 "저속함의 상징"이 될 수 있다고 지적했다.[5] 새로운 빨강들은 빨간 꽃들에게 새로운 사회적, 정치적 의미를 부여했다. 윌리엄 셰익스피

45 '지나치게 진한 빨강. 볼썽사나운 마젠타.'
도로를 좌우로 나누는 중앙선 역할을 하도록 심은 것일까?
1970년대 중반 영국 남동부 지역에 신도시로 조성된
밀턴 케인스시 당국이 심었다.

어에게 빨간 꽃은 사랑을 환기시켰다. 그러나 합성염료와, 존 러스킨 John Ruskin과 윌리엄 모리스의 정치적 전망*에 힘입어 빨간 꽃은 산업화, 오염과 공해, 시골의 인구 감소, 탈숙련화, 미학적 효과가 떨어지는 값싼 의류 등을 의미하게 되었다.

오늘날 빨강은 알리자린과 아닐린 레드뿐 아니라, 동물과 식물, 광물에서 추출한 것, 유기물과 무기물에서 합성한 것, 원천을 알 수 없는 디지털의 빨강 등 다채롭게 사용되고 있다. 이들은 모두 제각각 자기만의 스토리를 갖고 있으며 그것을 생산하고 소비하는 데 관여하는 사람들에게 나름의 중요성을 갖고 있기도 하다. 음식이나 패션에 사용할 때든, 군대용 제복이나 깃발에 사용할 때든, 공무원들이 자기 지역 공원에 심을 꽃을 선택할 때든, 그들에게 빨강은 중요한 의미를 띠게 된다. 사용자들이 그런 중요성을 알든 모르든 상관없이 말이다. 실들이 서로 이질적이고 종잡을 수 없이 얽혀 있는 듯 보일지라도, 홍실은 아마도 그런 중요성과 의미들 사이 어딘가에 있을 것이다.

의미와 실체

현대적인 사고는 현실의 실체에 의미를 부여하는 방식으로 이루어진

---

* 진보적 사회 사상가인 존 러스킨의 사상에 영향을 받은 윌리엄 모리스는 19세기 미술 공예 운동을 주장하였다. 19세기 영국의 급격한 산업화로 인한 기계 생산 방식으로 수공예적 생산이 위축되자 수공예 중심의 미술 공예 운동을 주장하였다. — 옮긴이

다. 즉 엄연히 존재하는 (객관적인) 실체가 먼저 있고, 거기에 (주관적인) 의미가 덧붙여지는 것이다. 이런 관점에서 보면 빨강이 어떤 의미를 가지고 있다면, 그 의미들은 이미 존재하는 사실들에 덧붙여진 결과다. 그런데 이미 존재하는 사실들은 계속 변하기 마련이며 따라서 — 현대적인 사고방식에 따르면 — 그에 맞추어 의미도 변해야 한다. 예를 들어 홀로코스트에서 살아남은 마지막 생존자가 죽으면 '이게 파르벤'에서 만든 합성된 빨강들과 관련된 의미들도 함께 죽게 될 것이다. 어린이에게 과잉 행동을 유발하는 화학 물질을 음식의 색을 내는 데 더 이상 사용하지 않게 된다면, 아이의 건강을 걱정하는 엄마에게는 빨간색 음료수가 다른 의미를 띠게 된다.

그러나 빨강이 갖는 의미 중 몇몇은 — 예를 들어 폰 베렌알프가 '생명과 사랑, 그리고 열정'이라고 보았던 것처럼 — 어떤 특정한 경험이나 사실에 의존하지 않은 채로 오랫동안 지속되는 것으로 보인다. 이처럼 오랫동안 지속되는 의미들이야말로 빨강과 관련된 홍실의 흔적이라고 할 수 있다. 이 오래되고 폭넓게 퍼져 있는 의미들을 현대적인 사고방식으로 처리할 수도 있을 것이다. 하지만 나는 그렇게 하지는 않으려 한다. 왜냐하면 현실과 의미 사이의 관계에 대해 전통적인 사고와 현대적인 사고가 정반대 입장을 취하고 있기 때문이다.

전통적 세계관에서는 의미가 먼저 있고 그 의미를 둘러싸고 현실의 실체가 만들어졌다. 기독교적으로 보자면 "하느님이 가라사대 빛이 있으라 하시매 빛이 있었고"(창세기 1:3)라는 말 속에 이런 관점이 잘 녹아 있다. 불교에서도 "우리의 생각이 세계를 만든다"는 말에 똑같은 관점이 암시돼 있다.[6] 이러한 전통적인 관점은 과학에 의해서 여러 차례 확증이 되기도 했다. (한 예로, 뱀이 자신의 꼬리를 물고 있는 케쿨레의 꿈을 들 수 있다. 이 꿈 덕분에 수천 가지의 합성염료가 탄생할 수 있었다. 케쿨레는 이 꿈을 꾸고 30년이 지난 뒤 베를린에서 있었던 한 강연에서 청중들에게 "여러분, 꿈을 꾸는 법을 배우도록 합시다. 그러면 우리는 진실을 발견하게 될 것입니다"라고 말했다.)[7] 하지만 이런 전통적인 사고방식은 현대 과학, 특히 데카르트적인 이데올로기와는 어긋나기 때문에 대부분의 과학자들에게는 잘 알려져 있지도 않을뿐더러 아예 이를 무시해 왔다.[8] 그러나 비트겐슈타인이 주장했듯이 현대 과학이 새로 페인트칠을 한 외양간 문 앞에서 [어쩔 줄 몰라 하는] '황소와 같은' 처지라면, '우리의 생각이 세계를 만든다'는 사고방식을 인정하고 받아들여야 할 이유는 많다.

첫째, 빨강과 관련된 역사적인 의미를 다룰 때 전통적인 사고방식으로 접근하는 것은 당시의 문화가 취하고 있던 전제들과 일치한다는 점이다. 겨우 수세기 정도 지속돼 온 것에 불과한 오늘날 우리의 세계관을 과거의 문화에 강요하는 것은 폭력이 될 수 있으며, 당시의 문화적인 측면들 가운데 우리 자신의 렌즈를 통해 걸러진 것들만을 보게 될 위험이 있다.

둘째, 사회학자들에 따르면 오늘날 우리가 인간 활동의 산물을 이해할 때, 마치 그것들이 자연적으로 형성되었거나, 혹은 우주의 법칙에 따른 것이거나 신의 뜻이 밖으로 드러난 결과라고 이해하는 경향이 있다는 점이다. 사회학자들은 또 우리가 어떤 분명한 진술을 할 때 그것은 실제로는 빙산의 일각일 뿐이고, 그 진술 아래에는 말해지지 않은 전제들이 빙산의 10분의 9를 차지하고 있다고 지적한다.[9] 그러한 말해지지 않은 전제들은, 아무런 의심 없이 받아들인 믿음들과 미신들 속에서 살아간 근대 이전 문화의 산물이다.

셋째, 의미가 현실을 만들어 낸다는 사고방식은 보기보다 우리에게 낯선 것이 아니라는 점이다. '우리는 관심 있는 것만 본다'는 것은 오늘날 상식이다. (예를 들어 병원에서 X레이를 찍을지 혈액 검사를 할지, 의사가 둘 중 어떤 것을 결정하는 것은 뼈가 부러졌는지를 알고 싶은지 혈당 수치를 알고 싶은지에 달려 있는 것과 같다.) 우리는 의미가 풍부하다고 생각하는 사물에 대해서는 주의를 기울이지만 의미가 없다고 생각하는 것은 무시한다. 우리는 미리 정해진 현실을 수동적으로 받아들이는 존재가 아니다. 우리는 의미가 있다고 믿는 것에 대해서만 인식을 하며, 그렇게 인식된 의미들은 다시 우리의 현실을 결정하게 된다.

만약 빨강에는 본래 아무런 의미가 없다고 생각하는 사람이 있다면 그 사람에게 빨강은 매우 모순적인 관계들만 지닌 것으로 비치면서 빨강에는 의미가 없다는 자신의 선입견을 더욱 강화하게 될 것이다. 예컨대 중세 시대의 한 필사본에는 신과 악마가 둘 다 빨간색으로 테두리가 장식된 가운을 입고 등장한다. 또 같은 필사본에는 빨간 피를 뚝뚝 흘리고 있는 두 마리의 말이 그려져 있는데, 그 피가 무고한

46 1810년 하와이 왕국의 초대 왕 카메하메하Kamehameha가 걸쳤던 깃털 달린 망토.
빨강은 전통적으로 유럽 왕실들만이 선호했던 것은 아니었다.
빨강은 태평양 국가들도 소중하게 여겼다. 18세기 영국 탐험가이자
항해사 제임스 쿡James Cook(캡틴 쿡)은 통가Tonga[남태평양 피지 동쪽의 섬들로
이루어진 왕국]의 빨간색 깃털 묶음이 타이티에서 무역을 할 때
'가장 가치 있는 물품'으로 거래된다는 사실을 발견했다.

희생자의 피인지 성스러운 순교자의 피인지 명확히 구분돼 있지 않다.[10] 두 그림 모두 맥락상 빨강이 죽음을 뜻하는 것으로 보이지만, 초기 아일랜드의 색 이론에서는 빨강을 임신, 즉 수태를 의미하는 것으로 받아들였다.[11]

반면 앞의 경우와는 달리 빨강에는 본래 풍부한 의미가 있다고 생각하는 사람이라면 필사본에 드러난 모순들이 자신의 인식을 방해하지 않을 것이다. 예컨대 그는 죽음과 수태는 생명이 들어왔다가 나가는 '동전의 양면'과 같은 것이라는 식으로 해석하면서, 그림에 담긴 모순을 해결하게 된다. 나아가 빨강이 실제로 서로 상반되는 의미를 가지고 있다면 그것은 빨간색 물질을 활용하고 구성하던 당시의 문화와 정확히 일치한다고 할 수 있다. 왜냐하면 예컨대 적철석은 쇠를 만드는 원천(이 때문에 철을 서로 차지하려는 유혈 사태를 빚었다)이기도 했지만, 녹을 만드는 원천(피가 나는 상처의 치료제로 사용되었다)이기도 했기 때문이다. 이 책에서도 기린혈과 버밀리온을 얘기하면서, 이들이 서로 정반대되는 특성을 각각 담고 있다는 사실을 보여 주었다. 폰 베렌알프도 《색을 위한 투쟁》에서 "빨강은 가장 모순된 색이다. 빨강 안에는 왕의 위엄과 혁명의 피가 모두 다 들어 있다"고 말했다.[12] 나는 그의 이런 주장이 대 플리니우스가 적철석에 대해서 했던 생각, 중세 우화로 전해진 기린혈의 기원, 버밀리온이 연금술을 통해 합성되었다는 사실 등으로부터 직접적으로 영향을 받았을 거라고 거의 확신한다.

빨강에 어떤 의미가 숨겨져 있든, 그 의미들의 실마리는 빨강과 관련된 단어나 관용적인 표현들에서 찾을 수 있다. 그런 단어나 관용구들에는 문화적인 의미가 스며들어 있는데ingrained, 여기서 'ingrained'라는 말 자체가 '빨강'과 관련이 있는 말이다. 케르메스나 코치닐의 알갱이들grains로 천을 염색하던 관습 때문에 생긴 말인 것이다. 그러나 빨강과 관련된 대부분의 단어들은 아주 먼 과거에 기원을 두고 있기 때문에 좀 더 깊이 파고들 필요가 있다.

빨강의 어원

'레드red'라는 말에는 다른 색을 나타내는 용어들에 비해 색채 감각이 많이 내포돼 있다. 스페인어에서 '레드'를 뜻하는 '틴토tinto'와 '색'을 뜻하는 '콜로라도colorado'가 밀접한 관계가 있다는 사실만으로도 이를 잘 알 수 있다.* 또 구어체 영어와 전통 민담 등에서 '레드'는 '블랙black'과 '화이트white'를 제외하면 색을 나타내는 용어 가운데 사용 빈도가 가장 높다.[13]

1960년대 말에 미국 인류학자 브렌트 벌린Brent Berlin과 언어학자 폴 케이Paul Kay는《기본 색체 용어: 보편성과 진화Basic Color Terms: Their Universality and Evolution》(1969)에서 빨강을 나타내는 용어는 모든 언어

---

* 스페인어 colorado에는 '붉다'는 뜻도 있다. — 옮긴이

에서 발견되지만(검정과 하양도 그렇다) 다른 색들은 언어 자체의 진화 정도에 따라 서서히 나타난다고 결론지었다. 이 책은 전문가들 사이에 널리 영향을 미쳤지만 심각한 오류가 있다.[14] 책의 관점이 매우 영어권 중심이어서 모든 문화권에서 동의할 수 있는 색에 대한 용어가 없다는 점이다. 예를 들면 최근의 연구에 따르면 호주 원주민 부족들 대부분은 — '빨강'처럼 색의 범주를 나타내는 단어는 물론이고 — '색'을 개별적으로 표현하는 말을 갖고 있지 않은 것으로 나타났다. 그들이 그리는 그림은 색이 대단히 풍부하고 빨간색을 많이 사용하는데도 말이다.[15]

　모든 언어는 다른 문화와의 접촉을 통해 끊임없이 변화한다. 시간을 거슬러 이런 변화를 추적하면 언어와 사물들 사이의 — 처음에는 아무런 연관 관계가 없는 것처럼 보이지만 — 밀접한 관계를 확인할 수 있다. 예컨대《옥스퍼드 영어대사전》에 따르면 '컬러colour'는 라틴어의 'cover'라는 단어와 연관이 깊다.* cover와 colour의 관계는 고대 그리스어에서도 분명하게 확인할 수 있다. 그리스어에서 색을 뜻하는 'chrome'은 '표정'과 '피부'와 관련이 있었다. '피부'는 우리의 몸을 '덮고 있는covering' 것이다. 산스크리트어에서도 '바르나varna'는 색과 피부 둘 다를 의미한다.[16]** 색과 피부 사이의 연관은 옷감과 피

---

* 지식사회학에서는 빙산을 일상 언어에 내포된 숨겨진 의미를 뜻하는 것으로 비유적으로 사용해 왔기 때문에, 지식사회학을 공부한 사람들은 이런 주장을 쉬 납득할 수 있을 것이다.
** 어근인 'vr'은 '장막, 베일, 덮기, 외관'을 뜻한다.

부가 밀접한 연관이 있다고 보았던 전통적인 관계에서 더욱 잘 확인할 수 있다. 예를 들어 마리아는 그리스도가 입었던 솔기 없는 옷을 손수 짰는데, 그 이전에 이미 그녀는 자신의 자궁에서 그리스도의 피부를 짰던 것이다.[17]

빨간색을 '벗겨 내면uncovered' 어떤 의미를 발견할 수 있을까? 인도-유럽어족에서 '빨강'을 뜻하는 단어들은 모두 산스크리트어에 어원을 두고 있고 빨강이 고대 언어에서 띠고 있던 연관 관계는 현대 언어에서도 발견된다. 예를 들어 웨일스어의 'rhudd(붉다)'는 'ruddy(불그레한)' 표정과 관련이 있는데, 이런 피부는 'rude' health, 즉 '강인하게' 건강하다는 것을 뜻한다. 장밋빛rosy 볼이 빨간 것은 피 때문인데, 빨강을 뜻하는 산스크리트어 rudhirás는 피를 뜻하는 rudhirám과 확실히 관련이 있다.[18] 영어 'blood red(핏빛)'의 뿌리는 산스크리트어 rudhirám rudhirás이다. 《옥스퍼드 영어대사전》에서는 'blood(피)'의 어원이 'bloom(꽃이 피다)'일 것이라고 추측한다. 그래서 빨간색 장미가 bloom(꽃을 피운다)한다고 하고, 용광로에서 적철석(혈석이라고도 불린다)을 녹였을 때 흘러나오는 쇠도 'bloom(괴철塊鐵)'이라고 한다. 구어체에서도 여성이 임신을 했을 때 'bloom(활짝 피었다)'이라고 말한다. 이처럼 우리가 잘 모르고 지나치고 있지만 일상 언어에서 빨강이라는 말에는 '매우 활기찬 생명력'이라는 의미가 깊이 내재해 있다. 언어의 역사를 살펴보면 빨강은 숨겨진 내적인 힘이 밖으로 드러나는 것을 뜻하는 경우가 많다. 이 '숨겨진 내적인 힘'은 야생 동물에

빨강의 문화사

게 강인한 건강rude health을 주고, 여성이나 식물이 꽃을 '활짝 피우게 bloom' 하며, 돌에서 칼을 만들어 낼 수 있게 한다.

그런데 모든 식물과 동물, 인간이 살아갈 수 있게 하는 생명력은 결국 흙earth이 가진 만물을 생성시키는 힘에서 온다. 우리는 앞에서 '흙'은 화가들이 사용해 온 가장 오래된 안료 — 구석기 시대 동굴 벽화에서 볼 수 있는 빨간색처럼 — 라는 사실을 살펴보았다. 언어학자들은 'colour'와 'cover'의 관계처럼, 인도유럽어족에서 'earth'의 뿌리는 '감추거나hiding' '덮는covering' 것과 관련돼 있다고 본다.[19] 예를 들어 호메로스Homeros의 《일리아드Iliad》에서 헥토르Hector는 흙 아래에 '숨기hide'를 원했고 아킬레스는 자신의 몸을 흙으로 '덮기cover'를 바랐다.[20] 또한 BC 7~8세기경 활동한 고대 그리스의 서사 시인 헤시오도스Hesiodos는 지구의 역사를 정리하면서 황금 시대와 은 시대에는 사람들이 흙 아래 '숨겨져hidden' 있었지만, 청동 시대 사람들과 영웅들은 흙에 의해 '덮여covered' 있었다고 했다.[21] 흙은 '덮개cover'이고 색colour도 '덮개cover'다. 이러한 언어학적인 연관을 따져볼 때 선사 시대나 고대, 중세 시대의 화가들이 '지표면을 덮고 있는 흙covering earth'으로 '덮는 역할을 하는 색covering colour'을 만들어 낸 것은 단지 시각적인 이유만은 아니라는 것을 알 수 있다.

지금은 'cover'와 'colour'의 관계를 거의 인지할 수 없게 되었지만, 둘의 관계는 여전히 우리에게 영향을 미치고 있다. 특히 유럽인들이 왜 전통적으로 색을 무시하거나 심지어 두려워하는 — 마치 색에는 잠재적으로 사람을 기만하는 속성이 있는 것처럼 — 경향을 보였는지를 설명하는 데 도움을 준다.[22] 하지만 이 같은 노골적인 무시에도 불구하고, 통치자들은 대중을 선동하는 데 색이 얼마나 큰 힘을 발휘하는지를 항상 잘 알고 있었다. 예를 들면 색의 역사를 연구하는 존 게이지John Gage는 러시아 혁명이 빨간색에 집착한 것은 "러시아어 빨강красный과 미(아름다움)красивый가 갖는 어원론적인 연관 때문이었다"고 지적했다. 그는 또 중국 공산주의자들의 노래인 〈동쪽은 붉다東方紅/The East is Red〉도 새벽이라는 이미지에, 불, 전쟁, 기쁨, 계몽된 정치권력이라는 개념이 더해지면서 강한 호소력을 갖게 되었다고 설명했다.[23] 따라서 빨강의 숨겨진 홍실을 찾기 위해 빨강의 어원을 탐색하는 것은 매우 중요한 작업이라고 할 수 있다.

사상과 사고가 서로 다른 문화를 넘나드는 과정에서 언어에 어떤 변화가 일어났는지를 '과학수사대처럼' 꼼꼼하게 추적하는 현대의 어원학은 사실 매우 오래된 전통에 토대를 두고 있다. 그것은 바로 "만물은 자신의 올바른 이름을 갖고 있다"는 플라톤의 말이다.[24] 이처럼 전통적인 어원학은 '시적'이었으며 '권위주의적이거나 환원론적인 해석'으로부터 텍스트를 구해 냈다. 그래서 "어원학은 이름이 묻어 버린 것을 발굴해…… 거기에 숨결을 불어넣는" 역할을 맡았었다.[25] 특히 성경 텍스트는 언어의 숨겨진 의미에 숨결을 불어넣는 것에 매우 높은 가치를 부여했는데, "율법 조문은 죽이는 것이요, 그 영은 살리는 것"(고린도 후서 3:6)이라는 구절에서 이를 확인할 수 있다. 또한 시

빨강의 문화사

적인 어원학은 주문呪文/spell과 그 주문을 외우는 것incantation처럼 마술적인 행위와도 연결돼 있다.[26]

어원학에 엄청난 영향을 미친 세비야의 이시도루스가 쓴《어원사전Etymologies》에는 시적인 어원들을 많이 찾아볼 수 있다. 특히 그는 'color(색)'와 'calor(에너지, 열)'가 밀접한 연관이 있다고 지적했다.[27] 현대의 어원학자들은 이 둘 사이의 언어적인 관련성을 인정하지 않을 것이고, 우리 또한 색을 보면서도 그 색들이 어떤 에너지를 가지고 있으리라는 생각은 하지 않는다. 색이 아무리 선명해도 그 색이 가지는 열량은 0이라고 생각할 것이다. 'color'와 'calor'에 대한 이시도루스의 시적인 어원학에는 지금도 일부에서 회자되는 한 가지 개념이 압축돼 있다. 즉 색은 에너지를 가지고 있다는 것, 혹은 색은 에너지라는 것이다. 이 개념은 오늘날 대체의학에서 채택하고 있는데, 이것은 19세기에 에드윈 D. 배빗Edwin D. Babbitt 같은 색채치료사(크로모테라피스트chromotherapist)들로부터 비롯되었다. 배빗은 빨간 물질 — 고춧가루나 브롬bromine,* 쇠 같은 — 은 우리 몸을 자극하며, 빨간색 자체도 우리 몸을 자극한다고 주장했다.[28] 배빗은 11세기 무렵에 색을 이용해 병을 진단하고 환자를 치료했던 페르시아의 철학자이자 의학자 이븐시나Avicenna의 전통을 따르고 있었다. 이시도루스가 지적했던 에너지와 색 사이의 연관 관계는 일상 언어에서도 나타난다. 예컨대

---

* 상온에서 액체인 유일한 비금속 원소로 적갈색을 띤다. — 옮긴이

기분이 울적하거나 맥이 없을 때 'feel blue'라고 말하고, 심신이 건강한 상태일 때는 'in the pink'라고 말하며, 화가 나거나 불안해서 흥분할 때 'see red'라고 표현하는 것에서 확인할 수 있다.

색과 에너지 사이에 언어학적으로 깊은 연관이 있다는 이시도루스의 인식은 유럽의 '민속' 문화에는 — 세련되고 색에 대한 혐오증을 가진 고급 문화와는 달리 — 전혀 다른 문화권에서 색을 바라보는 것과 유사한 관점이 있었음을 암시한다. 다른 문화권이 가진 색에 대한 개념의 한 예를 인류학자 빅터 터너Victor Turner가 남긴 기록에서 확인할 수 있다. 그에 따르면 중앙아프리카에 사는 사람이 빨강은 "신으로부터 흘러내려오는…… 세 개의 강들 가운데 하나이며…… 특유의 능력으로 온 세계의 모든 감각적인 현상에 스며들어 있다"고 말했다고 한다.[29] (나머지 두 개의 강은 검정과 하양이다.)

특별한 빨강

현대 유럽인들이 인공적으로 합성된 빨간 물질들에 대해 붙인 이름은 빨강에 대해 우리에게 무엇을 말해 주고 있을까? 현대적인 빨강에 붙여진 호칭들 — '나프톨Naphthol,' '피롤Pyrrole,' '퀴나크리돈Quinacridone,' '로다민Rhodamine,' '톨루이딘Toluidine' 등등 — 은 언뜻 보아도 너무 기술적이어서 소수의 전문가들 외에는 어떤 뜻인지 제대로 알 수가 없다. 누가 봐도 분명한 이런 이름들이 가진 한계 때문인지 이들은 보통 CI, 즉 염료표Colour Index의 코드 번호로 지칭된다. 이처럼 빨강에 붙여진 이름들의 변천 과정은 빨강이 현대 세계에 어떻게 적응하고 있는지를 우리에게 보여 준다.

예를 들어 '아닐린 레드'라는 이름에서 우리는 그것이 아닐린에서 추출된 빨강이라는 것을 안다. 아닐린은 빨강을 비롯한 여러 색을 제공하는 화학 물질로서 메이저 화학 기업인 바스프BASF와 아그파AGFA의 상호에 사용된 'A'는 바로 아닐린을 가리킨다. 또한 19세기에 지어진 '아닐린aniline'이라는 이름은 접미사를 통해 이 특별한 빨강이 '-ine'으로 끝나는 화학 물질 그룹에 속한다는 것을 말해 준다. 반면 접두사인 '아닐anil'은 '어둠darkness'을 뜻하는 산스크리트어에서 왔다. 따라서 아닐린 레드는 '어둠에서 나온 빨강'이라는 뜻으로, 이름만으로도 그것이 콜타르에서 추출되었다는 점을 간명하게 보여 준다. ('이게 파르벤'사가 "검은 석탄 매장층은 자기 안에 과거의 생명 세계를 간직하고 있으며 그 생명 세계의 모든 색을 함유하고 있다"고 쓴 것을 보면 아닐린이 가진 어둠의 의미를 잘 알고 있었던 것으로 보인다.)[30]*

다른 합성된 빨강들은 질소 염료azo dyes에 속한다. 20세기에 개발된 질소 염료는 수천 가지 종류가 있어 합성염료 가운데 가장 큰 그

---

* 이게 파르벤은 합성된 화학 물질들의 이름을 스스로 지었는데, 이들 용어에는 자신들의 이데올로기와, 밝은 미래를 암시하는 내용이 들어 있었다. 1937년에 나온 인조 섬유에 붙인 명칭인 비스트라Vistra는 두 라틴어 문장, 즉 si vis pacem para bellum(당신이 평화를 원한다면 전쟁을 준비하라)과 per aspera ad astra(역경을 이겨내야 별들에 이른다)에서 따온 것이다.

47 2014년 11월 호국 영령 기념일Remembrance Day에 바쳐진 양귀비로 된 화환.
빨간색으로 염색된 합성 플라스틱이다(아조, 즉 '생명이 없는' 염료인 퐁소로
염색되었을 것이다). 이 특별한 화환은 성 자일스St Giles에게 봉헌된 교회에 놓였는데
그런 점에서 우주론적인 의미가 있다. 왜냐하면 자일스는 대장장이들의 수호성인이었기
때문이다. 전장에서 사망한 전사들은 대장장이들이 만든 무기가 초래한 최종적인
결과물이라고 할 수 있다. 이렇게 빨강은 한 사이클을 완전히 돌고 돈다.

룹을 이루고 있다.[31] '아조azo'라는 이름은 19세기에 지어졌으며 접두 어인 'a'는 '없다no'는 뜻이고, 'zo'는 그리스어로 '생명력life force'이라 는 뜻이다. 따라서 'a-zo'는 '생명이 없다no life'는 뜻으로 매우 적절한 이름이라고 할 수 있다. 왜냐하면 질소 염료들은 '과거의 생명 세계' 가 화석화된 것으로부터 얻어지기 때문이다. azo는 질소를 뜻하는 프 랑스어 azote를 거쳐 azo가 되었는데, 질소는 생명을 유지하는 데는 도움을 주지 않는 기체다. 이 질소 염료들 중 하나가 콩고 레드인데, 1884~1885년에 열린 베를린회의Berlin West Africa Conference*에 뒤이어 붙여진 이름으로 진기한 것에 열광하는 독일인들의 취향이 반영돼 있다. 그 뒤에 발견된 질소 염료 중 '퐁소 레드Ponceau red'는 20세기에 붙여진 이름으로, 이름만으로 보면 양귀비poppy 꽃 색과 비슷할 것이 라는 것만 겨우 추측할 수 있을 뿐이다. 프랑스어인 퐁소ponceau는 '개 양귀비corn poppy'를 가리키기 때문이다. 이처럼 영어가 아닌 프랑스 어로 된 이름을 택함으로써 영어권 사람들은 이 빨강에서 잠이나 죽 음과 관련 있는 아편 성분을 가진 양귀비와의 관계를 전혀 감지할 수 없게 되었다.[32] 또한 오스카 와일드가 1890년대에 소개했던 양귀비와 동성애의 연관 관계도 이 이름에서는 전혀 인식할 수가 없다.[33] 퐁소 레드는 바로 '양귀비 빨강poppy red'일 뿐, 그 이상도 이하도 아니다.

---

* 1884년 11월 15일부터 1885년 2월 26일까지 베를린에서 열린 국제회의다. 독일, 영국, 프 랑스, 러시아, 미국, 스페인, 포르투갈 등이 참석해 콩고 분지를 둘러싼 열강들의 이해관계를 조정함으로써 아프리카에서 식민주의 시대가 본격화하는 계기가 되었다. ─ 옮긴이

합성염료들은 1920년대부터 보다 체계적으로 이름을 갖게 되었다. 예를 들어 퐁소 레드가 음식에 색을 내는 색소로 사용될 때는 'e124'라는 전혀 시적이지 않은 이름으로 불리게 되었다. 또한 국제 순수응용화학연합(International Union of Pure and Applied Chemistry: IUPAC), 즉 IUPAC 같은 조직이 관여하면서 퐁소 레드는 다음과 같이 불리게 되었다. '트리소디움염-1-(4-설포-1-나프틸아조)-2-나포틸-6, 8-디설폰산tri-sodium salt of 1-(4-sulpho-1-napthylazo 1-)-2-napthol-6, 8-disulphonic acid' 혹은 '트리소디움(8Z)-7-옥소-8나프탈렌-1, 3-디설포네이트 trisodium(8Z)-7-oxo-8[(4-sulphonatonaphthalen-1-yl) hydrazinylidene] naphthalene-1, 3-disulphonat.' 어떻게 불리든 길고 복잡하긴 마찬가지다.

이처럼 한 세기 이상에 걸쳐 빨강과 관련된 이름들은 산스크리트의 우주적인 어두움과 그리스의 생명력(더 정확히 말하자면 생명력의 결여)과 연관된 것으로부터, 독일의 식민지 무역과 관련된 단어, 프랑스의 마약과 관련된 단어를 거쳐 마침내 국제적인 연합체가 결정한 규약으로 변화돼 왔다. 화학 물질의 이름은 그것들을 개발한 화학자들이 살아가는 세계를 반영한다. 19세기에서 20세기를 거치면서 아닐린과 질소 염료들이 경제적으로 매우 중요해지면서 학교 교육 과정에서 차지하는 과학의 비중도 점점 커져 갔다. 결국 그 대가로 무엇인가를 내놓아야 했다. 학교에서는 급속히 확대되는 과학을 받아들이기 위해 고전적인 것, 언어들, 인간적인 것들에 관한 내용을 대폭 줄여나갔다.

그 결과 테크노크라트, 즉 기술 관료들이 주도하는 문화 세계는 점점 협소해졌고, 과학자들의 인문적인 교양, 유머 감각, 감수성, 앞을 내다보는 예감 능력도 점점 희귀해졌다. 이런 경향에 대한 우려는 이미 1891년 영국 생물학자 윌리엄 베이트슨William Bateson이 제기한 바 있다. 그는 "만약 시인이 존재하지 않는다면, 이 세계에는 아무런 문제도 없을 것이다. 왜냐하면 오늘날의 무식한 과학자들은 세계가 가진 문제를 알아볼 안목이 없기 때문이다. 과학자들은 어려운 과학 문제를 푸는 것은 수월하게 할 수 있어도 세계가 안고 있는 문제를 느끼는 데는 아주 서툴다"고 일갈했다.[34] 이보다 3년 전에 나온 추리 소설에서 왓슨 박사는 셜록 홈스의 화학적인 지식은 "매우 깊이 있고," 해부학 지식은 "정확하며" 법률 지식은 "상당하다"고 하면서도 철학과 문학에 대한 소양은 "아예 없다"고 묘사했다. 또 코난 도일의 두 번째 소설에서 왓슨은 홈스를 "로봇 같고 계산 기계이며…… 확실히 비인간적인 어떤 것을 가지고 있다"고 설명했다.[35]* 사건의 홍실을 찾아내는 데 대가인 셜록 홈스를 21세기에 되살린 드라마에서는 그를 '고도의 기능을 갖춘 소시오패스(반사회적 인격 장애자)'로 그림으로써 이런 인상을 더욱 강화했다.[36]

화학 물질에 붙여진 기술적인 이름들은 시적인 느낌은 크게 줄고

---

* 코난 도일은 홈스로 하여금 문학 작품에서 많은 인용을 하도록 함으로써 이런 효과를 희석시켰다. 홈스가 사용한 문학 작품 속 대사 중에는 이 책의 도입부에서 인용했던 괴테의 홍실도 들어 있다.

48 17세기 노르웨이에서 만든 〈현명한 처녀들과 우둔한 처녀들 Wise and Foolish Virgins〉을 수놓은 태피스트리(색이 바래지 않았다). 현명한 처녀들(위)은 불붙은 램프를 들고 있고 우둔한 처녀들(아래)은 아무것도 들고 있지 않다. 아래 위 모두 신부 복장에는 빨간색이 들어 있다. (그림 3, 4, 39도 보라.)

기능적인 느낌은 더 강해졌으며, 또한 화학 물질의 주된 목적은 시장에서 더 많이 팔리는 것이었다. 이처럼 합성염료가 가진 시장성이 엄청났기 때문에 기술적인 이름 외에도 별도의 상품명이 필요해졌다. 당연히 상품명은 가능한 많은 사람들에게 각인될 수 있어야 했다. 그래서 예를 들면 경제성이 입증된 최초의 아닐린 염료에 대해 1856년에는 '티리언 퍼플'이라는 이름이 붙었지만 1863년에는 '모빈mauvine'으로 바뀌었다. 티리언 퍼플이란 이름은 지중해 동부에 있는 항구인 티레에서 온 것으로, 고대에는 뿔고둥 달팽이에서 얻은 자주색 염료가 거래되던 중심지였다. '티리언 퍼플'은 비잔틴 문명과 관련돼 있어 교육받은 엘리트가 아니면 연관 관계를 잘 알 수 없었기 때문에, 패션 산업 종사자라면 누구나 알 수 있는 프랑스와 연관된 이름으로 7년 만에 개명했던 것이다. '모브mauve'는 자주색을 뜻하는 프랑스어로 나폴레옹의 아내였던 조세핀이 가장 좋아했던 색으로 알려져 있었다.

오늘날에는 주택에 칠하는 페인트 카탈로그에 '로스티드 레드Roasted Red,' '랩스베리 벨리니Raspberry Bellini,' '루비 스탈릿Ruby Starlet' 같은 상품명들이 등장하고 있다. 주거 공간에 따뜻하고 화려하고 매혹적인 분위기를 풍길 수 있다는 인상을 주기 위해서다. 이런 상품명들은 페인트 판매업자들이 주요 구매층으로 하여금 색을 어떻게 느끼고 받아들이게 하는지에 대해 말해 준다. 하지만 이런 이름들은 사실 실체와는 거리가 멀다. (그 이름들은 염료가 대량 생산되면서 잃어버린 색의 영광과 매력을 환기시키려고 시도하지만 말이다.) 침실을 '루비 스탈

릿'으로 페인트칠을 한다고 해서 잠을 잘 때 루비 보석이나 매력적인
여배우들*이 우리를 둘러싸는 것도 아니며, '랩스베리 벨리니' 페인트
는 말랑말랑한 과일이나 부드러운 칵테일, 19세기 이탈리아 작곡가나
15세기 이탈리아 화가와는 전혀 무관하다.** '루비 스탈릿'과 '랍스베
리 벨리니'는 실제로는 노천 광산에서 채취한 광물을 가루로 만들고
거기에 색을 넣고 원유나 콜타르에서 만든 접착제를 첨가해 페인트
로 만든 것에 불과하다. 또한 판매업자들은 해가 바뀌면 똑같은 빨강
인데도 더 많이 팔기 위해서 상품명만 바꿔 시장에 내놓을 것이다.

　전문 화가들의 물감 이름은 주택용 페인트보다는 덜 변덕스럽지
만 이들 역시 뭔가를 환기시키려는 목적의 상품명을 갖고 있다. 예를
들어 '로즈 매더rose madder'라는 상품명에서 '꼭두서니madder'는 빨간
안료를 얻는 식물이지만 '장미rose'가 들어감으로써 특정한 색과 관련
되기보다는 사랑의 상징으로서의 장미라는 관념에 더 연결되고 있다.
이것은 빅토리아 시대에도 마찬가지였다. 19세기 후반의 한 잡지 기
사는 모델들이 오랜 시간 화가들과 함께하면서 결국 화가들을 사로
잡는 경우가 많다고 전하면서 "로즈 매더 양孃이 반다이크 브라운 부
인으로 활짝 피어난다Miss Rose Madder blossoms into Mrs Vandyke Brown"는

---

* 스탈릿starlet은 신인 여배우들을 뜻한다. — 옮긴이
** 랩스베리는 산딸기 종류이며, 벨리니는 과일과 샴페인을 섞어 만든 칵테일이기도 하고, 베네
치아파에 속한 화가인 조반니 벨리니Giovanni Bellini(1430~1516), 오페라 작곡가인 빈첸초
벨리니Vincenzo Bellini(1801~1835)를 가리키기도 한다. — 옮긴이

49 물랭 루주에서 빨간 재킷을 입고 벌이는 성적인 게임을 그린 19세기 후반의 우편엽서.

표현을 썼다.[37] 여기서 '반다이크 브라운'은 물감 상품명으로서, 화가들 사이에 흠잡을 데가 없고 믿을 수 있는 안료로 통했다. 따라서 존경할 만한 빅토리아 시대 화가들의 부인들을 빈정거리기 위해 이 안료 이름을 선택한 것은 적절하다고 하겠다. 만약 '스칼렛 레이크scarlet lake'를 택해 '스칼렛 레이크 부인Mrs Scarlet Lake'이라고 썼다면 매우 야한 느낌을 주었을 것이다. 왜냐하면 이 상품명은 타락한 바빌론 사회의 창녀, 즉 '스칼렛 우먼scarlet woman'을 연상시켰을 것이기 때문이다(묵시록 17:3~4).* 이 두 상품명에 들어 있는 '장미Rose'와 '스칼렛Scarlet'은 각각 순수한 사랑과 타락한 욕정을 가리킨다. 빨강은 남성들에 대해서도 이러저런 방식으로 더 매력적으로 보이게 하는 힘을 갖고 있다.[38] 그리고 빨강은 성과도 결코 무관하지 않다. 파리 몽마르트의 '물랭 루주Moulin Rouge'('물랭 블랑Moulin Blanc'이나 '물랭 느와르Moulin Noir가 아니다)**와 전 세계 어느 도시에나 있는 홍등가red light district를 보아도 빨강과 성의 관계를 짐작할 수 있다.

문화적으로 가치 있는 빨강들의 일대기를 살펴봄으로써 빨강의 홍실을 찾기 위해서는 불필요한 레드 헤링은 과감히 떨어내야 한다. 예컨대 앞에서 질소 염료에 관한 상세한 설명은 빨강에 관한 레드 헤링일 뿐 홍실과는 연관이 없다. 화학자들이 합성염료에 생명력이 없

---

* 성서의 이 부분을 간략히 정리하면 다음과 같다. "진홍색 짐승을 탄 여자는…… 보라색과 진홍색 옷을 입고 금과 보석과 진주로 치장하였습니다." ― 옮긴이
** 프랑스어 'blanc'은 '하얀,' 'noir'는 '검다'는 뜻이다. ― 옮긴이

는 이름을 붙임으로써, 빨강이 가진 생명과 열정 같은 속성을 더 이상 빨간 물질이 가진 이름에서는 찾아볼 수 없게 돼 버린 상황에서 어떻게 해야 빨강의 홍실을 구분해 낼 수 있을까? 마찬가지로 섹스 숍 입구에 달린 빨간 네온사인의 기술적인 측면에 대한 세세한 설명이나 섹스 장면을 내보내는 화면의 명멸하는 색상에 대해 전자적으로 자세히 묘사하는 것도 빨강의 홍실과는 거리가 먼 레드 헤링이라고 할 수 있다. 이들 새로운 빨강이 과거의 빨강과 어떤 관련을 맺고 있는지 정도로만 접근하는 것으로 충분할 것이다. 일반적으로 말해 근대 세계는 물질주의적인 측면이 강하기 때문에 전통적인 사회에서 빨강이 지녔던 의미에 덧붙일 수 있는 의미를 거의 가지고 있지 않다. 그럼에도 불구하고 홍등가는 여전히 붉다. 그것은 과거에 빨강이 열정과 맺고 있던 관계가 오늘날에도 여전히 살아 있음을 보여 주는 증거다. 빨강이 가진 의미가 왜 오늘날에도, 색을 만들어 내는 원천에 대해 더이상 아무런 관심을 갖지 않는 오늘날에도 지속되고 있는 것일까? 이를 알아보기 위해 빨강과 관련해 시간이 흘러도 변치 않는 관계를 맺고 있는 것들로 눈길을 돌려보려고 한다. 그것은 바로 흙, 피 그리고 불이다.

9장

붉은 흙

문화적으로 중요한 최초의 흙은 선사 시대 사람들이 수집해서 만들었던 적토다. 동굴 벽화에 사용된 것 외에도 빨강이 중요하게 취급되었다는 사실은 시신을 매장할 때 맡았던 역할에서도 확인할 수 있다. 시신을 적토로 바르는 것은 매우 오래된 풍습으로서, 고대 영국의 봉분이나 약 4000년 전의 고분에서도 발견된다.[1] 더 거슬러 올라가면 유럽에서 구석기 시대 유적지가 많이 발견되는 지역인 남웨일스의 스완지 서쪽 해안에 있는, 3만 4000년 전의 무덤에서도 적토가 사용된 흔적이 발견되었다.[2] 고고학자들은 이 무덤이 종교적인 의식과 관련이 있으리라는 데 일치된 의견을 보인다. 이 무덤은 사람이 별로 거주하지 않았던 지역에, 바다가 내려다보이는 동굴 안에 있었으며, 시신은 빨간 의상을 걸치고 있었고 동굴 벽과 나란히 놓여 있었다. 시신의 머리는 찾지 못했지만 유골은 적토로 착색돼 있었다. 화학 분석법을 통해 성분을 분석해 본 결과, 이 적토는 스완지만의 멈블스 헤드 Mumbles Head에 있는 겉으로 노출된 붉은 광맥에서 채취되었을 것으로 추정되었다(이곳은 무덤으로부터 모래사장과 구불구불한 언덕과 절벽을 가진 해안을 따라 동쪽으로 약 3시간을 걸어가야 나온다).[3] 이 무덤에 사용된 적토가 어떤 의미인지는 아직 명확히 밝혀지지 않은 상태다.

1823년 이 무덤이 처음 발견되었을 때 유골의 주인은 노아의 홍수 이후 어느 시기에 살았던 남성으로서, 세관 관리였을 것으로 추정되었다. (유골이 세관 관리였을 거라는 추정은 아마도 유골이 발굴되었을 당시 밀수가 사회적으로 큰 이슈가 되고 있었고 무덤이 있던 동굴이 바다를 내려다보기에 좋은 위치에 있었기 때문일 것이다. 하지만 이 지역에서 무역 선박에 대해 세금이 부과되었던 가장 오래된 기록은 켈트족인 베네티Celtic Beneti인에 의한 것이다. 베네티족의 활동에 대해서는 줄리어스 시저Julius Caesar도 언급한 바 있다.[4] 게다가 시신이 매장되었을 당시에는 그 동굴은 바다를 내려다보지 않았다. 왜냐하면 지금은 바다지만 당시에는 툰드라 지대로서, 겨울에는 눈이 높이 쌓이고 봄에는 꽃들로 뒤덮이고 여름에는 매머드들이 풀을 뜯어먹었을 것이기 때문이다.) 그다음에 나온 19세기 이론은 유골의 주인은 여성이며, 고대 영국인이었을 것이라고 수정했다. 또 매장 때 진행된 종교적인 의식에 비추어 볼 때 유골의 주인은 매춘부이거나 마녀일 것이라고 짐작했다. 이에 따라 유골의 주인은 '붉은 숙녀 Red Lady' 혹은 '파빌랜드의 마녀Witch of Paviland'로 불렸다. 20세기 들어 유골은 다시 특정한 구석기 시대 문화권에 속한 남자 사냥꾼의 것으로 추정되었다. 가장 최근에는 또 다른 구석기 시대 문화권에 속하는 20대 후반의 남성으로서 샤먼(주술사) 혹은 영웅이라고 해석한다. 향상된 법의학 기술과 폭넓은 조사 방법을 동원한 이 최근의 연구는 유골이 발견된 지역이 당시에는 사람이 거주하기에 환경 조건이 매우 좋지 않았던 것으로 판단했다. 그가 샤먼이었다는 해석은 무덤에서 발견된 상아로 된 부러진 막대기를 주술사의 지팡이로 간주해서였다. 이것은 또한 1960년대 이후 인류학자들이 [명상, 최면 등에 의한] 의식 변성 상태altered states of consciousness에 관심을 갖게 되었음을 보여 준다. 또 유골이 발견된 동굴 — '염소의 굴Goat's Hole' — 은 성스러운 장소, 즉 순례지였을 것으로 받아들여지고 있다.[5]

'붉은 숙녀' 혹은 '파빌랜드의 마녀'에 관한 이야기는 구석기 시대뿐만 아니라 빅토리아 시대와 현대 세계가 빨강을 받아들이는 태도에 대해 무언가를 말해 준다. 유골의 색과 발견된 장소의 의미를 이해하려는 과정에서 여러 의견들이 분출되었다. 19세기 초에 제기된 해석이 유골의 성性과 직업을 바꾸었던 것은 당시 논쟁거리였던 성경 해석 문제와 정치적인 이슈로부터 사람들의 관심을 돌리려던 의도 때문이었다.[6] 인류의 기원을 둘러싼 현대적인 해석에서도 유사한 모습을 볼 수 있었다. 최초의 인류는 돼지처럼 꿀꿀거리거나 야만적이었다고 주장하는 이론이 있는가 하면, 반대로 채식주의자였다거나 매우 심오한 철학적인 종족이었다는 주장까지 있었다.[7] 어떤 분파의 '지질학자' 혹은 '인류학자'는 '인종 차별주의자'라고 불러도 될 정도였다.

유골 주인이 여성이고 매춘부나 마녀였다고 간주한 것은 19세기의 (남성) 인류학자들이 빨강에 대해 어떤 생각을 갖고 있었는지를 보여 준다. 그들은 빨강을 성과 여성의 힘과 연관시켰던 것이다. 반면 유골 주인은 남성이고 영웅이나 샤먼이었다고 간주하는 것은 21세기의 (남성과 여성) 인류학자들이 빨강에 대해 어떻게 생각하는지를 보여 준다. 19세기와 21세기 인류학자들 모두 적토를 화장품으로 본 것은 같았다. 하지만 19세기 인류학자들은 화장품을 사람들을 속이거나 홀리기 위해 피부를 덮는 색colouring-covering으로 보았던 반면 21세기 인류학자들은 화장품에 잠재된 우주적인 차원을 감지했던 것이다. 유골 주인이 매춘부든 마녀든, 영웅이든 샤먼이든, 빨강은 특별했으며 어떤 행위나 초자연적인 힘과 연관돼 있었다. 빨강이 갖는 의미는 매장 장소로 선택된 곳, 즉 동굴에서 더 많은 단서를 찾을 수 있다.

산 자와 죽은 자를 위한 동굴

파빌랜드의 동굴은 죽은 자의 안식처로 선택되었지만, 대부분의 신화에서 동굴은 탄생의 장소다. 헤시오도스는 신들의 왕인 제우스가 아게움산Mount Aegeum의 동굴에서 태어났다고 했는데, 아폴로도로스는 그 동굴이 딕트산Mount Dicte에 있었다고 기록했다. 제우스의 아들인 헤르메스도 킬레네산Mount Cyllene의 동굴에서 태어났다.[8] 동굴은 교육의 장소이기도 했다. 예컨대 디오니소스의 스승인 실레노스Silenus와, 켄타우로스 종족*으로 의학과 관련된 민담에 많은 소재를 제공하는 케이론Chiron, 엄청난 지식을 지니고 있었던 프로테우스의 거처도 동굴이었다. 동굴은 미래의 예언과도 관련돼 있었다. 무녀 시빌레Sibyl가 쿠마에Cumae**에서 신탁을 받은 곳도, 아폴론이 델포이('자궁'을 뜻한다)에서 신탁을 받은 곳도 동굴이었다.[9] 동굴이 신화에서 교육과 치료, 예언의 장소였다는 사실은 실제 역사적으로도 반영되었다. 피타고라스가 제자들을 교육한 곳은 이탈리아 지역에 있던 동굴이었고, 고대 켈트족의 종교였던 드루이드교Druid 성직자들이 20년 동안 교육을 받은 곳도 프랑스 지역에 있던 동굴이었다.[10]

신화에서 동굴을 바라보는 감정은 복합적인데 동굴과 관련된 이야기들이 한결같지 않은 데서 이를 알 수 있다. 예를 들어 신화에서 벌들은 동굴에 보금자리를 짓고서 꿀을 가지고 돌아오는데 이 꿀은 델포이의 여성 사제 멜리사Melissa에게는 영감의 원천이었다. 또 벌들은 소의 시체에서 태어나며, 소는 동굴에서 살거나 동굴에 숨어 있다고 믿었다. 예를 들어 어린 헤르메스는 아폴로의 소들이 동굴 바깥에서 풀을 뜯어먹고 있을 때 소들을 훔쳤다. 페르시아 신화에서는 바위

---

* 그리스 신화에 나오는 반인반마인 종족. 성질이 난폭하고 호색적이지만 케이론은 영웅들의 스승이었다. ─ 옮긴이
** 이탈리아 남부에 위치한 고대 그리스의 식민 도시다. ─ 옮긴이

에서 태어난 미트라Mithra*가 어마어마한 황소를 훔쳐 동굴에 숨겨 놓는다.[11]

　　동굴은 공포의 대상이기도 했다. 이것은 동굴이 입을 가지고 있어서 흙을 토해 내기도 하지만 삼키기도 한다는 사실이 반영된 것이다. 또 동굴은 안전한 대피처이기도 하지만, 괴물이 사는 은신처이기도 해서 거기서 빠져나와야 한다. 예를 들어 테세우스는 아리아드네Ariadne의 실(이 실은 빨간색일 수도 있고 아닐 수도 있다)의 도움을 받아 크노소스 궁전에 있는 미노타우로스의 미로로 된 동굴을 빠져나온다.[12]** 호메로스의 《오디세이Odyssey》에서는 사람을 홀리는 칼립소Calypso,*** 사람을 잡아먹는 키클롭스족Cyclops인 폴리페모스Polyphemus(그는 자신의 양을 동굴에 피신시키는 성실한 양치기다), 그리고 다리가 여러 개인 스킬라Scylla****가 모두 동굴에서 산다. 오디세우스는 지혜의 여신 아테나Athena의 도움을 받아 이들로부터 탈출하는 데 성공한다. 하지만 그 누구도 동굴로부터 완전히 벗어날 수는 없다. 17세기에 시인 존 밀턴John Milton이 죽음을 다룬 글에서 말했듯이 "자신의 음산한 동굴로 이끌려 가는 데는 한두 가지 길만 있는 것이 아니기"

---

* 빛과 진리의 신, 후에는 태양의 신이 된다. ― 옮긴이
** 이를 언급한 어떤 문헌에서도 아리아드네의 실이 어떤 색인지 언급하지 않는다.
*** 티탄족 아틀라스의 딸로 바다의 님프다. 제우스에 의해 배를 난파당한 오디세우스는 표류하게 되는데 칼립소가 구해 준다. 오디세우스를 흠모한 칼립소는 그의 귀향을 방해하며 7년 동안 머무르게 한다. ― 옮긴이
**** 큰 바위에 사는 머리가 여섯이고 발이 열두 개인 여자 괴물로 원래는 아름다운 님프였다. ― 옮긴이

때문이다.[13]

　동굴이 갖는 서로 다른 두 가지 특성 — 안전한 도피처이자 시련의 장소, 자궁이자 무덤 — 은 동굴의 외양을 통해서도 확인할 수 있다. 예컨대 호메로스의 '님프들의 동굴Cave of Nymphs'은 입구가 두 개인데, 하나는 죽는 자 즉 인간을 위한 것이고, 다른 하나는 영원히 사는 자 즉 신을 위한 것이다. 어의 신화Myth of Er[*]에서 플라톤의 동굴은 죽은 자들의 영혼을 위해서는 두 개의 출구(각각 올라가는 출구와 내려가는 출구다)와, 앞으로 태어나는 사람들을 위해서는 두 개의 입구(역시 각각 올라가고 내려가는 입구다)를 갖고 있다.[14] 신과 영웅들이 동굴에서 태어난다는 생각은 르네상스 시대에도 이어져 그리스도가 소나 말의 여물통(구유)처럼 생긴 작은 동굴에서 태어난 것으로 묘사하는 경우가 종종 있었다. (이것은 페르시아 신화에서 미트라가 바위에서 태어났다고 한 것이나, 아폴로가 '자궁'이라는 뜻의 델포이 동굴에서 신탁을 받은 사실을 상기시킨다.) 동굴의 이중적인 특성은 빨강과의 연관 관계에서도 드러난다. 이 점은 폰 베렌알프가 이미 지적한 바 있는데, 그는 빨강이 '가장 모순적인 색'이라고 했던 것이다.

　안전한 도피처이든 시련의 장소이든, 동굴은 기본적으로 몸을 숨

---

[*] 《국가》에서 소크라테스가 얘기한 신화. 전쟁에 나간 '어'가 죽은 후 장례식을 치르기로 한 날 환생해 자기가 보고 온 사후 세계에 대해 얘기하는 형식으로 돼 있다. 인간 영혼은 불멸하며 정의로운 인간은 현세에서 보답을 못 받을지라도 사후 세계에서 열 배로 보상을 받고 축복받은 영혼으로 다시 태어나게 된다는 내용이다. — 옮긴이

기는 곳이다. 우리는 앞 장에서 숨기고, 덮는 흙과 색 사이의 어원론적인 관계를 살펴본 바 있다. 흙은 이런저런 방식을 통해 모든 생명체가 생명을 지탱하도록 돕는다. (헤시오도스는 "생명의 재료"는 신들에 의해 "우리에게는 숨겨져 있다"고 썼다.) 그리고 흙의 측면으로 들어갈 수 있는 것은 동굴의 입을 통해서다.[15]

이런 생각들이 인류학자들로 하여금 파빌랜드 동굴에서 발견된, 적토로 빨갛게 착색된 유골의 주인이 오디세우스처럼 능수능란한 영웅이거나, 세상을 치유하는 샤먼으로 해석하는 데 영향을 미쳤을 것이다. 반면 같은 빨간 유골을 두고서도 매춘부나 마녀로 간주한 데는 칼립소의 유혹하는 특성, 혹은 스킬라의 파괴적인 속성이 영향을 미쳤을 것이다. 어느 쪽이 되었든 빨강은 생명의 순환 과정에 어떤 힘을 미치고 있었다.

탄생과 죽음

20세기의 고전학자 발터 부르케르트Walter Burkert는 그리스(그리고 페르시아) 신화에 등장하는 소를 공격하는 신들에 관한 이야기는 샤머니즘과 사냥의 마법hunting magic*과 관련이 있으며, 그것이 선사 시대의 동굴 벽화들 — 이들은 대부분 빨간색 소를 그리고 있다 — 로 나

---

* 사냥을 떠나기 전에 치르는 제의로, 부르케르트는 이런 제의가 종교의 기원과 관련이 있다고 주장했다. — 옮긴이

50 벽옥의 안쪽을 자른 이 단면은 전통 사회에서 왜 적토를
탄생과 죽음에 연관시켰는지를 잘 보여 준다.

타났다고 설명했다.[16] 4세기에 활동한 신플라톤주의 철학자인 포르피오스Porphyry는 동굴을 모든 활동이 이루어지는 중심으로 보면서 우주적인 용어로 해석했다. 그에게 동굴은 질료로 둘러싸인 형상이었다. 즉 아치 모양으로 된 어두운 하늘 아래에 있는 세계이며, 몸 안에 감추어진 영혼이었다.[17]

동굴을 흙으로 된 몸 안에 있는 영혼이 활동하는 무대로 바라보는 관점은 몸이 영혼을 떠받치는 역할을 한다는 생각과 일치한다. 물론 영혼은 결국은 신체를 떠나야 한다. 이 경우 오디세우스 같은 능수능란한 영혼은 성공적으로 몸을 떠나지만, 오디세우스의 불행한 일행들의 영혼은 성공적이지 못한 방식으로 몸을 떠나게 된다. 이런 관점은 성경과도 통한다. 성경에서 인간은 "흙으로 지어져"(욥기 33:6), "땅의 깊은 곳에서 은밀하고 기이하게 만들어졌기"(시편 139:15) 때문이다. 또한 성경은 개인의 운명도 같은 용어로 적고 있다. "진흙이 토기장이의 손에 있듯이 너희는 내 손에 있다"(예레미야 18:6). 그러나 인간의 몸과 영혼은 진흙에만 머물지 않으면 언제든지 보석이 될 수 있다. 왜냐하면 "우리 딸들은 궁전의 양식대로, 즉 왕관에 심은 보석처럼, 아름답게 다듬은 모퉁이 돌이 될 것이기" 때문이다(시편 144:12).

수많은 창조 신화들은 인간을 흙의 자식으로 보고 있다. 또한 인간을 만든 흙은 빨간색을 띤다. 최초의 인간인 아담Adam이라는 이름은 히브리어 어근인 adm에서 온 것이다. '빨간,' '공평한,' '잘생긴'이

빨강의 문화사

라는 뜻을 가진 adom이나 '흙'을 뜻하는 adamah, '피'를 뜻하는 dam 등도 모두 같은 어근에서 파생되었다. 그리스 신화에서도 비슷한 연관 관계를 확인할 수 있는데, 최초의 여성인 판도라Pandora는 헤파이스토스Hephaestus가 흙과 물을 섞어 만들었다. 오비디우스는 프로메테우스가 흙에서 인간을 빚는 이야기를 적었다. 그는 또 아담 - 이브처럼 커플인 데우칼리온Deucalion과 피라Pyrrha*가 지상으로 돌을 던짐으로써 [제우스가 일으킨] 대홍수 이후에 인간이 다시 지상에서 살아갈 수 있게 된 이야기를 썼다.[18] 오비디우스는 피라에 대해 그녀의 타는 듯한 빨간 머리카락 외에는 상세하게 기록하지 않았지만, 이 빨간 머리카락은 매우 깊은 의미를 갖는다. 왜냐하면 릴리스Lilith도 빨간 머리카락을 가지고 있기 때문이다. (유태인 전통에 따르면 릴리스는 이브 이전 아담의 첫 번째 파트너로서 아담을 만들었던 것과 같은 빨간 흙에서 만들어졌다. 현대 유전학에 따르면 '빨간색 머리카락'의 유전자는 MC1R (Melanocortin 1 receptor)로서 네안데르탈인에게 존재했지만, 오늘날의 빨강머리와는 다르다.)[19] 릴리스의 신화는 우리 조상들을 [아담과 이브의 죄로 인해] 인류가 타락하기 이전 시대와 연결시킬 수 있는 단서를 제공한다.) 흙에서 탄생한 인류의 기원과 빨강 사이의 관계는 완전히 다른 문화권에서도 발견된다. 예를 들어 최초의 잉카 왕비인 마마 후아코 Mama Huaco는 빨간 옷을 입고 기원의 동굴Cave of Origin에서 나왔으며

---

* 데우칼리온은 프로메테우스의 아들이며, 피라는 프로메테우스의 동생 에피메테우스 Epimetheus가 판도라와 결혼해 낳은 딸이다. — 옮긴이

그녀 이후 지상에 사람들이 태어나서 살아갈 수 있게 되었다.[20]

우주에서는 만물이 쉼없이 흐르며, 이 세상에 태어난다는 것은 이전 세계에 대한 죽음을 뜻한다. 또한 죽음으로써 이 세계를 떠난다는 것은 다음 세계에서 태어난다는 것, 혹은 다음 세계에 도착한다는 것을 뜻한다. 이 세상으로 들어오는 입구는 — 우리 어머니의 — 피로 얼룩져 있으며, 이 세계로부터 떠나는 출구들 중 일부도 — 우리들 자신의 — 피로 얼룩져 있을 수 있다. 이 세계에 도착하는 것이 빨강과 연관돼 있기 때문에 떠날 때도 빨강의 흔적이 남아 있어야 한다는 것은 전혀 놀라운 일이 아니다. 파빌랜드의 '붉은 숙녀'의 몸에 적토가 뿌려진 이후의 시대에서도 사후 세계와 지하 세계, 그리고 죽음을 관장하는 신은 '붉은 옷을 걸친 왕'인 오시리스Osiris[*]였다. 또 고대 로마 · 이집트 시대의 미라들은 빨간색 수의로 감싸졌으며, 미라를 방부 처리하는 과정에서는 꼭두서니와 케르메스에서 만든 빨강으로 발바닥을 착색하기도 했다. 빨강과 인류의 기원을 연결시켰던 잉카 문명과는 전혀 연결이 없었던 멕시코에서도 지하에 마련된 장례식장은 빨갛게 채색되었으며 장례식 때는 안데스 산맥에서 구한 빨강으로 염색한 옷을 입었다.[21]

생명과 죽음을 빨강과 연관시키는 관습은 이후에도 계속되었다. T. S. 엘리엇T. S. Eliot의 시 〈죽은 자의 매장The Burial of the Dead〉 — 이

---

[*] 고대 이집트의 죽음과 부활의 신으로 이집트어로는 우시르Usire라고도 한다. — 옮긴이

시에서 "사람의 아들son of man"은 "아는 것은 파괴된 우상더미뿐"이라고 말한다 — 은 파빌랜드의 붉은 숙녀를 상기시키는 듯하다.

이 붉은 바위 아래 그늘이 있다

(이 붉은 바위의 그늘 아래로 오라)……

그러면 한 움큼의 먼지 안에 깃든 공포를 보여 주리라.[22]

There is shadow under this red rock,

(Come in under the shadow of this red rock)……

I will show you fear in a handful of dust.

한편 윌리엄 블레이크William Blake*는 시 〈논고The Argument〉에서 "그리고 메마른 뼈다귀들 위에는, 붉은 진흙이 솟아올랐다And on the bleached bones, Red clay brought forth"며 부활을 암시했다.[23]

붉은 흙?

'아담'이라는 이름은 '흙earth'이나 '빨강red'과 관계된 말일 수 있다. 우리는 흙에서 나서 흙으로 돌아가는데, 이때의 흙은 전통적으로 빨간

---

* 윌리엄 블레이크(1757~1827)는 영국의 화가이자 신비적 경향의 시인으로 낭만주의의 선구자다. 단테 등의 시와 구약성서의 욥기 등을 위한 삽화를 남겼다. — 옮긴이

흙으로 인식되었다. 그런데 왜 그 흙은 빨개야 할까? 고대 그리스 철학자 헤로도토스는 리비아의 흙이 특히 빨갛다고 했는데, 그 말은 대부분의 다른 지역에서는 흙이 특별히 빨갛지 않다는 점을 암시한다.[24] 또한 남웨일스의 무덤에 매춘부 – 마녀 – 영웅 – 샤먼을 매장했던 사람들이 적토를 멀리 떨어진 지역인 멈블스 헤드에서 가져 온 까닭은 파빌랜드 동굴 주변의 흙은 빨간색이 아니었기 때문일 것이다. 우리는 흙이 여러 가지 색을 가지고 있다는 것을 안다. 어떤 흙은 빨갛고(대개 철 성분을 함유하기 때문이다), 어떤 흙은 노랗고(이것 역시 철 때문이다), 어떤 흙은 밝은 색이고(칼슘이나 알루미늄, 실리콘이 들어 있기 때문이다), 어떤 흙은 어두운 색이다(유기 물질 때문이다).

만약 내가 이 글을 쓰고 있는 책상에서 일어나 바깥으로 나가 북쪽으로 한두 시간 걸어가면, 나는 수평선이 가없이 펼쳐진, 토탄*이 풍부한 부드러운 검은색 토양으로 둘러싸인 평평한 소택지(습지대) 한가운데 있게 될 것이다. 반면 남쪽으로 한두 시간 걸어가게 되면 완만하게 경사진 구릉 지대에 도착해 새로 갈아놓은 흙이 거의 새하얀 언덕 위에 서 있을 것이다. 이 백악질chalky의 흙은 지질학적으로 서서히 높아지고 있는 바다에서 파도가 부서질 때 파도 꼭대기에 이는 거품을 닮았다. 하지만 내 책상에서 일어나 단 몇 분만 걸어가면 목초지가 나오고, 그 곁으로 소들이 헤집어 놓은 길을 따라 걸을 수 있다. 까

---

* 석탄의 일종으로 탄화 정도가 가장 낮다. — 옮긴이

맑지도 하얗지도 않은 이 길의 흙은 건조할 때는 옅은 회색을 띠고, 물기를 머금으면 어두운 적갈색liverish을 띤다. 흙과 공감하는 사람에게는 거의 빨갛게 보일 수도 있겠다. 이 흙을 좀 파내서 계란이나 오일과 섞으면, 종이나 캔버스에 칠을 할 수 있고 이때 나오는 색은 그다지 눈에 띄지 않는 회갈색grey-brown이 될 것이다.

소들이 풀을 뜯어먹는 목초지 때문에 길 위의 흙은 조금 더 빨간색에 가깝다고 여겨질 수도 있다. 왜냐하면 사실 회갈색이라는 것은 애매하게 정의된 색으로서 주변 색이 어떠냐에 따라 쉽게 바뀔 수 있기 때문이다. 진한 녹색 잔디로 둘러싸인 케임브리지의 흙은 녹색의 보색, 즉 빨간색으로 보일 수 있다. 따라서 녹색 식물이 자라는 땅의 흙도 약간 더 빨갛게 보일 수 있다. 하지만 눈이 가진 시각적인 예민함 때문에 생기는 이런 현상들은 별로 중요하지 않다.

보다 중요한 것은 흙과 빨간색이 갖는 상징적인 속성이다. 지진이나 산사태가 거의 일어나지 않는 지역에서도 흙은 분명히 엄청난 힘을 갖고 있다. 지질학적으로 보면 수면 상태에 있다고 할 수 있는 이런 지역에서도 백악으로 이루어진 순전히 하얀색 흙은 너도밤나무가 자라날 수 있게 하며, 잉글랜드 동부에 있는 소택지沼澤地의 매우 검은 흙은 수백만 명에게 영양분을 제공한다. 그러나 순전히 빨간 흙이 드문 것처럼, 순전히 검은 토양이나 순전히 하얀 토양도 매우 드물다. 대부분의 흙들은 색이 모호하거나 가변적이다. 그런데 세비야의 이시도루스가 어원적으로 지적한 색과 에너지 사이의 밀접한 관계를

51 붉은색을 띤 거세한 수송아지.
붉은 황소Red Bull와 붉은 암소Red Cow는 영국 서민들이 즐겨 쓰는 표현이었다.
('갈색 암소brown cow'라는 말은 웅변술에 사용되는 표현일 뿐이다.)
또 붉은 암송아지는 제물을 바칠 때 가장 선호했다. 어떤 사람들은 황소나 암소,
암송아지 모두 실제로는 특별히 빨갛지 않다고 말할지도 모른다. 그들은 또 흙도
실제로는 빨갛지 않은데, 황소자리Taurus 별자리가 '흙'을 나타내기 때문에
전통적으로 흙을 빨강과 연결시켰다고 본다.

생각하면, 회색과 갈색은 생명을 자라나게 할 수 있을 만큼의 충분한 '에너지'를 가지고 있다고는 할 수 없다. 아마도 자연은 흙에 대해 빨강처럼 '에너지가 풍부한' 강력한 색이 될 것을 요구하는 것 같다.

흙의 힘

흙이 가진 힘은 균형을 유지하는 능력에서 나온다. 이 균형이 어떻게 유지되는지에 대해 지구화학, 분자생물학, 대기화학이 많은 것을 밝혀냈다. 그것은 생태학적 용어인 '가이아Gaia' 가설로 표현되고 있다. '가이아'라는 이름은 고대 흙의 여신을 상기시킨다. (여담이지만, 1970년대에 붙여진 이 '가이아'라는 용어는 '아닐,' '아조,' '콩고,' '퐁소'나 [국제순수응용화학연합의] 다른 물질들의 이름처럼 과학적인 명칭을 붙이고자 하는 현대의 경향을 거스른다고 할 수 있다. '가이아'라는 이름은 이 가설을 처음 제기했던 과학자 제임스 러브록James Lovelock의 시적인 감성을 지닌 이웃[소설가 윌리엄 골딩William Golding]이 제안한 것이다. 하지만 러브록은 나중에 이 명칭이 '비과학적'이라며 후회했다고 한다.)[25]

균형을 유지하는 흙의 힘은 빨강과 연관된 흙의 속성에도 반영돼 있다. 아리스토텔레스의 색 체계에 따르면 빨강은 검정과 하양 사이의 딱 중간이기 때문이다. 균형은 힘의 원천이며 안전의 원천이기도 하다. 전통 사회에서 빨강에 부적처럼 '보호하는' 역할을 부여했던 것도 이런 특성 때문이었을 것이다. 예컨대 이집트의 미라를 덮고 있는 빨간 수의는 사후 세계로 떠나는 죽은 자를 보호하기 위한 것이었다. 이집트의 전통에서는 균형의 개념이 여신 마트Maat* 에 의해 의인화되었다. 마트는 죽은 자의 심장과 자신의 진실의 날개를 저울에 달아 죽은 자가 생전에 했던 행위를 심판했던 것이다.[26]

흙이 균형을 유지할 수 있는 것은, 셰익스피어가 지적했듯이 흙은 생명을 낳는 자궁이자 죽음을 삼키는 무덤이기 때문이다(《로미오와 줄리엣Romeo and Juliet》, 2막 3장, 5~6). 인간은 죽음으로써 부식토腐植土/humus** 가 된다. 또한 세비야의 이시도루스가 말한 것처럼 인간의 기원도 부식토이며, 인간human의 어원도 부식토humus다.[27] 인간은 부식토에서 와서 죽음으로써 — 더 엄격히 말하면 영혼이 신체를 떠나고 난 뒤에는 — 부식토, 즉 근원이 되는 흙으로 다시 돌아가는 것이다. (살아서 아무리 명성을 떨친 이들이라도 결국은 '진흙으로 된 발feet of clay*** 로 돌아간다.) 사람은 '살아 있는 돌living stone'이나 '살아 있는 돌들living stones'이라고 부를 수도 있다. 왜냐하면 전통 사회에서는 모든 돌을 — 뱀의 머리에서 꺼낸 빛나는 루비뿐만이 아니라 — 살아 있다고 여겼기 때문이다. 오비디우스는 《변신》에서 바위는 "자신의 뿌리에서 자연적으로 자라난다"고 했다. 오비디우스가 바위가 가진 생명력을 냉

---

* 고대 이집트의 법과 정의의 여신이다. ― 옮긴이
** 동물의 사체나 식물의 잎과 가지 등이 분해되어 형성된 토양으로 검은색을 띠며, 주로 표층에 형성되는 토양을 말한다. ― 옮긴이
*** 'feet of clay'는 '인간이 지닌 약점'이라는 의미의 관용구로 쓰인다. ― 옮긴이

빨강의 문화사

정한 귀족 아낙사레테Anaxarete,* 마녀 메데아Medea,** 여신 디아나 같은
강력한 힘을 가진 여성들과 관련지어 설명하는 것은 의미심장하다.[28]

흙이 가진 힘은 아주 초기의 신화에서부터 '가이아'라는 용어를
만든 제임스 러브록의 통찰력 넘치는 이웃이나 에코페미니즘,*** 거기
서 나온 다양한 갈래들에 이르기까지 항상 여성과 연관지어져 왔다.[29]
자연의 어머니로서의 대지Mother Earth가 갖는 힘은 지하에서 솟아나
이 세계로 넘쳐흐르고 있다. 어머니로서의 대지는 흙과 관련된 유일
한 신은 아니다.[30] 우리는 다음 장에서 흙과 관련된 또 다른 신을 만나
게 될 터인데 그 신은 남성이다. 흙이 가진 힘은 어떤 시기에 특히 더
강력해지기도 하는데 — 겨울보다는 여름에 더 강한 힘을 발휘하는
것처럼 — 그런 가변성은 여신인 페르세포네Persephone****가 남편인 하
데스Hades*****와 간헐적으로만 만난다는 사실과 연관이 있었다. 또한 흙
의 힘은 특정 지역에서 강하게 나타나기도 하는데 그것은 여신 케레

---

* 그리스 로마 신화에 등장하는 키프로스 귀족 가문의 처녀. 가난한 목동의 구애를 비정하게
거절하고 조롱했다가 아프로디테의 분노를 사 돌로 변했다. — 옮긴이
** 그리스 신화에 나오는 마녀로 아르고호 원정대를 이끌고 도착한 이아손에게 반해서 아버지
인 콜키스의 왕 아이에테스를 배신하고 이아손과 결혼했다. 하지만 나중에 이아손이 자신을
배신하고 코린토스왕 크레온의 딸 글라우케와 결혼하려 하자 글라우케와 크레온을 독살하고
이아손과 사이에서 낳은 자신의 두 아들마저 제 손으로 죽여 이아손에게 복수했다. — 옮긴이
*** 1970년대 등장한 환경 운동과 페미니즘의 사상을 결합한 이론이자 운동이다. — 옮긴이
**** 그리스 신화에 나오는 지하 세계의 여왕이자 하데스의 아내다. — 옮긴이
***** 그리스 신화에서 죽은 자들의 신, 지하 세계의 지배자다. 크로노스와 레아의 아들로 제우스,
포세이돈과 형제다. — 옮긴이

스Ceres*에 의한 것으로 설명되었다. 이처럼 시기나 지역에 따라 흙의 힘이 변하기는 하지만 그 힘은 언제나, 어디에서나 작용하고 있다고 믿어졌다. (오늘날에는 흙이 만들어 내는 자원을 너무나 탐욕스럽게 착취한 나머지, 대지가 생명을 만들어 내는 모성을 가지고 있다는 관념은 완전히 망각돼 버렸다. 하지만 서양 국가들 중 상당수는 '아메리카'처럼 여성적인 이름을 국가 명칭으로 사용하고 있고, '자유의 여신상'처럼 여성적인 것을 의인화해 상징적으로 사용하는 경우도 많다.)

　'가이아'는 추종자들을 많이 거느리지 않아 흙의 신들 중에서는 상대적으로 비중이 떨어지는 편에 속한다. 그러나 철학적으로나 언어학적으로는 기대 이상의 활동을 펼쳐 왔다. 가이아는 게Ge라고 불리기도 하며, 이 이름으로부터 파생된 흙과 관련된 단어들이 많이 있다. 이를테면 'geology(지질학)'이나 'geography(지리학)' 같은 것들이 그렇다. 이들보다는 연관 관계가 덜 분명하지만 'generous(너그러운)'과 'genial(다정한)'도 게Ge의 파생어로서 가이아의 성격을 잘 드러낸다고 할 수 있다. 세비야의 이시도루스가 말한 humus(부식토)―human(인간)의 어원적인 관계와, 소우주[인간의 몸]와 대우주는 서로 일치한다는 점을 염두에 두면서 따져 보면, 대지와 가이아, 즉 게Ge가 갖는 힘은 'genital(생식기)'나 'ingenuity(재주, 창의성)' 같은 인간의 본질을 나타내는 단어에도 반영돼 있는 것을 알 수 있다.

---

* 땅의 여신으로 농경과 곡물, 수확을 관장한다. ― 옮긴이

　　　　　　　　　　　　빨강의 문화사

전통 사회에서는 인간이 가이아 가족의 일원이며 흙의 일부라는 사실을 잘 인식하고 있었다. 우리의 육체는 확실히 흙과 비슷한 속성을 가지고 있으며 우리의 영혼도 마찬가지라고 보았던 것이다. 예를 들어 단테가 지옥Inferno에서 나와 연옥Mount Purgatory을 거쳐 천국Paradise을 향해 올라갈 때 세 개의 돌계단을 만나게 된다. 첫째 계단은 하얗고 광택이 나며 빛을 반사한다. 이것은 자신의 죄를 인정하는 것을 상징한다. 두 번째 돌은 거칠고 까맣다. 이것은 뉘우침(회개)을 상징한다. 세 번째 계단은 빨갛다. 이것은 속죄를 통해 얻게 되는 행복을 상징한다. 빨간 계단은 죄를 사함 받고 구원을 얻는 과정의 마지막 단계인 것이다. 그런데 이 일련의 과정 — 하양, 검정, 빨강 — 이 연금술사들이 추구했던 과정, 즉 버밀리온과 빨간 안료, 철학자의 돌을 합성할 때의 일련의 과정과 똑같다는 사실은 결코 우연이 아니다.

단테는 마지막 빨간 계단의 돌(즉 빨간 반암)을 '혈관vein에서 솟구쳐 나온 피와 같다'고 묘사함으로써 돌이 가진 지질학적인 생명력을 표현했다.[31] 그런데 오늘날에도 암석의 갈라진 틈을 다른 암석이 채우고 있을 때 그것을 '광맥vein'이라고 부른다. 파빌랜드 무덤의 유골을 착색했던 적토도 멈블스 헤드의 '광맥'에서 채취한 것이었다. 또한 광맥이 흐르는 암석을 광맥의 '모암母巖/matrix'이라고 부르는데, matrix는 어원적으로 볼 때 '어머니mother'처럼 흙이나 바위를 감싸는 특성을 갖는 것이다.

대지가 자연에 힘을 심어 준다는 사실을 신화적으로 표현한 한

52 지구 내부의 **빨강** ― 시뻘겋게 작열하는 마그마.
단단한 암석의 얇은 표피에 의해 덮여 있다.
우리는 이 미니어처를 통해 단단한 암석으로 이루어진
얇은 지구 표면에 의해 땅 속에 있는 뜨거운 불덩어리들이
덮여 있다는 것, 즉 숨겨져 있다는 것을 알 수 있다.

가지 예는 천하무적의 힘을 자랑했던 안타이오스Antaios에 관한 이야기에서 찾을 수 있다. 그의 힘은 발이 대지에 닿을 때마다 점점 더 강해졌다. 그래서 헤라클레스는 안타이오스를 대지에서 들어 올려 발이 대지에 닿지 않게 한 상태로 싸움으로써 그를 제압할 수 있었다.[32] 흙이 갖는 신화적인 힘은 이후에도 계속되었다. 예를 들어 19세기 말에 아일랜드의 소설가 브램 스토커Bram Stoker는 피를 빨아먹는 존재인 드라큘라 백작을 창조한 다음, 그로 하여금 잉글랜드를 산 주검living dead으로 가득 채우기 위해 루마니아 북서부 지방에 위치한 트란실바니아의 흙을 박스 50개 분량이나 옮겨오도록 했다. 드라큘라가 옮겨오는 흙이 가진 중요성은 그 흙을 수송하는 배의 이름이 데메테르Demeter라는 데서도 잘 드러난다.[33] (데메테르는 페르세포네의 어머니로 로마 신화에서는 케레스로 불린다.)

역사적으로는 드라큘라의 50상자 흙에는 훨씬 못 미치는 적은 양의 흙 — 말 그대로 한 줌의 흙 — 도 상징적으로나, 군사적, 정치적으로 엄청난 힘을 발휘한 경우들이 있었다. 예를 들면 4000여 년 전에 만들어진 실버리 힐Silbury Hill*은 높이가 30미터에 이르는데, 케닛강의 원천이라는 신성한 장소임을 표시하기 위해 사람들이 몇 세대에 걸쳐 흙을 조금씩 가져다 놓음으로써 형성된 언덕이다.[34] 천 년 뒤 성

---

* 잉글랜드 윌트셔 에이브버리에 있는 신석기 시대에 만들어진 인공 언덕. 밑면은 지름 167미터의 원형이고 꼭대기는 지름 30미터로 평평하다. 탄소 연대 측정 결과 BC 2750년 무렵에 만들어진 것으로 추정되었다. — 옮긴이

아우구스티누스는 예루살렘의 성묘Holy Sepulchre*는 영적인 기운이 넘치는 곳으로 거기서 가져온 흙에는 기적을 행하는 힘이 들어 있다고 기록했다.[35] 군사적인 측면에서 흙의 힘이 발휘된 사례는 (BC 5세기의 페르시아왕인) 크세르크세스Xerxes가 그리스인들에게 자기네 땅의 흙을 요구했던 것을 들 수 있다. 이 명령에 따라 일부 그리스인들은 항복의 표시로 자기네 땅의 흙을 갖다 바쳤지만, 아테네인들은 이를 거부했다가 결국 페르시아에게 정복당하고 말았다.[36] 스코틀랜드 스쿤에 있는 무트 힐Moot Hill은 부족의 족장들이 스코틀랜드왕에게 충성을 바친다는 것을 보여 주기 위해 여러 세대에 걸쳐 자기네 땅의 흙들을 한 줌씩 갖다놓음으로써 형성되었다고 전해진다. 셰익스피어는 리처드 2세가 해안 교두보에 상륙했을 때 마법을 발휘할 수 있었던 것은, '모성mother'을 지니고 있고 '태생이 고귀한 [잉글랜드의] 흙gentle earth'이 가진 힘 때문이라고 암시했다. ('Gentle'이라는 단어도 가이아의 '게Ge'가 어원이다. '가문이 좋은, 명문가 출신'이라는 뜻이다.) 리처드 2세는 아일랜드 원정에서 돌아오는 길에 웨일스에 상륙했을 때 자신이 지닌 힘에 압도당해 감정을 주체할 수가 없었다. 그래서 그는 지친 병사들에게 휴식을 취하도록 하면서 "이 [해변의] 바위들이 무장한 병사들로 될 것이다these stones will prove armed soldiers"라고 선언했다(《리처드 2세Richard II》, 3막 2장, 4~26). 이러한 리처드의 예언 — 이 예언은 성

---

* 그리스도의 묘지가 있었던 것으로 추정되는 곳이다. — 옮긴이

빨강의 문화사

경의 내용과, 신화에 등장하는 프로메테우스, 데우칼리온과 피라 혹
은 카드모스Cadmus[*]에서 영감을 받은 것이다 — 은 불운하게도 너무
나 낙관적인 것으로 판명났지만, 적은 양의 흙이 발휘하는 거대한 힘
은 오늘날에도 여전히 계속되고 있다. 예를 들어 헝가리의 '코로네이
션 힐Coronation Hill'['대관식 언덕']은 제국의 모든 자치 지역에서 가져
온 흙들로 조성되었다. 이후 19세기에 원래 위치인 브라티슬라바에서
부다페스트로 옮겨졌고, 21세기 들어서는 EU에 속한 모든 나라들의
흙이 더해져 새로운 '인테그레이션 마운드Integration Mound'['통합의 언
덕']가 되었다.[37]

한편 이보다 더 적은 양의 적토는 — 맨 처음에는 동물의 방광에
담겨서, 그다음에는 접을 수 있는 금속 튜브에 담겨서, 지금은 편하게
짜낼 수 있는 플라스틱 튜브에 담겨서[그림 물감을 가리킨다] — 예술
과 상징적으로 공명하고 있다. 물론 대부분의 사람들은 이런 사실을
잘 알지 못하지만 말이다.

번트 시에나

오늘날 화가와 빨강의 관계는 동굴 벽화를 그렸던 화가들이 빨간 안

---

[*] 페니키아왕 아게노르의 아들이다. 누이동생 에우로페가 제우스에 의해 납치되어 사라지자
아버지의 명령에 따라 누이동생을 찾으러 방방곡곡을 헤매지만 누이동생을 찾지 못한다. 결국
고향에 돌아가지 못하고, 나중에 테베의 왕이 된다. — 옮긴이

료와 맺었던 관계로부터 아주 멀리 떨어져 나와 버렸다. 주말에 시내 중심가의 상점을 방문하거나 아무 때나 컴퓨터에 접속해 화면을 클릭함으로써 빨간 안료를 구매하는 것은, 멈블스 헤드의 광맥으로부터 적토를 채취해 절벽 꼭대기에 자리 잡은 신성한 동굴로 가져가는 것과는 결코 같은 경험일 수가 없다. 하지만 전통 사회를 관통했던 문화적인 가치가 오늘날에도 희미하게나마 이어져오고 있는 것도 사실이다.

무엇보다 루비 같은 투명한 빨간 돌이 홍옥수나 벽옥처럼 반투명하거나 불투명한 돌들에 비해 과거와 마찬가지로 지금도 여전히 높은 가치를 지닌 것으로 평가받는 데서 이를 알 수 있다. 적토는 아마인유亞麻仁油와 섞이면(혹은 수지나 아크릴과 섞이면) 불투명한 빨간 물감이 된다. 예술가들은 투명한 빨강이 필요할 때는 유기물에서 얻은 색(코치닐이나 꼭두서니에서 추출한 것, 혹은 그것과 같은 효과를 내는 화학염료)을 사용한다. 반면 반투명하거나 중간에 해당하는 빨강을 원하면 또 다른 적토를 이용하는데, 이것은 그다지 흔하게 사용되지는 않는다. 불투명한 흙이 노랑이나 빨강이 되는 것처럼 반투명한 흙도 노랑과 빨강이 될 수 있다. 이렇게 얻어진 노랑은 '로 시에나raw sienna'라고 불리고 빨강은 '번트 시에나burnt sienna'라고 불린다. 이름에서 알 수 있듯이 이 둘의 관계는, 선사 시대에 죽은 자들의 몸에 뿌리고 그들이 매장되었던 동굴을 장식했던 적토가 천연의 노란 암석을 태워 인공적으로 얻어진 빨강이었던 관계와 정확히 일치한다.

번트 시에나라는 이름은 열을 가해서 얻어진 이 인공적인 적토가 이탈리아 도시 시에나Siena와 관련이 있음을 암시한다.[38] 실제로 영국의 그림물감 제조 회사인 윈저 앤드 뉴턴은 1988년까지만 해도 로 시에나의 원료를 시에나 남쪽에 위치한 광산에서 공급받았다. 윈저 앤드 뉴턴은 이 원래의 흙은 노란색 안료로 팔고, 이 흙을 구워서 빨간색 안료로 팔았다. 이 회사는 최근 원료의 공급지를 시칠리아와 사르데냐로 바꾸었지만 물감의 이름은 그대로 두었다. 다른 안료 제조 회사들은 합성된 산화철을 튜브에 담아 '번트 시에나Burnt Sienna'라는 상품명으로 시장에 내놓고 있다.[39] 원료의 산지나 생산 방식이 바뀌었음에도 불구하고 상품명에 시에나라는 이름을 고수한 까닭은 시에나 황토가 시칠리아나 사르데냐의 것보다 시장에서 더 먹힌다고 여겼기 때문이다.

이 책의 앞부분에서 적토의 원료를 구할 수 있는 곳은 시대에 따라 계속 변해 왔다는 사실을 지적했다. 그래서 윈저 앤드 뉴턴이 번트 시에나의 원료 공급지를 바꿨다는 사실은 새삼스러운 일이 아니다. 오늘날 우리의 문화는 새로운 변화들을, 그것이 아무리 사소한 변화일지라도 반기는 편이다. 예컨대 주택용 빨간 페인트의 경우 '랩스벨리 벨리니'와 성분이 똑같은데도 내년에 상품명만 살짝 바꿔 내놓으면 사람들은 새 페인트에 더 호감을 갖게 된다. 그런데도 왜 '시에나'의 경우에는 이전의 상품명이 계속 사람들에게 호소력을 갖는 것일까? 시에나의 흙과 시칠리아나 사르데냐의 흙(혹은 합성된 산화철)에 대해 사람들이 갖는 관념상의 차이는 무엇일까?

《옥스퍼드 영어대사전》은 '시에나'가 색의 이름으로 처음 사용된 것은 1774년이라고 밝히고 있다. 18세기 후반의 영국인들 가운데 예술에 관심이 높은 이들은 그랜드 투어Grand Tour* 를 통해 시에나라는 도시를 알고 있었을 것이다. 직접 가보지 못한 경우에도 명성은 익히 들어 알고 있었을 것이다. 그랜드 투어에서는 영국의 예술가들과 귀족 계층이 문화적인 소양을 높이기 위해 이탈리아를 방문하는 게 관행으로 돼 있었다. '시에나'가 안료 이름으로 처음 사용된 시기는 그랜드 투어가 한 세기 이상 계속돼 오던 때이기도 했다. 결국 안료에 이 이름을 붙임으로써 당시 사람들이 시에나라는 도시에 대해 갖고 있던 화려함과 영광의 이미지를 이 색도 누릴 수 있게 되었던 것이다. 사람들은 로 시에나와 번트 시에나에 사용된 반투명한 흙이, 한때 위대한 중세 화가들과 르네상스 화가들에게 영감을 제공했던 이탈리아의 청명한 햇볕을 고스란히 받아들였다고 생각했다. 나아가 18세기에 그랜드 투어에 나선 이들에게 시에나 거리는, 그런 햇볕을 듬뿍 받은 '로 시에나'가 뿜어내는 황금빛으로 휩싸인 도시로 비쳤을 것이다.

번트 시에나는 시에나가 예술 애호가들에게 인기 있는 여행지로 남아 있는 한 다른 이름으로 바뀌지 않을 것이다. 과거의 예를 들면, 첸니니는 자신이 사용하던 적토를 '시노피아'라고 불렀다. '시노피아'

---

* 17세기 중반부터 19세기 초까지 유럽, 특히 영국 상류층 자제들 사이에서 유행한 유럽 여행을 말한다. 고대 그리스 · 로마 유적지와 르네상스를 꽃피운 이탈리아, 세련미가 넘치는 파리를 필수 코스로 밟았다. — 옮긴이

빨강의 문화사

53 과거 영국의 철광 지역이었던 '포레스트 오브 딘Forest of Dean'[잉글랜드
서부 글로스터셔주에 있는 왕실 소유림]에 있는 개천을 닮은 배출물 흔적.
이 배출물 — 이런 것이 수천 개가 넘는다 — 은 수세기 동안
철광산이었던 곳에서 나온 것이다. 화가들이 사용하는 안료인
황토나 로 시에나의 원료가 된다.

는 당시 스틱랙, 브라질우드, 동양에서 나는 적토 등의 염료와 안료가 활발하게 거래되던 실크로드 무역로에서 주요한 역할을 하던 항구였다. 하지만 지금은 '시노피아'는 안료 이름으로서 인기가 시들해졌다. 시노피아가 더 이상 동양적인 풍부함을 환기시키지 않기 때문이다.

번트 시에나라는 이름이 애용되는 한, 성모마리아의 도시인 시에나를 순례해 보지 않은 사람들도 이 안료 이름을 통해 이 도시와 일정 부분 공유하는 느낌을 가질 수 있다. 이런 사실은 아무리 적은 양의 흙일지라도 그 흙과 관련된 문화적인 요소를 전달하는 힘이 있다는 사실을 보여 준다. 번트 시에나는 한때 시에나화파의 거장 두치오 디 부오닌세냐Duccio di Buoninsegna, 시모네 마르티니Simone Martini, 피에트로 로렌체티Pietro Lorenzetti와 암브로비오 로렌체티Ambrogio Lorenzetti 형제를 비추었던 햇볕을 품고 있는 것이다. 번트 시에나의 흙은 그 화가들의 발을 지탱해 주었고 그들의 발바닥을 더럽힌 흙이었다. (이탈리아어에서는 '흙soil'과 '발바닥sole of the foot'을 가리키는 단어가 모두 'suolo' 다. 이 단어는 인간이 부식토에서 와서 결국은 '진흙으로 된 발'로 돌아가며, 생명과 무생명의 경계가 흐릿하다는 사실을 상기시킨다. 한편 시에나의 가루로 된 흙들 중에는 순례자의 발을 씻어 주던 종교적인 의식의 부산물도 있을 것이다.)[40] 번트 시에나는 한때 이 위대한 화가들의 생명에 깃들어 있던 흙이었고, 그들의 몸이 죽음으로써 다시 흙을 공급했으며, 그 흙이 태워짐으로써 흙에 깃들어 있던 격렬한 에너지가 시각적으로 더 강렬한 것[번트 시에나라는 안료]이 되었던 것이다. 이처럼 번트 시에

나라는 이름에는 이탈리아의 태양과 시에나라는 도시의 화가들이 지녔던 힘의 일부가 이 안료에 담겨 있으며, 안료를 붓에 묻혀 캔버스에 옮김으로써 다시 한 번 그 힘이 캔버스에 흐르게 할 수 있다는 이미지를 제공한다.

이처럼 적토는 수천 년이 넘도록 최초의 인간의 창조에서부터 위대한 예술의 창조에 이르기까지, 항상 창조하는 힘과 연관돼 있었다.

10장

빨간 피

우리의 상상력을 자극하는 힘을 많이 잃어버린 흙과는 달리, 피는 지금도 여전히 우리의 상상력을 사로잡고 있다. 예를 들어 흙의 힘을 그리는 대중 영화는 거의 없지만, 피가 관객에게 미치는 상상력을 활용한 영화들은 슬래셔 무비에서 뱀파이어 영화에 이르기까지 꽤 많다. 브램 스토커는 흙과 피 두 가지 요소를 모두 활용했지만, 드라큘라 백작이 우리의 뇌리에 남는 까닭은 백작이 누웠던 고향의 흙 때문이 아니라 그가 빨아들였던 피 때문이다.

피는 빨갛다. 하지만 앞 장에서 살펴보았듯이 — 비록 칙칙하고 여러 색으로 변하긴 하지만 — 흙도 빨갛다는 인식이 꽤 널리 퍼져 있었다. 이런 사실은 의미심장하다. 우리는 빨강이 문화적으로 중요한 까닭은 피가 우리 몸에 필수적인 액체이기 때문이라고 생각하기 쉽다. 그러나 피뿐만 아니라 우리 몸의 다른 체액도, 다른 신체 기관이나 주요한 기능들처럼, 모두 다 중요하다. 체액들 중 하나라도 제대로 기능하지 않으면 우리 몸은 망가질 수밖에 없다. 전통 세계에서는 4가지 체액(피, 점액, 황담즙과 흑담즙)의 상호 작용과 균형을 중요시하면서 각각에 대해 서로 다른 색을 부여했다. 그중에서도 유독 피가 특별히 주목을 받았고 지금도 그렇다. 따라서 피가 생리적으로 가장 중요한 체액이기 때문에 빨강이 문화적으로 중요하게 취급되는 것은 아니라는 것을 알 수 있다. 오히려 정반대라고 할 수 있다. 피가 다른 체액들보다 더 중요하기 때문에 빨강이 문화적으로 더 높은 관심을 끈 것이 아니라, 피가 강력하고 '에너지가 풍부한' 빨간색을 띠기 때문에 다른 체액보다 더 중요하게 여겨져 왔던 것이다. 피가 우리의 상상력에서 큰 자리를 차지하는 것도 색이 빨갛기 때문이다. 물론 피는 살아 있는 생명체의 몸 안을 돌고 있을 때는 선명한 빨간색이지만, 몸 밖으로 빠져나와 응고되면 더 이상 선명한 빨강을 유지하지 못하고 대부분의 흙처럼 흐릿하고 칙칙한 빨간색을 띠게 된다.

신화에서는 빨간 피와 빨간 흙을 서로 연관시킨다. 빨간 흙에 담긴 힘이 우리 조상들로 하여금 철을 발견하게 했던 것처럼 ― 그들의 용어로 말하자면 철이 스스로 우리 조상들에게 자신들을 드러냈다 ― 빨간 피에도 힘이 들어 있다. 창조 신화들은 인간이 흙으로 빚어지거나 흙에서 생겨났다고 보지만, 가끔은 피도 인간의 창조에 관여했다. 예를 들면, 오비디우스는 어머니로서의 대지가 거인의 피로 흠뻑 젖은 흙에 생명을 불어넣음으로써 인간이 탄생했다고 기록한다. 또 메소포타미아 신화에서는 모반을 꾀하다 죽임을 당한 신의 피가 진흙과 섞여 인간으로 빚어졌다고 본다. 페르시아 신화에서는 미트라가 우주의 황소cosmic bull를 훔쳐 자신의 동굴에 가두었으나 황소가 탈출한다. 하지만 결국 황소는 사로잡혀 제물로 바쳐지는데, 그 황소의 피가 대지를 풍요롭게 했다.[1] 이처럼 피는 생명을 불어넣는 역할을 한다.

창조 신화들 중에 피를 언급하지 않는 경우도 있는데, 그것은 피가 빨간색을 띤 존재로서 흙 속에 이미 존재하고 있다고 보았기 때문일 것이다. 그렇지 않다면 '돌에서 피를 얻기 위해' 왜 그토록 험난한 작업을 계속해 왔겠는가? 예컨대 단테는 반암을 "혈관에서 솟구쳐 나온 피"와 같다고 묘사했다. 또한 응고된 피를 뜻하는 '고어gore'라는 말은 어원적으로 '진흙mud'과 연관돼 있다.[2]

밀턴의 말처럼 "보석과 금은…… 땅 속 깊은 '자연의 자궁'에서 자라나며," 지질학적인 과정들을 대지의 수태와 관련된 용어로 이해하는 것은 흔히 있는 일이었다.[3] 특히 빨간 광물들은 대지의 피와 연관지어 설명되었다. 17세기의 한 문헌은 루비는 "흙에서 태어나고 자라나며 그 과정에서 점점 빨간색을 취하게 된다…… 아기가 어머니 뱃속에서 나서 어머니 피를 먹고 자라듯 루비도 그렇게 형성되고 자라난다"고 주장했다.[4]

대 플리니우스는 스페인에 있는 납 광산들 — 이 광산에서 나온 연단은 이집트 미라의 수의를 빨갛게 착색할 때 사용되었다 — 을 한

번 채굴을 하고 나면 한동안 내버려 두었던 까닭은 그래야만 납이 '다시 태어날 수 있기' 때문이라고 했다. 그는 그렇게 휴식을 취하는 광산들은 "스스로 다시 채워졌다…… 그것은 어떤 여성들의 경우 유산을 한 이후에 더 많은 아이를 낳게 되는 것과 같다"고 했다.[5] 이처럼 암석의 탄생과 관련된 용어들은 피와 밀접한 관련을 맺고 있었고, 전통적인 방식으로 합성된 빨강을 다룬 4장에서 언급했듯이 알베르투스 마그누스는 진사를 자연의 '생리 혈'이 응고된 것으로 보았다.

예술가들의 피

땅의 생식력과 여성의 생식력을 같은 선상에서 놓고 보는 관점은 소우주와 대우주를 동일하게 바라보았던 전통적인 사유에서 중요한 부분을 차지했으며 전통 사회에 깊이 스며들어 있었다. 예를 들어 레오나르도 다 빈치Leonardo da Vinci는 육체를 땅과 비교하면서 인간의 몸 안에 있는 '피의 웅덩이pool of blood'는 대양, 혈관은 강과 같다고 보았다. 그래서 그는 "맥박이 뛸 때 피가 늘거나 주는 것은 바다의 밀물과 썰물에 비교할 수 있다"고 했다. 인체 해부학과 지질학이 유사하다고 본 다 빈치의 관점은 〈모나리자Mona Lisa〉에서 인물과 풍경 사이의 관계에 대해 미묘한 시사점을 던지며 그림에 하나의 차원을 더해 준다. 하지만 오늘날의 우리는 자연의 어머니인 대지에 대해 더 이상 강렬한 감정을 느끼지 않게 되었기 때문에 그런 차원을 알아채기가 쉽지 않다.[6] 다 빈치와 같은 병렬적인 사고는 셰익스피어의 시에서도 찾아볼 수 있다. 그는 "피처럼 붉은 루비"(《연인의 푸념A Lover's Complaint》, 1막, 198)나 "루비 색 입구"(《비너스와 아도니스Venus and Adonis》, 1막, 451)라는 표현을 썼다. 여기서 '루비 색 입구'는 대개 입을 가리키는데 입술은 "비할 바 없는 루비"이기 때문이다(《심벨린Cymbeline》, 2막 2장, 17). 그러나 "루비 색 입술을 가진 말 못하는 입들처럼"이라는 표현에서 보듯이 몸에 난 상처를 가리키기도 한다(《줄리어스 시저Julius Caesar》, 3막 1장, 260).

계몽주의 시대 이전의 사람들은 소우주는 대우주를 반영한다고 보면서, 데카르트의 레드 라인 — 개인을 주변 환경과 절대적으로 분리시키고 개인의 '내부적인' 경험과 '외부적인' 경험을 확연하게 나누는 경계선 — 을 수시로 넘나들었다. 앞 장에서 살펴보았던 흙에 대한 전통 사회의 인식은 피에 대한 인식에서도 그대로 통용되었다. 눈에 보이지 않는 땅속에서 일어나는 일들과 눈에 보이는 주변 풍경에서 일어나는 일들은 모두 아무런 경계 없이 연금술사들과 예술가들의 길잡이가 되어 주었다. 버밀리온을 인공적으로 합성하는 것은 진사가 땅속에서 생성되는 과정을 보다 작은 규모에서 실험적으로 재연하는 것과 같았다. 또한 빨간색을 띤 영약靈藥은 기본 금속이 더 빨리 성숙하고 더 '빨개지도록reddening' 작용해서 금으로 변할 수 있게 만든다고 믿었다. 동일한 우주론적인 원리가 예술가들의 작업에도 적용되었다. 예를 들어 빨간 버밀리온은 하늘과 땅이 결합함으로써 얻어진다

54, 55 《시편과 성모 마리아의 묵주 기도Psalter and Rosary of the Virgin》에서 흐르는 피를 그린 여덟 페이지 중 두 페이지다. 이 필사본은 1480년대 영국 켄트에 살던 한 여성이 개인적인 신앙으로 만든 것으로 여겨진다. 이 이미지들은 십자가에 못 박힌 예수의 수난 에 대한 깊은 명상으로 이끈다. 이 그림은 필사본의 원본 이미지와 크기가 거의 같다.

고 믿었기 때문에 그리스도의 살과 피를 묘사할 때 사용되었다.[7] 그러나 오늘날의 우리는 버밀리온이 가진 이런 내적인 특성을 망각해 버렸기 때문에, 그림에 사용된 빨강과 피가 맺고 있는 깊은 연관 관계를 더 이상 느낄 수가 없는 것이다.

예술사학자 마이클 콜Michael Cole이 벤베누토 첼리니Benvenuto Cellini의 조각상 〈메두사의 머리를 든 페르세우스Perseus with the Head of Medusa〉를 분석한 글에서 지적했듯이, 우리는 피가 한 예술 작품의 주제임이 분명한 경우에도 그 주제가 작품의 재료와 맺는 깊은 관계를 쉽게 지나친다. 16세기의 금속 공예가였던 첼리니 — 그는 회개하지 않은 살인범이기도 했다* — 는 페르세우스가 메두사의 몸을 두 발로 밟고서 한 손으로는 메두사의 잘린 머리를 의기양양하게 들고 서 있는 모습을 묘사한 이 기념비적인 작품에서 피가 가진 속성을 찬양한다. 죽음에 처한 메두사의 격렬한 고통은 피가 솟구치는 모습으로 포착돼 있다. 그 솟구치는 피의 모습은 지금은 약간 녹색이 드리워져 있지만, 이 청동상의 구리 함량이 놀라울 정도로 높다는 점을 감안하면 원래는 훨씬 더 빨간색을 띠었을 것이다. 이 빨간 청동상은 원래는 미켈란젤로의 다비드상의 시선이 응시하는 곳에 세워지도록 돼 있었다. 첼리니의 조각상이 그 위치에 있었다면, 메두사의 잘린 머리를 보고 다비드가 겁에 질려서 돌로 바뀌어 버린 것 같은 느낌을 주었을 것이

---

* 첼리니는 자기 형제에 대한 원수를 갚는다는 이유로 살인을 저지르고는 나폴리로 도주했다.
— 옮긴이

다. 그토록 무시무시한 힘은 첼리니가 금속이 피와 맺고 있는 우주적이고 기술적인 관계를 꿰뚫고 있었기 때문에 나올 수 있었다. 독일의 광물학자 게오르기우스 아그리콜라는 자연 상태의 금속은 '감정과 열정을 가진 액체'라고 했으며, 16세기 이탈리아의 야금학자 안토니오 알레그레티Antonio Allegretti는 금속은 "모든 창조물에 스며들어 있는 생생한 영혼"을 갖고 있다고도 했다. 첼리니는 이런 금속의 특성을 인식하면서 피가 동물에게 생명을 '불어 넣듯이infuse,' 조각상의 거푸집에 형태를 변화시키는 힘을 가진 빨간 청동을 '녹여 넣었던fused' 것이다.[8] 피도 자기만의 고유한 힘을 가지고 있다. 지하에서는 금속을 통해 그 힘을 구현하며, 그 금속을 소재로 예술 작품을 만들면 피가 작품에 생명력을 불어넣는다. 첼리니는 피가 가진 이 힘을 성찰함으로써 메두사의 청동상을 탄생시킬 수 있었고, 다비드를 돌로 굳어 버리게 만들 수 있었던 것이다.

빨간 산호가 바다에서 나오면 굳어 버리는 것처럼, 피는 원래 담겨 있던 용기容器로부터 벗어나면 응고된다. 오비디우스는 메두사가 가진 상대를 '돌로 만들어 버리는 힘'이 산호의 형태를 변화시켰다고 했다. 이를 의식했던 첼리니는 메두사의 잘린 머리와 땅에 떨어진 몸통에서 분출하는 피 — 한때는 붉었지만 지금은 약간 녹색을 띠는 — 의 형상을 산호가 연상되도록 표현했다. 인공적으로 주조한 청동상도, 자연적인 산호도, 피도, 시간이 지나면 모두 변질된다. 그러나 신성한 피만큼 변용을 많이 겪는 것은 없다.

신성한 피

현대인들이 신성한 피에 대해 매혹되는 것은 최근에는 그리스도의 후손이 살아 있느냐 아니냐에 초점이 맞춰지는 것 같다. 블록버스터 영화나 베스트셀러 소설에서 그려지는 내용에 영향을 받은 탓일 것이다.* 하지만 과거에는 그리스도가 십자가에서 흘린 피 자체에 관심이 쏠려 있었다.

1300년 무렵의 화가들이 상처에서 피가 어떻게 흐르는지에 흥미를 보였다면, 1400년 무렵의 화가들은 피가 몸에서 빠져나와 응고하기 시작할 때 색이 어떻게 변하는지에 관심을 보였다.[9] 그들은 두 가지 피, 즉 신선하고 흐르는 피와 마르고 정지한 피의 색을 구분함으로써 피가 어떻게 생명을 유지하는지를 강조했다. 화가 첸니니는 피가 갖는 이 두 가지 다른 빨간색을 버밀리온과 랙으로 표현하도록 권장했다.[10] 그는 선명하고 오염되지 않은 순수한 버밀리온은 황과 수은, 형상과 질료, 불과 물이 결합돼 있어 신적인 특성과 인간적인 특성을 둘 다 갖춘 그리스도의 살아 있는 피를 그리는 데 적합하다고 보았다. 반면 랙은 어두운 빨강을 드러내기 때문에 응고된 피를 표현하는 데 적합했다. 이처럼 화가들은 빨간색의 변화를 통해 — 삶에서 죽음으로의 — 탈바꿈, 변형, 상태의 전이를 표현했다. 빨강을 삶과 죽

---

* 영화로도 만들어진 소설 《다빈치 코드The Da Vinci Code》 같은 작품을 들 수 있다. ─ 옮긴이

빨강의 문화사

음의 경계를 나타내는 표시로 삼고자 했던 것이다.[11]* 이처럼 예술에서 빨강이 상태의 전이를 나타내는 데 사용되는 것은 자연에서 일어나는 빨강의 변화 — 낮과 밤 사이의 경계인 여명과 황혼 — 를 상기시킨다.

화가들은 피에는 상귀스sanguis와 크뤄르cruor(여기서 '고어gore'라는 말이 파생되었다)의 두 종류가 있다고 보았다. 이 둘은 정반대 특성을 지녔다. 상귀스는 몸 안에 흐르는 피로서 '맑고' 생식과 관련돼 있는 반면 크뤄르는 몸 밖으로 흘러나온 피로서 '오염되고' 폭력과 관련돼 있다고 여겼다. 이 둘은 각각 '선하고' 여성적인 피와, '악하고' 남성적인 피로 해석되었다.[12] 피가 갖는 이런 이중적인 속성은 피의 상태가 변하는 장소와 시기의 이중성을 반영한다. 출혈에는 두 가지가 있다. 하나는 자연적인 원인에 의해, 자연의 구멍orifice에서 일어나는 것이다. 그런 예로 가장 분명한 것이 월경이다. 다른 하나는 인간의 개입에 의해 자연적이지 않은 구멍에서 일어나는 것이다. 그 인간의 개입에는 사람의 생명을 구하는 의학적인 것도 있고 사람의 생명을 뺏는 전쟁도 있다.

물론 그리스도의 피는 인간적인 피가 갖는 이중성을 초월한 제3의 형태라고 할 수 있다. 창에 찔린 그리스도의 몸에서 솟구쳐 나온 신성한 피는 원죄에서 벗어남을 상징하며 이후 유럽에서 몇 세기

* 첸니니는 시노피아의 혼합물로 시신을 채색하면서, 여기에 '피가 묻은'이라는 뜻의 '상귀노 sanguino'라는 적절한 이름을 붙였다.

에 걸쳐 열광적인 숭배자들이 탄생하는 토대가 된다. 그런데 이 추앙의 감정이 너무나 강렬했던 나머지 그리스도의 신성한 피 외에 다른 형태의 피도 숭배하기에 이르렀다. 여기에는 성찬식Eucharist이나 예술 작품과 관련해 기적으로 만들어지는 피가 포함돼 있었다. 예컨대 어떤 예술 작품은 학대를 당한 사람들이 피를 흘릴 때 그와 동시에 작품들에서도 피가 흘러나왔다는 것이다. 이런 이야기는 오랫동안 전통으로 이어져 내려왔다. 6세기부터는 성화聖畫나 그리스도나 성인들을 그린 그림과 조각에서 (특히 그들이 학대받고 모독 받고 굴욕을 당할 때) 피가 흘러나왔다는 기록이 전해지고 있다. 이것은 살해되어 차갑게 식어 버린 피해자의 몸에서, 살인자가 새롭게 다가올 때마다 시체에서 피가 흘러나왔다는 것과 같은 이야기라고 할 수 있다.[13]

그리스도의 피는 숭배자들에게 미치는 영향력이 엄청났고 그런 만큼 그리스도의 피를 구하기 위한 시도들이 끊임없이 이어졌다. 웨스트민스터 대성당은 1247년 헨리 3세가 애를 쓴 덕분에 그리스도의 피 일부를 손에 넣게 되었다. 그러나 이 피는 그다지 숭배 받지 못했다. 왜냐하면 이 피가 예루살렘의 성묘에서 구해졌다는 사실 때문이었다. 그때만 해도 예루살렘의 성묘에 그리스도의 피가 있다고는 믿지 않았기 때문에 피를 얻게 된 경위에 대해 의혹이 제기되었던 것이다. 웨스트민스터 대성당의 성스러운 피가 신뢰를 얻지 못하게 된 데는 1200년 이전에는 서유럽의 교회들 가운데 적어도 20곳에서 그리스도의 피를 가지고 있다고 주장한 것도 한몫을 했을 것이다.[14] 그들

56 십자가에 못 박힌 예수의 상처와 그때 사용된 도구들을 그린 채색 필사본.
상처가 예수의 온몸을 감싸는 전신 후광versica piscis/mandorla처럼 보이도록 그려졌다.
이것은 또한 여성의 성기를 환기시키기도 한다. 영적인 이미지와
성적인 이미지를 이토록 절묘하게 배합한 것은 민망할 수도 있지만,
'상처에서 흘러나오는wounding' 피와 '출산을 하면서 흘리는birthing' 피를
서로 연관시키는 역할을 한다. 나아가 예수의 부활(re)birth과
예수의 희생 사이의 깊은 관계를 부각시키고 있다.

이 가지고 있다고 주장하는 그리스도의 피의 양은 그다지 많지 않았지만(기껏해야 한 방울, 많아야 서너 방울이었고 응고된 상태였다), 그리스도의 피를 성유물로 보유하고 있다고 주장하는 교회는 13세기에서 15세기에 걸쳐 급속히 늘어났다. 이론적으로 따져 보면 그런 주장을 펼치는 교회가 더 많았다고 해도 이상할 것은 없었다. 왜냐하면 현대에 들어서 계산을 해 본 결과 그리스도가 십자가에 못 박혔을 때 적어도 2만 8000개에서 50만 개가 넘는 핏방울이 만들어졌을 거라고 추정되기 때문이다.[15]

그리스도의 신성한 피는 유럽에 기독교 국가들이 형성되는 데 기여했지만, 더불어 빨강에 대해서도 새로운 차원을 더해 주었다. 이것은 유럽 사회에 너무나 분명하게 스며들어 있기 때문에 간과하고 지나칠 수가 없을 정도다. 근대 서구 사회는 스탕달이 '적'과 '흑'으로 표현했듯이 기본적으로 종교적인 것과 세속적인 것, 신성한 것과 불경한 것, 경건한 것과 현실적인 것 사이의 구별에 토대를 두고 있다. 성스러운 것은 'sanctified(정화되었다)'라는 뜻이다. 이 단어는 라틴어 상귀네 웅투스sanguine unctus에서 파생된 것으로, '피를 몸에 바른다anointed with blood'는 뜻을 갖고 있다.[16] anointing(성유聖油를 바르다)은 daubing(진흙으로 바르다), smearing(부드러운 물질을 바르다), 즉 몸의 일부분을 덮는다는 것과 통한다. 덮는 것covering은 세비야의 이시도루스가 지적한 것처럼 '색을 칠하다colouring'와 연관된다. 따라서 빨강은 정화된 색이며, 피는 현대 서구 사회의 레드 라인, 혹은 교회와 국가 사이에 놓인 방화벽firewall이다. (피와 불과의 관계는 다음 장에서 다룬다.)

피에는 두 종류가 있다고 했는데 어떤 피가 신성하게 하는 빨강과 관련돼 있을까? 중세 시대에 종교적인 작품을 쓰던 작가들은 인간을 구원한 그리스도의 피는 '상처에서 흘러나온 피가 아니라 출산을 하면서 흘린 피'라고 보았다.[17] 이것은 우리를 깜짝 놀라게 하는 관점인데, 왜냐하면 젠더에 관한 우리의 고정관념을 깨는 것이기 때문이다.

출산과 상처

이브는 자기 자식의 출생 모습을 묘사하면서 하느님이 아담을 창조할 때 썼던 동사와 같은 단어를 사용했다(창세기 4:1). 이것은 출산을 하는 여성의 힘을 성스러운 영역에 있는 힘들과 '동등한' 것으로 위치시키는 것이었다.[18] (세월이 흐르면서 여성들의 그런 힘은 점점 악마와 같은 것이 되었다. 그래서 19세기 인류학자들은 구석기 시대 무덤에서 나온 빨간색이 착색된 유골에 대해 유골의 주인이 여성이라면, 매춘부나 마녀의 것임에 틀림없다고 생각했던 것이다.) 그런데 인간이 하는 출산과 신이 행하는 출산(창조)이 경쟁을 하게 되면서 이 둘은 양립할 수 없는 것이 되어 갔다. 성경 텍스트에서도 그렇고 사회적인 차원에서도, 장인들의 종교적인 의식에서도 ― 예를 들면 적토에서 철을 제련하는 것은 신에 의한 신성한 창조 행위로 여겨졌다 ― 생리 혈과 신성한 피는 같은 차원에 놓일 수 없었다. 하지만 생리 혈과 신성한 피가 양립하느냐

않느냐는 맥락에 따라 — 신전의 안이냐 바깥이냐, 몸의 안이냐 바깥이냐에 따라 — 달리 해석되었다. 예컨대 우리가 앞에서 살펴보았듯이 암석과 금속을 만들어 내는 것은 어머니로서의 대지의 '생리 혈'이었고, (암석과 금속 같은 광물은 물론이고 동물, 식물의 생명도 유지시키는) 흙의 생식력은 땅 밑을 흐르는 대지의 피 덕분이었다.

대 플리니우스는 생리 혈이 와인을 망치고 거울을 흐릿하게 하며 꿀벌을 죽이기 때문에 악하다고 했다. 하지만 동시에 메뚜기를 죽이고 열병을 치료하고 험악한 날씨로부터 포도밭을 지키기 때문에 선하기도 하다고 했다.[19] 결국 이런 차이는 맥락에 따른 것이라고 할 수 있다. 그로부터 1500여 년이 지난 엘리자베스 시대의 영국에서도 생리 혈에 대해 여전히 상반되는 태도가 상존했지만 계몽주의 시대에 이르러서는 긍정적인 방향으로 정리되었다.[20]

계몽주의 시대 이전의 전통 사회가 보여 준 생리 혈에 대한 이중성은 제물로 바쳐진 피에서도 드러난다. 황소나 염소의 피는 공동체를 정화하지만, 사제들이 오염된 공동체를 순화하기 위해 어린 붉은 송아지를 죽일 때 그들 자신이 그 피로 오염되었기 때문이다(레위기 16:19, 민수기 19:2). 제물로 바쳐진 피는 어머니로서의 대지가 갖는 생리 혈을 보충하는 의미도 있었다. 왜냐하면 제단에서 제물의 피를 닦아 내 배수로를 통해 사원 밖으로 흘려보내면 그 피가 거름이 되기 때문이다.[21] 붉은 피는 생명이었고 — 때로는 성스럽고, 때로는 세속적이고, 때로는 생명을 주고, 때로는 생명을 빼앗지만 — 생명이 아닌 적이

빨강의 문화사

없었다. 붉은 피는 영원히 변하지 않는 것과 부패하는 것, 주는 것과 받는 것, 하나로 되는 것과 분열하는 것 사이의 역설을 표현했다.[22]

여자들은 자기 자신의 피를 흘린다. 하지만 남자들은 다른 사람들에게서 피가 흐르게 한다. 그렇게 흘린 피는 서로 섞여서 어떤 피가 누구의 피인지 알 수 없게 돼 버린다. 피는 섞이고 들러붙고 덮는다. 또 피는 정체성을 숨겨 준다. 피를 몸에 발라 정화를 하게 되면 그 사람이 누구인지 분간할 수 없게 되는 데서 이를 알 수 있다. 피가 가진 (어디에나 존재하는) 편재성과 (정체성을 덮어 주는) 익명성은 빨강에는 심원한 생명력이 있다는 관념을 강화한다. 빨강은 남성이든 여성이든, 출산하는 것이든 출생되는 것이든, 살해자이든 살해당하는 자이든, 인간이든 동물이든, 개별적인 존재를 초월해서 작용한다.

코치닐 벌레에서 추출된 크림슨레드와 뿔고둥 달팽이에서 추출된 퍼플레드purple-red는 엄밀히 말해 빨간색 염료일 뿐이지만 당시 사람들은 그것을 벌레와 달팽이의 피로 여겼다. 그래서 이 염료들은 "당신들이 우리를 찌르면 피가 안 나나요?If you prick us do we not bleed?"(《베니스의 상인The Merchant of Venice》, 3막 1장, 59)라는 물음에 대해 '피가 난다'고 답할 것처럼 보인다. 사실 코치닐과 뿔고둥 달팽이는 인간에게 빨강을 주기 위해 자기네들의 목숨을 내놓은 것이었다. 코치닐로부터는 흐르는 피(상귀스)를 얻고 달팽이로부터는 응고된 피(크뤄르)를 얻었다. 케르메스 코디얼은 인간의 심장을 강화해 인간의 수명을 늘려 주기 위해서 케르메스가 자기네 생명을 내놓음으로써

MCM
XIX

IN MEMORY
OF THE
1240 MEMBERS
WHO FELL
WHILE SERVING
WITH
THE REGIMENT
IN
THE GREAT WAR

57 돌로 조각된. 영원히 펄럭이지 않는 국기에 다른 색들과 함께 칠해진 빨강.
영국 국기인 유니언 잭에 들어 있는 성 게오르기우스 십자 문양St George cross은
대개 꼭두서니나 알리자린에서 추출한 빨간색을 사용한다. 이 돌조각도 그 빨간색을
모방하고 있다. (웨일스 왕자의 소총 부대인 런던 대대 소속 15대의 죽음을 기리며.)
[게오르기우스는 로마 제국 말기의 근위대장이자 기독교 최초의 순교자다.
십자 문양의 빨간색은 그의 피를 뜻한다.]

만들어진 것이다.*

빨강은 피와 직접적으로 관계가 없을 때에도 피와 연관되었다. 기린혈이 실제로는 수지인데도 용과 코끼리가 흘린 피로 해석했던 것처럼 말이다. 기린혈 이외의 다른 나무들도 피와 관련지어졌다. 예를 들면 오리나무alder wood는 상처를 입으면 하얀색이 핏빛 빨강blood-red으로 변한다. (아일랜드에서는 오리나무를 점을 치는 데 이용했기 때문에 이 나무를 함부로 베는 것을 금지했다.)²³ 오리나무는 이런 속성 때문에 방패를 만드는 데 사용되었으며, 인류학자들은 청동기 시대의 아일랜드에서 만들어진 오리나무로 된 인간 형상물을 '붉은 전사red man of war'라고 해석했다.²⁴ 마르스Mars와 같은 전쟁의 신들도 빨간색을 하고 있었고, 세상의 종말에 두 번째 말을 탄 기수가 칼을 휘둘러 '땅에서 평화를 앗아갔을 때'에도 그는 핏빛을 한 빨간 말에 올라타고 있었다(요한계시록 6:4). 마블 코믹스Marvel Comics도 이런 전통을 충실하게 따라 슈퍼히어로인 아이언맨Iron Man에게 빨간 의상을 입혔다.

이탈리아의 화가이자 문필가인 조반니 파올로 로마초Giovanni

---

* 이 책의 앞 장에서는 꼭두서니 뿌리와 '핏빛 빨간 거미 모자' 버섯은 빨갛지 않다고 기술했다. 사실 꼭두서니 뿌리와 버섯은 크뤄르지만 이들로부터 추출된 색은 상귀스였다. 이것은 동물에서의 피와 색 관계와는 정반대다. 동물에서는 상귀스는 살아 있고 크뤄르는 죽어 있기 때문이다. 그러나 전통 세계에서는 우주의 자리바꿈 법칙Law of Inversion에 따라 이런 차이를 전적으로 온당한 것으로 받아들였을 것이다. 꼭두서니나 버섯 같은 식물과 달팽이나 벌레 같은 동물은 존재의 거대한 사슬 안에서 서로 다른 관계의 고리에 놓여 있다. 동물과 식물은 자연의 사다리 혹은 천국으로 이르는 계단에서 서로 다른 단계를 차지하고 있다. 또한 각각의 단계는 거울처럼 현실을 비추는 동시에 현실을 뒤집는다.

Paolo Lomazzo는 예술가들을 다룬 책의 한 챕터를 빨강에 관해 할애하면서, 고대 그리스와 로마의 시인들인 호메로스와 베르길리우스Virgilius, 플루타르코스Plutarchos를 인용하며 군대는 전통적으로 빨간색 ― 그것이 꼭두서니든 알리자린이든 '빨강과 그다지 다르지 않은' 자주색이든 ― 을 좋아했다고 썼다.[25] 군대가 빨강을 선호한 까닭은 초서가 "빨강, 위대한 마르스mighty Mars the Red"라며 반복해서 강조했듯이 빨강이 가진 앞으로 이끌어가는 정신 때문이었다.[26] 최근에는 전투를 할 때 군대가 가급적 스스로를 숨기기 때문에 눈에 두드러지는 색을 기피하는 경향이 있지만, 아직도 빨강은 군대에서 치르는 각종 의식에서 가장 선호되고 있으며 군대의 깃발도 빨강을 채택하는 경우가 많다.

붉은 깃발

20세기에는 붉은 깃발이 공산주의와 동의어처럼 인식되었지만, 따지고 보면 깃발에 빨간색을 사용하는 경우가 많다. 1970년대에 137개 국가의 국기를 비교한 조사가 있었다. 이에 따르면, 나름대로 독창적인 방식으로 다른 나라 국기들과 차별화를 꾀하고 있지만, 대부분의 국기 디자인이 표준화돼 있는 것으로 나타났다. 예를 들어 전체 국기의 60%가 수직이나 수평으로 된 줄무늬를 가지고 있었고, 또 전체의 60% 가량의 국기들이 가로 세로 비율이 똑같았고, 전체의 절반 이상은 단 세 가지 색을 사용하고 있었다. 이후 지난 40년간 국가의 숫자가 크게 늘었지만 이 조사에서 나타난 통계치는 거의 변하지 않았다.

이런 사실을 보면 각각의 국가들이 국기를 통해서는 다른 나라들과의 구별을 극대화하려는 생각이 별로 없는 것처럼 여겨진다. 오히려 '같은 클럽에 속한 멤버'로 보이기를 원하면서, 다른 나라들로부터 동떨어지기보다는 동일시되기를 원하는 것 같다. 그 결과 국기는 같은 지역끼리의 연대감을 표하거나(아프리카 국가들은 빨강, 금색, 녹색을, 아랍 국가들은 빨강, 검정, 하양, 녹색을 주로 채택하고 있다), 비슷한 문화권끼리의 연관성(일부 예외는 있지만 대부분의 기독교 국가들은 파란색을 선호하고 이슬람 국가들은 주로 녹색을 선호한다)을 나타내는 듯이 보인다. 그 와중에도 빨강은 기독교나 이슬람 국가들 모두에서 사용되고 있으며 전체 국기의 80% 가량이 빨간색을 포함하고 있다. 이것은 빨강이 모든 국기를 통틀어 가장 인기 있는 색이라는 점을 보여 준다.[27]

국기는 현대의 토템과 같기 때문에 국기와 관련해서는 금기 사항(터부)이 많으며, 국기의 주된 목적은 국민들을 내적으로 긴밀하게 묶는 것이다. 색에 대한 뛰어난 역사학자인 존 게이지는 색이 갖는 의미는 '상징주의 연구를 통해서만' 접근할 수 있으며, 국기 자체가 상징적이기 때문에 국기에 사용되는 색들은 매우 흥미로운 주제라고 밝힌 바 있다.[28] 국기를 접고 펴는 것도 신성함을 전달하기 위해 일정한 의식에 따라 행해진다. 실제로 국기를 '모독'하는 행위를 처벌하는 법이 국가마다 존재한다. 국기는 훼손해서는 안 되며, 닳거나 색이 바랜 국기는 정해진 규칙과 절차에 따라 대체되어야 한다. 예를 들어 관에 국기를 씌울 때에도 사체 위에 덮어야지 사체 아래에 두면 안 된다. 이처럼 국기는 문화적으로 매우 중요한 대상이기 때문에 고유한 신화를 갖는다. 덴마크인들은 국기(빨간 바탕에 하얀색 십자 표시를 하고 있다)가 하늘에서 내려왔다고 믿고 있다. 1219년 7월 15일 에스토니아의 탈린Tallinn[*]에서 전투를 벌이면서 하늘에 기도를 드렸는데 거기에 대한 응답으로 하늘에서 내려왔다는 것이다. 그렇게 받은 빨간색과 하얀색을 한 이 국기 덕분에 불리하던 전쟁이 자신들에게 유리한 방향으로 바뀌었다고 믿고 있다. 그래서 덴마크인들은 자국 국기가 현존하는 국기들 가운데 가장 오래되었다고 주장한다.

국기를 게양할 때는 높이 매달아서 펄럭이게 한다. 그렇게 함으로써 사람들이 눈을 들어 위로 바라보도록 하고, 국기가 개인과 집단, 제도들보다 우위에 있다고 암시하는 것이다. 모든 국기는 밝은 색을 띠고 있다. (전 세계적으로 국기에 사용되는 색은 단 7가지이며 그 색들 가운데 흐릿한 것은 단 하나도 없다.) 국기는 또한 바람에 의해 펄럭이면서 생기를 얻는다.[29] 미국의 애국주의자들은 빨간색과 하얀색, 푸른색 별과 줄무늬를 가진 성조기를 "살아 있는 생명체"로 묘사했으며(1927), "자유자재로 산들바람을 잡았다가 놓아 주는," "마법"을 지니고 있다고 주장했다(1991).[30] 이러한 감상주의는 4세기의 로마인들이 용의 형

---

[*] 에스토니아의 수도로 발트해의 핀란드만 남쪽에 위치하고 있다. ― 옮긴이

상을 한 군대의 깃발에 대해 "입은 산들바람을 향해 열려 있고……분노에 찬 거친 숨소리를 내뿜고…… 꼬리는 바람 속에서 휘감겨 있다"며 경외심을 나타낸 것을 연상시킨다.[31]

위에 소개했던 1970년대의 연구는 각국 정부들이 자국 국기의 색에 대해 공식적으로 어떻게 설명하고 있는지에 대해서도 조사했다. 이에 따르면 가장 흔하게 사용된 색, 즉 빨강을 선택한 이유는 국가마다 대동소이했다.

> 빨강을 채택한 거의 대부분의 국가들에서 빨강은 '침략에 맞서 싸우는 전쟁,' '군대의 용맹,' '용기,' '전장에 뿌려진 피,' '국가를 위해 기꺼이 희생하려는 정신,' '저항,' '독립을 위한 투쟁,' '혁명' 등을 상징했다…… 문화적으로 매우 다른 배경을 갖고 있음에도 불구하고 국기에 사용된 빨강의 의미에 대해서만은 놀라울 정도로 일치된 견해를 갖고 있는 것이다.[32]

국기에 피를 상징하는 빨강이 압도적으로 많이 채택되고 있다는 점은 구 소련에서 분리 독립한 공화국들이 새로 도입한 국기들에 대해 제기된 비판과도 통한다. 1991년 블라디미르 지리노프스키Vladimir Zhirinovsky[*]는 "그들은 국가가 발전하는 과정에서 피의 대가를 치를 수밖에 없다는 사실을 이해하지 못하고 있다"면서 독립 국가들의 새

---

[*] 블라디미르 지리노프스키는 러시아 자유민주당 당수로 러시아 민족 우월주의를 표방하면서 소련 제국과 같은 러시아 제국을 이룩해야 한다고 주장하는 극우주의자다. — 옮긴이

로운 국기가 관념적인 것에 불과하다고 혹평했다.[33] 지리노프스키의 이런 정서는 성조기에 대해서 미국인들이 느끼는 감정을 분석한 사회학 연구와도 일맥상통한다. 이 연구에 따르면 미국인들에게 성조기는 "일정한 시기마다 반복적으로 행해진 피를 바친 희생을 온 국민이 다 함께 기억하도록 만드는 상징"으로서, 미국을 하나로 묶어 주는 유대의 끈이라는 것이다.[34] 전 세계의 모든 국기들은 빨강이 전통적으로 지니고 있던 종교적인 것과의 연관성 — 순교자의 피로서의 빨강 — 을 현대 세계에서 세속적으로 표현했다고 할 수 있다. 국기에 빨강을 채택하면서도 피와의 연관성을 부인하는 국가들 중 한 국가는 '흙'과 관련이 있다고 밝혔다. 이것은 우리가 앞에서 살펴보았던 흙과 빨강의 관계를 확인시켜 준다. 또 다른 국가는 '불'과 연관 지었는데, 불에 대해서는 다음 장에서 살펴볼 것이다. 다른 두 국가는 빨간색을 '태양'과 관련이 있다고 밝혔다. 빨강과 태양의 관계도 이 책 마지막 부분에서 다루게 된다.

빨간색이 들어 있지 않는 몇몇 국기들은 디자인에 '투쟁의 정신 martial elements'을 도입함으로써 기꺼이 피를 흘리겠다는 의지를 암시하고 있다. 하지만 빨간색도 기피하고 투쟁적인 정신의 고취도 기피하는 국기들은 극심한 내전과 내분을 겪고 난 뒤 평화를 추구하거나 중립 외교를 선언한 국가들이었다. 이것은 빨강이 사람들의 공격성을 자극하기 때문에 분쟁을 해결하기 위해서는 빨간색의 사용을 자제해야 한다는 세간에 널리 퍼진 믿음과 상응한다. 예를 들면 1886년 시

58 1970년대에 나온 (구체로 만든) 화성의 모델.
극지방의 만년설ice cap과 분화구를 비롯해 위상학적인 특징을 보여 준다.
화성이 빨간색은 띠는 까닭은 철의 원료가 되는 적철석,
즉 혈석이 존재하기 때문이다.

카고에서 일어난 헤이마켓 광장 사건Haymarket Affair[*] 이후 시 당국은 "거리의 상점 간판에서 빨간색을 일체 사용하지 말아야 하며, 덜 도 발적인 색으로 교체해야 한다"는 지시를 내렸다.[35]

빨간색이 실제로 특정한 행동을 유발하는지 아닌지는 확실치 않지만('황소 앞에서 붉은 천을 흔드는 격'이라는 널리 알려진 관용구도 있지만 말이다), 빨강이 특정한 기대를 품게 한다는 점은 사실이다. 예를 들어 아서왕의 전설에서는 기사knight들이 입는 갑옷의 색에 따라서 서로 다른 힘을 의미했다. 하얀 갑옷을 입은 기사는 선을 행하는 힘을 가지고 있었고, 검은 갑옷의 기사는 미지의 힘을 나타냈으며, 녹색 갑옷의 기사는 자연의 힘elemental force을 행사하는 것으로 받아들여졌다. 반면 빨간 갑옷을 입은 기사는 원초적인 힘raw power을 가지고 있어서 전투에서 항상 승리를 거둘 수 있을 것으로 기대했다. 17세기에 영국이 해적들을 정책적으로 받아들였을 때(그래서 해적들이 운항하던 배의 로프에도 홍실이 들어 있었다) 다음과 같은 이유를 댔다.

> 영국 해적보다 호전적이고 진취적인 해적은 없다. 그들은 다른 어떤 나라에서도 볼 수 없는 진홍색scarlet 옷을 입고 있으며, 그래서 성격도 불같다…… 그들은 맹렬하며 태양과 같이 타오른다…… 코치닐을 잔뜩 실은 배를 꼭 집어내듯이 그들은 어떤 상품에 대해서도 스페인 사람들보다

---

[*] 1886년 5월 4일 1일 8시간 노동을 요구하며 시위하는 노동자들에게 경찰이 발포함으로써 일어난 유혈 참극으로 수많은 노동자들이 사망한 것으로 알려졌다. — 옮긴이

더 많은 것을 해낼 수 있다······[36]

빨간 옷을 걸친 사람들에게서 공격적인 성향을 기대하는 것은 오늘날에도 이어지고 있다. 스포츠 경기에서 빨간 유니폼을 입은 팀은 통계적으로 볼 때 다른 색 유니폼을 입은 팀보다 승리할 확률이 더 높은 것으로 나타나고 있다.[37] 다소 의아하게 여겨질 수도 있는 이런 현상이 일어나는 까닭은 빨간색 유니폼은 그것을 걸친 사람에게 더 강하게 동기를 부여하고 상대 팀의 기를 죽이기 때문인 것 같다. 실제로 그런지 아닌지는 여전히 수수께끼이지만 역사적으로 (콘펙티오 알케르메스처럼) 심장 강장제에 빨강을 사용했던 것이나, (헨리 7세가 입었던 의복에서처럼) 빨간색 예복이 건강에 좋다고 믿었던 사실과도 상통하는 점이 있다.

레드 하트

스포츠에서의 빨간 유니폼은 은밀하게 피를 암시하고, 국기에 사용되는 빨강은 노골적으로 피를 나타낸다. 그런데 공식적으로 국가 기관이 발행하는 문서에 따르면 국기에 사용된 빨강은 단지 크뤄르 — 전쟁에서 부상을 당해 흘리는 응고된 피 — 만을 가리키는 것이 아니라 상귀스 — 전쟁에 임하면서, 적어도 이론적으로는, 기꺼이 희생하겠다고 결의하는 살아 있는 피 — 를 뜻하기도 한다. 이처럼 국가를 위해 기꺼이 살아 있는 피를 바치고자 하는 정신은 사회적인 응집력, 혹은 국가적인 유대감을 드높이는 데 매우 중요한 역할을 한다. 이때의 상귀스는 가족적인 혈족consanguinity과는 정반대로 국가적인 혈족 개념을 뜻한다고 할 수 있다.

우리 눈에 보이지 않고, 숨겨져 있고, 살아 있고, 몸 밖으로 흘러나오지 않은 피인 상귀스는 국가와 같은 집단의 친밀감과 결속력을 강화하는 것만은 아니다. 그것은 개인에게도 강인한 의지를 불러일으키며, 그런 역할은 꽤 오랜 역사를 지니고 있다. 예를 들어 햄릿이 자기 안의 우유부단함을 극복하고 살해당한 아버지를 위해 복수에 나서겠다고 결심했을 때, 그는 이렇게 선언한다. "내 생각에서는 피비린내가 난다my thoughts be bloody"(4막 4장, 66). 이것은 그 이전까지 주저하고 머뭇거리던 햄릿의 "창백한 그림자 같은 생각pale cast of thought"(3막 1장, 85)과는 확연히 다르다. 복수를 결심하기 이전이나 이후의 생각 모두 삼촌의 살인과 관련이 있기 때문에, 햄릿의 '피비린내 나는 생각'은 그 결심이 이끌게 될 피비린내 나는 복수의 행위와는 무관하다. 오히려 더 이상 우물쭈물하지 않는 햄릿의 뜨거운 열정에 초점이 맞춰져 있다. 셰익스피어는 햄릿의 생각을 피와 연관시킴으로써, 풍부하고 대담하고 '에너지가 넘치며,' 열의와 맹렬함과 투지를 가진 빨강과 허약하고 우유부단한 녹색을 대비시키고 있는 것이다.

빨강이 열정과 밀접한 관련을 맺고 있는 것은 전통적으로 피와 가장 관계가 깊은 인체 기관인 심장에 대해서 사람들이 갖고 있던 관

59 21세기에 나온 'I ♥ Tintin(아이 러브 탱탱)'이라고 새겨진 머그잔.
빨간 하트를 그래픽 이모티콘으로 사용하고 있기 때문에
엄밀하게 말하면 저작권법을 위반하고 있지만.
이런 사례는 셀 수 없이 많다.
(그런데 탱탱의 머리카락이 빨간색이었나?)

념의 산물이다. 오랜 과거부터 심장은 생각과 지성, 의지가 머무는 장소였으며, 보다 최근에는 감정과 정서가 머무는 곳으로 인식돼 왔다. 심장은 또한 피를 만드는 곳으로, 인체 중에서 가장 고결한 기관으로 받아들여졌다.[38] 심장과의 이런 관계 때문에 빨강은 차가운 이성보다는 뜨거운 열정을 따르는 굳은 결심 혹은 '진심어린heartfelt' 확신을 표현한다. 이런 관념은 '머리로 아는 것'보다는 '가슴으로 아는 것'을 더 신뢰하는 경향으로 나타난다. 물론 고도의 헌신과 열정은 누군가를 미워할 때만큼이나 누군가를 사랑할 때도 발휘된다. 아니 실제로는 사랑을 할 때 더 많이 발휘된다. 밸런타인데이 때 레드 하트와 장미가 큰 인기를 끄는 것을 보면 이를 알 수 있지 않은가.

빨간색만이 가진 이런 특별한 상징적인 힘이 심장의 형태, 즉 하트 모양과 결합하면 얼마나 큰 힘을 발휘하는지, 동시에 그런 결합을 제한하려는 시도가 어떻게 실패하는지를 극명하게 보여 주는 최근 사례가 있다. 1977년 그래픽 디자이너인 밀턴 글레이저Milton Glaser는 뉴욕주를 홍보하기 위한 마케팅의 일환으로 디자인을 의뢰받았다. 그는 타자체로 된 대문자 'I'와 그 아래 빨간색 하트 문양을 넣은 다음 그 아래에 역시 타자체로 된 대문자 'N'과 'Y'가 들어간 로고를 만들었다. 이 이미지는 스스로 생명을 얻어 수천 가지의 다양한 형태의 변형, 예를 들면 J'♥PARIS나 PARIS JE T'♥ 같은 디자인으로 널리 퍼져나갔다. 이렇게 변형될 때에도 오직 빨간 하트 문양만은 그대로 남아 있었다. 글레이저의 빨간 하트 로고는 상표 등록이 돼 있고 저작권

L'acteur

Ore ſce deux dame de par theſ

60 플랑드르 출신의 채식사 루아제 리에데Loyset Liédet,
〈신에 대한 두려움과 믿음, 사랑 그리고 은총으로 십자가에 못 박히는 하트
The Heart Nailed to the Cross by Fear of God, Faith, Love and Grace〉, 1465년 무렵 제작한
채색 필사본. 15세기에 그래픽 하트를 사용한 많은 예들 중 하나다.

법에 따라 법률적으로도 강력히 보호받지만, 변형된 디자인들은 이런 지적재산권법의 요구를 순순히 따르기를 거부하고 있다.

이 하트 문양의 저작권을 보호하기 위해 변형된 로고들에 대해 법적인 제재를 가하려는 시도는 오만함을 넘어선 태도다. 왜냐하면 저작권을 주장하는 빨간 하트 디자인 자체가 수세기에 걸쳐 이어져 온 하트 문양을 아주 조금 변형시킨 것에 불과하기 때문이다.[39] 빨간 하트의 저작권을 지키기 위한 다양한 시도들이 모두 실패로 돌아갔다는 사실은 편협한 법률적 정의가 자연적이고 시적인 정의와 충돌할 때 어떤 일이 일어날 수 있는지를 잘 보여 준다.

빨강의 문화사

11장

붉은 불

앞에서 살펴보았듯이 자연에서 얻어지는 빨강들 중에는 이름의 어원이 '숯불'에서 온 것이 있다. 브라질이나 카번클이 그런 경우다. 또한 전통 사회에서 만든 합성된 빨강은 모두 불을 통해서 얻어졌다. 적토는 구석기 시대 혈거인의 불에서 얻어졌고 연단은 은 제련사의 불, 버밀리온은 연금술사의 불을 통해서 만들어졌던 것이다. 이들 빨강을 얻기 위해서는 먼저 불을 만들어야 했는데, 사실 불 자체가 — 다른 색도 일부 포함하지만 — 기본적으로 빨간색이다. 불은 무엇보다 열을 발생시키는 성질을 갖고 있으며, 그런 측면에서 불은 실제로 빨간색이든 아니든 간에 (세비야의 이시도루스가 《어원 사전》에서 한 주장을 따르면) 강력한 에너지를 가진 색calor-colour이라고 할 수 있다. 전통 사회의 자연적이고 시적인 관점이 체액 가운데 빨간색을 띤 피를 가장

61 하데스에 맞서는 헤스티아. 둘 다 헤파이스토스의 도움을 받는다. 1980년대 영국. 불은 질서와 무질서의 원천이자, 예술과 과학을 발전시키는 매개체다.

중요하게 여겼듯이, 또한 흙이 가진 생명력 때문에 여러 가지 색을 지니닌 흙을 빨갛다고 보았듯이, 그들은 불에 대해서도 여러 색을 지니고 있음에도 불구하고 강력한 에너지를 가지고 있기 때문에 빨갛다고 보았다.

신화에서 피가 흙과 밀접한 관계를 맺고 있듯이, 피는 또한 불과도 어원적으로 연결돼 있다. 자주색(이 색은 전통적으로 빨강 계열에 포함되었다)을 뜻하는 그리스어는 포르피레오스porphyreos 혹은 피라브게스pyravges다. 이것은 빨강이라는 색이 잘 변하는 특성을 가지고 있다는 사실을 반영한다. 즉 포르피레오스는 피가 몸 밖으로 흘러나오면 색이 변하는 것과 관련이 있고 피라브게스는 불의 색이 변하는 것과 관련이 있다.[1]

흙과 피처럼 불은 우리에게 친밀한 편이다. 그러나 흙과 피의 신비가 대부분 숨겨져 있었다면 불과 관련된 불가사의는 모든 사람이 볼 수 있도록 열려 있다. 흙은 몸의 바깥에서 생명 유지에 필요한 영양을 제공하고 피는 몸의 안쪽에서 생명에 필요한 영양을 제공한다. 반면 불은 스스로가 생명을 가지고 있는 것처럼 보인다. 우리는 불에게 영양[산소]을 제공함으로써 불이 잘 자라나도록 할 수 있고, 영양분을 끊음으로써 굶주림으로 죽게 할 수도 있지만, 일단 기회를 잡기만 하면 불은 스스로 영양분을 취하면서, 게다가 게걸스럽게 영양분을 취하면서 스스로 살아나간다. 불은 우리에게 매혹과 두려움을 동시에 가져다주는데, 이 때문에 우리는 불에 대해 알고 싶다는, 불을 제대로 설명하고 싶다는 욕구를 품어 왔다.

그런 설명 중 하나는 마이클 패러데이가 1860년 크리스마스 시즌에 런던의 왕립과학연구소에서 어린이들을 대상으로 행한 여섯 차례의 강연에서 이루어졌다. 강연 주제는 '촛불의 화학적 역사The Chemical History of a Candle'였다.[2] 이후 불에 대한 과학적인 설명은 화학을 거쳐 물리학, 수학을 통해서 꼼꼼하게 이루어졌고 그 결과 오늘날에는 더 이상 불은 과학자들의 흥미를 끌지 못했다. 하지만 불에 대한 설명이 과학적으로 명쾌하게 해명되었음에도 불구하고 선택된 소수를 제외하면 아이러니하게도 대부분의 사람들에게 불은 더 이해하기 힘든 모호한 대상이 돼 버렸다. 이런 상황을 타개하고자 대안적인 설명들이 대두했다. 19세기와 20세기를 지나면서 수학적으로 점점 복잡해진 열역학에 만족하지 못한 이들은 인간과 불이 맺는 관계에 주목했다. 보이스카우트 대원이라면 누구나 알고 있듯이 불을 얻는 가장 기본적인 방법은 두 개의 나뭇가지를 서로 문지르는 것이었다. 나뭇가지 하나를 날카롭게 깎아 다른 나뭇가지의 구멍에 넣고 돌리거나, 혹은 다른 나뭇가지에 파인 홈을 따라 아래위로 문지르면 불이 얻어졌다. 불을 얻기 위한 이런 리드미컬한 움직임을 보고 어떤 어른들은 성적인 측면을 떠올리기도 했다. (하지만 나는 건전한 생활을 모토로 삼는 보이스카우트 대원들이 이런 움직임에서 성적인 측면을 간파했을 것이라고는 믿지 않는다.)[3] 이렇게 얻어진 불은 두 나뭇가지의 자식이지만 일단 불이 활활 붙게 되면 금방 그 부모를 삼켜 버리게 된다.

불을 수학적으로 접근하는 것과, 성적인 측면에서 바라보는 두 개의 관점은, 이성과 상상력이라는 두 개의 분리된 설명 방식을 갖게 된 근대적인 사고의 한 예라고 할 수 있다. 이러한 분리는 18세기에 불을 플로지스톤phlogiston이라는 용어로 설명했을 때부터 시작되었다고 할 수 있다. 플로지스톤은 가연성 물질에 내재한 불의 원리로서, '연소 과정에서 밖으로 해방된다'고 여겨졌다.[4] 플로지스톤이 나오기 이전의 수천 년간 불은 아리스토텔레스가 말한 4원소 중 하나였다. 이 4원소(흙, 물, 공기, 불)는 이성적이면서도 상상적인 추론의 산물이었다. 4원소설은 우리에게 친근한 물질인 흙과 물, 공기 ─ 이들은 각각 단단하고, 유동적이며, 공중에 떠다니는 특성을 반영한다 ─ 를 통해 이 세계의 존재 방식을 설명했다.[5] 반면 4원소 중 하나인 불은 흙, 물, 공기와는 달리 매우 불가사의한 존재였다. 불은 항상적으로 존재하는 것이 아니라 만들어지고 소비되는 과정에서만 존재하며 그 과정도 인간의 눈에는 숨겨져 있거나 가려져 있다. 예를 들어 원소로서의 불은 음식을 소화시키고 몸을 데워 주는 역할을 하는 열로서, 신진대사의 원천이다. '불'이 몸 안에서 신진대사를 일으킨다는 개념은, 피에서 알 수 있듯이, 우리의 몸 안이 붉다는 것, 혹은 붉어야 한다는 믿음을 더욱 강화시켰다.

특징설Doctrine of Signatures[*]과 전통 사회의 논리는 색에 중요성을

---

[*] 각 질병에는 그 질병을 치료하는 특정한 식물이 있으며, 식물의 색, 형태에 따라 치료법이 다르다고 믿었다. ─ 옮긴이

부여하면서 배빗의 색채치료학chromotheraphy을 낳았고 그 너머까지 발전하는 근거가 되었다. 이것은 또한 아리스토텔레스의 4원소설에서 불이 뜨거움과 건조함이라는 특성을 가지고 있다는 사실에 기초를 두고 있다.* 스위스의 연금술사이자 의학자 파라켈수스Paracelsus가 "장미처럼 불타는 색을 가진 꽃들은 염증 치료에 효과가 있다"고 기록한 것에서도 이를 알 수 있다.[6] 전통적인 원소들이 갖는 특성은 마음을 치료하는 데도 적용되었다. 예를 들어 루비나 석류 같은 빨간 돌들은 사람의 마음을 편하게 가라앉힌다. 왜냐하면 그런 돌에 들어 있는 '뜨겁고 건조한' 특성이 우울한 마음이 가진 '차갑고 습한' 특성을 상쇄시켜 주기 때문이었다. 한편 4원소설의 기원에는 그리스의 신 4명이 연관돼 있었다. 엠페도클레스Empedocles에 따르면 불은 하데스를 추상화한 것이었다(공기는 제우스, 물은 페르세포네, 흙은 헤라와 관련 있었다).[7]

죽음의 신 하데스

죽음의 신이자 지하 세계의 지배자인 하데스는 바다의 신인 포세이돈과 모든 신의 통치자인 제우스와 형제지간이다. 이 셋은 모두 크로

---

* 주류 의학에서도 몸의 숨겨진 부위에서 작열감을 느끼거나 피부에 빨간 발진이 생겼을 때 '소염제,' 즉 '항염증제anti-inflammatory'를 처방하는데, 이것은 '불을 가라앉히는' 약이라는 뜻이다.

노스의 자식들로서 '신이 가진 힘의 세 가지 측면'을 상징한다.[8] 하데스는 '어두운 지하 세계'에 살면서 단 한 번 (조카딸인 페르세포네를 납치하기 위해) 지상으로 나갔다. 그는 또 자기를 누구의 눈에도 보이지 않게 만드는 모자(투구)를 썼다.[9] 신화에서 하데스의 비중은 상대적으로 작은 편인데, 그도 그럴 것이 그의 이름이 '숨겨져 있다hidden'는 뜻이기 때문이다. BC 5세기 무렵 그의 이름은 플루톤Plouton(로마 신화에서는 플루토Pluto)으로 바뀌었는데 이것은 '부를 주는 자giver of wealth'라는 뜻이었다. 이 별칭은 지하 세계의 힘(생명을 번식시키는 흙의 힘과 금속을 만들어 내는 광석의 힘)을 가리킨다고 할 수 있다.[10] 하데스 – 플루톤Hades-Pluton, 즉 '숨겨진 부hidden wealth'는 회화에서 농작물을 가득 담은 풍요의 뿔과 금속으로 만든 농기구를 품고 있는 모습으로 묘사되었다.

하데스 – 플루톤은 불의 신으로서, 숨겨져 있지만 생산적이기도 한 특성을 갖는데, 이것은 적토가 가진 능동적인 성격을 강조한다. 적토에서 인간이 창조되고, 죽은 자들에게 적토를 발랐다는 사실은 적토가 탄생과 죽음에 모두 관여한다는 점을 암시한다. 또한 하데스와 그가 잠깐 잠깐씩 만났던 그의 아내 페르세포네가 적토를 통해 생식의 순환을 관장한다는 점도 나타낸다. 하데스와 페르세포네가 가진 힘은 죽지 않는 드라큘라가 자신의 힘을 유지하기 위해 흙을 사용했다든지, 스코틀랜드왕들이 피정복자들에게 땅의 흙을 갖다 바치도록 명령한 사실과도 연결된다. 나아가 전통 사회에서 흙과 광석, 엑스칼

리버를 만든 금속과의 관계를 통해 합성된 빨강을 만들어 냈던 것과
도 일맥상통한다. 하데스의 지하 세계 왕국은 숨겨진 불의 신이 거주
하는 곳으로서, 지구 중심에는 불이 있다는 오래된 관념과도 통한다.
옛사람들은 지구 중심에는 죽은 자들의 '생명력'이 머물고 있다고 보
았던 것이다.[11] 이것은 또한 흙은 (실제로는 아니지만 명목상으로) 빨간
색이며, 헤시오도스가 '생명의 재료'는 신들에 의해 '우리에게는 숨겨
져 있다'고 주장한 사실을 떠올리게 한다.[12] 불이 숨겨져 있다는 사실
은 '부싯돌fire stones'을 서로 부딪히면 순간적으로 불꽃이 타오르는 데
서도 알 수 있다. 중세 시대의 세공사들은 이것을 두 개의 돌이 성적
으로 서로 이끌린 것이라고 해석했다. 보다 강렬한 예로는 에트나 화
산과 베수비오 화산을 들 수 있다. 이것은 지구가 자신이 가진 불의
힘을 파멸적인 형태로 보여 준 것이라고 할 수 있다. 이런 화산들은
지하 세계에 있는 불의 강river of fire에 의해 유지된다. 플라톤은 이것
을 인간이 가진 분노의 열기heat of anger에 비유했다.[13]

　소우주(인체)와 대우주 사이에 일치된 관계가 존재한다고 믿었던
전통 사회에서는 하데스의 숨겨진 불이 갖는 생산적인 측면은 '영감
과 야심을 지닌fire in their bellies' 의욕이 몹시 충만한 사람들에게서 나
타난다고 믿었다. 반면 불이 가진 파괴적이고 분노하는 측면은 '욱하
는 성질이 있는hot tempered' 사람이나 '화를 잘 내는see red' 사람에게서
나타난다는 것이다. 이처럼 하데스의 불은 두 가지 방식으로 드러난
다. 하지만 불이 가진 힘은 한 신이 다 총괄할 수가 없다. 그래서 불을

관장하는 두 번째 신이 필요하게 되는데 바로 헤스티아Hestia다.

불의 여신 헤스티아

불과 화로의 여신 헤스티아는 대지의 여신인 데메테르와 천공天空의
여신인 헤라와 자매지간이다. 이들의 아버지는 크로노스였다. 헤스티
아는 크로노스의 막내딸이라는 설도 있고 맏딸이라는 설도 있다. 왜
냐하면 크로노스는 아내인 레아가 자식을 낳자마자 차례로 모두 집
어삼켰다가 다시 토해 냈는데, 막내딸 헤스티아가 다시 토해낼 때는
가장 먼저 나왔기 때문이다. 그녀는 남자 형제인 포세이돈과, 조카인
아폴론의 구애를 받았으나 둘 모두 거절하고 평생 순결을 지키겠다
고 맹세했다. 헤스티아의 처녀성은 그녀가 사람들 눈에 거의 띄지 않
는 것으로 상징되었다. 하데스와 마찬가지로 그녀는 그림으로 묘사된
적이 드물었으며, 가끔 아무런 장식이 없는 텅 빈 집에서 타오르는 불
꽃으로 표현되었다. 헤스티아는 다른 자매 신들과는 공유하는 특징이
거의 없었으나, 인간의 가정에서는 매우 공경 받는 여신이었다.[14]

　헤스티아가 가정에서 맡은 역할이 고대 로마에서는 '베스타*'의
여사제Vestal Virgins'라는 형태로 제도화되었다. 이들은 여섯 살에서 열
살 사이의 왕가 출신 소녀들로, 30년간 처녀성을 유지하면서 베스타

---

* 베스타는 불과 부엌의 여신으로 그리스 신화의 헤스티아에 해당한다. ― 옮긴이

신전에서 영원한 불을 지키고 성소를 돌보고 의식을 집전하는 역할을 맡았다. 이들은 어떤 제도적인 구속도 받지 않았을 뿐 아니라, 생물학적인 아버지와 황제를 포함한 모든 남성들보다 더 우월한 지위를 누렸다. 공개적인 의식에서 사제 역할을 맡았고, 처녀의 몸으로서 결혼하지 않은 딸과 결혼한 여성이라는 역할 모두에서 벗어나 있었던 이들의 존재는 고대 로마가 정치적, 법적, 종교적으로 분리돼 있음을 상징했다. 베스타의 여사제는 이러한 분리를 통해 원초적인 힘(권력)을 길들였음을 보여 주었고, 국가 권력이라는 것도 국가 안에서 정치인들이 차지하는 애매한 위치에 의존하고 있을 뿐임을 보여 주었다.[15]

비트루비우스는 베스타 여신의 힘이 사회 및 사회적 질서의 원천이었다고 주장했다. 또한 어떤 전설에 따르면 은퇴한 베스타 여신이 로물루스Romulus*와 레무스Remus의 어머니가 되었다고 한다.[16] 결국 헤스티아의 불은 시민적 질서의 원천이었던 것이다. 하지만 불은 무질서를 일으키는 가장 강력한 원인이기도 했다. 하데스의 예에서 알수 있듯이 베수비오 화산으로 폼페이가 멸망했고, 그보다는 덜 극적이지만 매년 주기적으로 땅에게서 생식력을 빼앗는 것이다. 그렇다면 (자궁이기도 하고 무덤이기도 한) 흙과 (상귀스이기도 하고 크뤄르이기도 한) 피처럼 불도 두 가지 측면 — 무질서를 일으키는 하데스 같은 면과 질서를 유지하는 헤스티아 같은 면 — 을 가지고 있다고 할 수 있

---

* 로물루스는 로마를 건설한 것으로 알려진 로마의 초대 왕이다. 쌍둥이 동생 레무스와 함께 티베리스강에 버려졌으나 암컷 늑대의 젖을 먹으며 자랐다고 한다. — 옮긴이

다. 그러나 불에게는 제3의 방식이 있으니, 전설적인 대장장이인 헤파이스토스Hephaistos[*]에게서 찾아볼 수 있다. 헤파이스토스와 같은 역할을 하는 인물은 성경에서는 투발-카인Tubal-cain,^{**} 로마 신화에서는 불카누스Vulcanus, 노르웨이와 북유럽 신화에서는 볼룬드Volundr, 영어권에서는 웨이랜드Wayland^{***}다.

대장장이의 신 헤파이스토스

헤파이스토스는 신들의 다음 세대에 속한다. 그의 어머니는 헤라였고, 아버지는 그녀의 남자 형제인 제우스라는 설이 있지만, 사생아이거나 아버지를 모른다는 설도 있다.[17] 다른 많은 대장장이 신들과 마찬가지로 헤파이스토스는 절름발이였다. 그의 불구 때문에 어머니가 하늘에서 그를 땅으로 던져 버렸다고 한다.[18] 그는 신화에서 큰 비중을 차지하지 않았으며 주로 신과 인간들을 위해 보석이나 무기를 만드는 일을 했다. 신화에서 헤파이스토스가 해낸 가장 중요한 일은 아테나의 산파 역(도끼로 제우스의 머리를 열고 그 안에서 다 자라 있던 전쟁과 지혜의 여신인 아테나를 빼냈다)과, 판도라를 창조한 것(제우스의 지시

---

* 헤파이스토스는 불과 대장장이의 신이다. 제우스와 헤라의 아들이며 아프로디테(비너스)의 남편이다. 절름발이며 수염이 많고 모자를 썼다. — 옮긴이

** 투발 카인은 카인의 자손 라멕이 두 아내 중 하나인 질라를 통해 얻은 아들로 대장장이의 조상이다. — 옮긴이

*** 웨이랜드는 요정들의 왕으로 대장장이 일의 명인이다. — 옮긴이

에 따라 진흙으로 판도라를 빚었다), 프로메테우스를 (역시 제우스의 명령
에 따라) 바위에 묶은 것이었다. 프로메테우스는 불을 훔쳐 인간에게
준 죄로 벌을 받았고, 그 불을 받은 인간은 판도라가 운명의 상자를
열어젖힘으로써 벌을 받게 되었다. 그리고 아테나는 ― 인간이 전쟁
을 좋아할 수도, 현명해질 수도 있도록 함으로써 ― 인간이 불을 통해
무엇을 할지 스스로 결정하도록 했다.

　헤파이스토스의 이름은 불과 동의어로 자주 쓰였다. 그는 암피
구에이스Amphigueeis라고 불리기도 했는데 '두 발을 절뚝거리다' 혹은
'양손의 기술이 뛰어나다'는 뜻을 가진 이 이름은 헤시오도스와 호메
로스에 의해서 사용되었다.[19] 금속을 다루는 헤파이스토스의 기술은
의문의 여지가 없을 정도로 탁월했다. 그가 다리를 저는 것은 현대의
어떤 학자가 주장한 것처럼 만성 비소 중독 같은 금속을 다루는 기술
자가 걸리는 직업병은 아니었다.[20] 그의 불구는 후천적이 아니라 선천
적인 것이었다. 이 사실이 상징하는 것은, 불은 고삐가 풀려 있을 때
는 파괴적으로 되지만 절뚝거릴 때는, 즉 적절히 통제될 때는 창조적
으로 된다는 것이다. 헤스티아가 권력의 분리를 통해 원초적인 힘을
길들였듯이, 헤파이스토스는 절뚝거림으로써 원초적인 힘을 다스렸
던 것이다. 하데스, 헤스티아, 헤파이스토스는 모두 불을 바라보는 고
대인들의 모순된 태도를 반영한다. 그러한 모순은 중세 유럽에서도
확인할 수 있는데, 헤파이스토스의 숙련된 기술을 직접적으로 이어받
은 후계자들에게서 특히 두드러졌다.

　　　　　　　　　　　　　　　　　　빨강의 문화사

금속 직공들

첼리니의 〈메두사의 머리를 든 페르세우스〉는 원래 대리석으로 만들 계획이었으나 후원자였던 코시모Duke Cosimo 1세가 금속에 관심이 많아 청동으로 조각하기를 원했다.[*] 청동은 신비한 이야기를 간직한 유서 깊은 금속이다. 엠페도클레스는 청동으로 된 신발을 남기고는 에트나 화산의 분화구에 뛰어들어 죽었다. 마법사들은 화산 분화구를 지하 세계와 연결된 통로로 보았다.[21] 청동은 주로 부드러운 구리로 이루어져 있었다. 구리는 비너스, 즉 아프로디테의 금속이었다. 그러나 주석 ― 주피터, 즉 제우스의 금속 ― 을 약간 섞으면 구리는 총포 같은 무기나 조각품을 만들 수 있을 만큼 단단해졌다. 첼리니는 〈메두사의 머리를 든 페르세우스〉를 청동으로 조각하는 과정에서 기술적으로 몹시 어려움을 겪었다. 그는 거푸집을 만들기 위해 코시모의 무기고를 관장하고 있던 주물공들의 도움을 받아야 했다. 하지만 그 자신의 설명에 따르면 그들은 "내가 가지고 있는 만큼의 천재성이 부족해" 그들과 작업을 함께할 수가 없었다.[22] 혼자 작업에 나선 그는 주물을 거푸집에 붓는 중요한 단계에서 청동이 그대로 굳어 버리는 바람에 패닉 상태에 빠져 버렸다. 하지만 곧 기지를 발휘해 자기 집에 있는 (구리와 주석으로 된) 모든 땜납들을 다 끌어 모아 청동에 섞자 굳

---

[*] 그러나 페르세우스가 들고 있는 칼은 철로 만들어졌다.

62 벤베누토 첼리니의 〈메두사의 머리를 든 페르세우스〉, 1545~1553.
이탈리아 피렌체의 시뇨리아 광장 로지아 데이 란치Loggia dei Lanzi에 있다.
메두사의 잘린 머리에서 산호를 닮은 피가 흐르고 있는 모습이다.

었던 것이 다시 풀리게 되면서 '죽음에서 소생하게 되었다.' 주물공들이 사용하는 불은 생명을 흐르게 하는 피처럼 구리와 주석의 합금이 매끄럽게 흐르도록 했다. 첼리니는 청동이 베네치아산 유리그릇처럼 '재료 자체도 뛰어날 뿐 아니라 잘 녹는다는 점에서도 탁월하다'는 것을 깨닫게 되었다. 그는 청동을 녹이는 데 성공한 것이 자신을 '죽음의 공포'로부터 구해 냈다고 말했다.[23]

〈메두사의 머리를 든 페르세우스〉는 고대 이집트와 그리스, 로마인들에게 알려져 있던 기술을 사용했는데, 그 기술은 첼리니가 활동하던 무렵에서야 재발견되었다.[24] 첼리니가 사용한 방법은 이랬다. 가장 먼저 밀랍으로 조각상 모델을 만들고 거기에 밀랍으로 된 가느다란 막대(이것은 탕구湯口/sprue로서 나중에 액체 청동을 붓는 통로 역할을 하게 된다)를 꽂았다. 이어 모델과 탕구를 감싸도록 거푸집을 조립했다. 이 상태에서 왁스가 녹아서 다 없어질 때까지 불로 가열을 했다. 마지막으로 텅 빈 거푸집에 액체 상태의 청동을 붓고 식을 때까지 기다렸다가 거푸집을 떼 내고 청동 조각상을 꺼냈다. 이 '로스트 왁스lost wax' 주조법은 아무것도 없는 상태에서(거푸집 안이 텅 비어 있기 때문에) 어떤 것(청동)을 만들어 내는 방법이었다. 그것은 신이 세상을 창조한 방식인 무에서ex nihilo의 창조를 금속 직공들이 본받은 것이라고 할 수 있다.

예술가들은 의도적으로 신의 창조 방식을 모방하려고 했다. 전통적으로 동물, 식물, 광물로부터 빨강을 얻을 수 있다는 사실은 신이 세상을 창조하는 과정에서 빨강이 어떤 역할을 맡았다는 사실을 보여 준다. 다시 말하면 신이 빨강에게 의미를 주었고 빨강은 다시 자신의 의미를 통해 신의 창조에 어떤 의미를 부여하게 되었다. 즉 전통 사회의 합성된 빨강인 적토, 붉은 납, 버밀리온은 모두 [빨강으로 대표되는] 불을 통해서 만들어졌던 것이다. 이것은 근대 이전의 사회 혹은 근대 초기의 세계에서는 물질의 의미와 색의 의미 사이에는 서로를 보강해 주는 관계가 있었다는 것을 뜻한다. 그래서 당시 사람들은 갓 주조된 청동 조각상이 발하는 황금빛이 나는 밝고 빛을 반사하는 표면을 보면서 마치 불을 단단한 형태로 고정시켰다는 느낌을 가졌다. 청동 주물이 고도의 기교를 필요로 하고, 또한 감동을 주기 위해서 고안된 것임을 잘 알고 있던 당시 사람들은 주조된 청동의 반짝이는 모습만 보고서도 숙련된 금속 직공들이 ― 헤파이스토스처럼 ― 사물을 변용시키는 불의 힘을 다스릴 수 있다고 믿게 되었다.

직공들이 가진 고도의 기능과 그들이 만들어 낸 생산물이 가진 사물을 변용시키는 힘을 가장 충실하게 활용한 것이 청동으로 된 문이었다. 청동문이 세워진 위치와 그 기능을 살펴보면 이를 알 수 있다. 과거에 청동 문은 매우 중요한 가치를 지닌 건물의 입구에 세워졌다. 예를 들어 12세기 초 파리 생 드니 수도원Abbey of St Denis의 쉬제르 수도원장Abbot Suger은 수도원 입구에 청동 문을 건립하도록 지시했다. 쉬제르는 이 청동 문을 "고귀하고 눈부시다"고 묘사하면서 이 문이 "이곳에 들어서는 사람들의 마음을 밝혀 주고, 이 문이 발하는 빛을 통해 진실한 빛the True Light으로서의 그리스도에게로 다가갈 수 있기"를 기대했다.[25] 누군가가 이 문을 밀고 들어서면 청동 문에 반사된 빛이 함께 움직였을 것이다. 이것은 마치 원래 청동 문을 만들 때 사용되었던 불이 가지고 있던 빛이 바깥으로 퍼져 나오면서 문의 표면에 생기를 불어넣는 것처럼 보였을 것이다. (이처럼 서양의 문이 지녔던 의미는 그보다 500년가량 앞서 동방의 성상eastern icon이 지녔던 의미와 정확히 일치한다. 광택이 나는 금속과 에나멜로 된 비잔틴의 성상은 '불을 붙잡아 둔 것'이며 신의 빛과 '접촉한 성스러운 유물'이라고 여겨졌다.)[26] 청동으로 된 출입구, 즉 고귀한 불이 만들어 낸 문은 세속적인 영역과 성스러운 영역을 나누는 경계이자 문턱으로 정의되었다.[27] 쉬제르 수도원장에게 청동 문을 들어선다는 것은 파리의 번잡한 거리로부터 신의 왕국으로 이행하는 것이었다. 혹은 적어도 이 지상에서 신을 기억하도록 봉헌된 장소로 들어서는 것이었다.

하지만 오늘날에는 청동 문이 갖는 힘은 두 가지 이유 때문에 쉽게 잊혀져 버렸다. 첫째는 녹청*이 청동 표면을 어둡게 만들어 광택이 사라져 버린 바람에 더 이상 청동 문에서 붉은 빛이 반사되는 것을 볼 수 없기 때문이다. 둘째는 오늘날의 우리는 습관적으로 사물을 공간 어딘가에 자리 잡은 것으로만 인식하기 때문이다. '공간space' — 공간은 사물을 담는 그릇일 뿐 아무런 특징이 없다 — 의 현대적인 개념은

---

* 구리 표면에 생기는 녹색의 녹을 말한다. — 옮긴이

빨강의 문화사

'장소place'에 대한 전통적인 개념과는 확연히 다르다. 공간은 중립적이지만, 장소는 그렇지 않다. 만물은 각자의 '장소'를 가지고 있다.

전통 사회에서 불은 자신의 장소를 가지고 있었으며 그 장소가 어디인지를 알고 있었다. 첼리니는 자신의 주조 공장에서 불을 지키기 위해 갖은 애를 썼다. 불은 다른 어딘가로 가기를 원하며 고삐가 풀리면 자신이 원하는 어디라도 갈 수 있다. 또한 관심을 소홀히 하면 금방 사그라지면서 죽어 버릴 수도 있다. 전통 세계에서는 4가지 원소들이 각자 이상적인 장소를 갖고 있다고 믿었다. 흙은 우주의 중심이 그 장소이고, 물은 흙을 둘러싼 구球가 그 장소이며, 공기는 물을 감싸며, 불은 가장 바깥층에 자리 잡고 있다. 불 위에는 하늘이 있다. 하늘에는 달의 궤도를 비롯해 행성과 별들이 중첩된 구의 모양으로 자리 잡고, 모든 것을 아우르는 신의 정신이 머물고 있다. 불의 자연적인 운동은 ─ 베수비오 화산 아래 있을 때나 첼리니의 주조 공장에 있을 때나 한결같이 ─ 위쪽을 향한다. 중세 독일의 신비주의 사상가 마이스터 에크하르트Meister Eckhart에 따르면 불은 "본성상 고귀한 특성을 갖고 있으며" "하늘에 혀가 닿을 때까지" 위로 움직이는 것을 멈추지 않는다.[28] 불의 자연적인 '장소'는 흙(지구)으로부터는 아주 멀리 떨어져 있는 하늘에는 가까운 것이다.

산호가 물 아래에서는 부드럽고 공기 중에 나오면 딱딱해지듯이 사람도 자신이 어느 장소에 있느냐에 따라 자신을 변용시키는 힘을 느낄 수 있다. 예를 들어 우리는 몽마르트 거리에 있을 때와 생 드니 수도원의 신도석에 앉아 있을 때 서로 다른 사람이 된다. 그리고 그러한 이행은 붉게 빛나는 청동 문을 지나면서 이루어진다. 다시 말하면 전통 세계에서는 불을 고정시킨 것, 즉 청동 문을 통해 세속적인 장소로부터 신성한 장소로 옮겨 갔던 것이다.[29]*

신적인 변용

물질을 변화시키는 예술가들은 항상 찬탄과 의혹을 동시에 불러왔다. 그들의 창조하는 능력은 신과 닮은 것처럼 보인다. 예를 들어 피그말리온은 조각상인 갈라테아Galatea를 만들 때 헤파이스토스의 판도라를 흉내 냈다. (이보다는 덜 직접적이지만 히긴스 교수가 일라이자 둘리틀을 창조해 낸 경우도 생각할 수 있다.)** 전통 세계에서의 예술가는 사물의 외관이 아니라 사물의 본성을 모방하려고 했다. 예를 들어 지하에서 지질학적으로 진행되는 과정을 모방함으로써 수은과 황으로부터 버밀리온을 만들어 냈던 것이다. 예술이 힘을 가질 수 있었던 까닭은 예술가들이 신이 창조하는 방법을 모방하고 있다고 믿었기 때문이다.

---

* 우주의 구조로 볼 때 천국으로 들어가기 위해서는 실제로는 공간적으로도, 정신적으로도 불을 거쳐야 하는데, 불과 물을 거쳐야 한다고 말해져 왔다. 만약 교회의 청동 문을 불이라고 하면 대리석 벽은 물이라고 할 수 있다. 그래서 서쪽으로 난 거대한 문으로 들어가 신도석을 향해 동쪽으로 나아가는 것은 불과 물을 모두 거치는 것을 상징했다.
** 히긴스는 조지 버나드 쇼George Bernard Shaw의 희곡《피그말리온Pygmalion》(1913)의 주인공으로, 속물적이고 교양 없는 꽃 파는 일라이자 둘리틀을 세련된 숙녀로 변모시킨 음성학 교수다. ─ 옮긴이

63 성령강림절의 불에는 사물을 변용시키는 힘이 있으며(사도행전 2:3)
보통 불의 '혀'가 내려오는 것으로 묘사된다.
그러나 1400~1420년 무렵 파리에서 그려진 이 채색 필사본에서는
성령이 환각적인 색채의 파도 모양으로 표현돼 있다.

첼리니가 만든 붉은 청동으로 된 메두사가 미켈란젤로의 하얀 대리석으로 된 다비드를 얼어붙게 만들 수 있었던 것도 피를 닮은 영혼이 액체 금속의 형태로 거푸집으로 스며들어 갔기 때문이었다. 생 드니 수도원에 세워진 붉은 청동으로 된 문도 그 문을 지나가는 사람들 속으로 적절한 경건함으로 불어넣었다. 불이 청동을 변용시켰을 뿐 아니라 우리 자신도 변용시켰기 때문이다.

불이 가진 변용시키는 힘은 빨강과 관련된 홍실이 될 수 있다. 헤스티아가 가정에서 발휘하는 힘과 헤파이스토스의 창조하는 힘은 기독교 전통에서는 요셉이라는 인물을 통해 계속 이어졌다. 요셉은 성모 마리아와 아기 예수의 수호자였지만 동시에 몇몇 전통에서는 대장장이(목수와는 정반대로)로도 그려졌다. 중세 후반에는 요셉을 장인으로서 숭배하는 경향이 일어났는데, 그것은 그리스도가 미천한 환경에서 태어났다는 사실을 강조하면서, 동시에 노동을 미덕으로 칭송하고 장인을 놀라운 비밀을 다루도록 허락받은 사람으로 바라보는 관점이 담겨 있었다. 그런데 여기에는 장인은 지혜와 힘을 가지고 있기 때문에 존경받아야 하지만 그 힘으로 위험을 초래할 수도 있는 변방의 아웃사이더로 바라보는 관점도 담겨 있었다.[30] 이처럼 요셉에 대한 숭배는 헤파이스토스, 불카누스, 볼룬드, 웨이랜드가 가진 특성을 모두 합쳐놓은 것이었다. 또한 뒤러의 그림 〈이집트의 성 가족The Holy Family in Egypt〉에 딸린 시에는 요셉은 "청동을 다듬는다forge bronze"고 돼 있다.[31] 4세기경 밀라노의 주교였던 암브로시우스Ambrose는 요셉을

64 불의 혀.

"기능이 뛰어난 장인"이자 "불과 영혼으로 작업을 했던 그리스도의 생부Father of Christ"로서, "우리의 악덕을 다듬어 없애 주고 정신의 불로서 영혼의 딱딱함을 부드럽게 풀어 주는, 영혼을 다루는 뛰어난 장인"이라고 했다.[32]

불은 인간적인 것들을 정신적인 것으로 변용시켰다.[33] 신이 보낸 천사는 불타는 덤불 안에서 말을 하며 신은 '불 한가운데서' 말을 했다(출애굽기 3:2, 신명기 4:12). 성령강림절Pentecost*에 성령the Holy Spirit은 불의 혀tongues of fire의 형태로 나타나 서로를 이해하도록 함으로써 바벨에서 일어난 언어적인 혼란을 일시적으로 되돌려 놓는다(사도행전 2:3~8, 창세기 11:7). 지칠 줄 모르는 불은 풀무 가까이 있던 유대의 예언자 다니엘과 그 일행은 전혀 건드리지 않은 채 왕겨를 태웠다(마태복음 3:12, 다니엘서 3:26). 불은 불필요한 찌꺼기는 태워 버리고 내면의 정신을 일깨웠다. (이것은 로마인들이 부식돌腐蝕石**을 가열해서 액체 금속이 흐르게 함으로써 그 돌에 '유폐돼 있던' 사투르누스 신***과 디아나 여신을 깨운 것과 비슷하다.) 불은 지옥에서 정화시키는 힘을 가지고 있었다. 이것은 중세 기독교 전통에서는 매우 중요하게 다뤘던 부분이었다. 단테가 《신곡La Divina Commedia》에서 지옥과 천국에 동일한 분량

---

* 부활절 이후 50일째 되는 날. 유대교의 3대 절기인 오순절과 같은 날이어서 '오순절'이라고 부르기도 한다 — 옮긴이
** 풍화되어 푸석푸석하게 된 돌을 말한다. — 옮긴이
*** 로마 신화에서 농경 신으로, '씨를 뿌리는 자'라는 뜻이다. — 옮긴이

을 할애했던 것도 이 때문이었다. 하지만 근대에 접어들면서 지옥 불 hellfire을 경시하는 경향이 생겼다. 지옥은 이제 재난 영화에서 더 많이 찾아볼 수 있게 되었다. 즉 오늘날의 불은 죄를 태우는 것이 아니라 사물을 태우고 있는 것이다.

과학적인 변용

불은 이제 종교보다는 과학의 도구로 자리 잡았다. 그러나 불과 과학의 관계는 불과 종교의 관계와 마찬가지로 마술적이다. 이탈리아 역사학자 카를로 긴츠부르그Carlo Ginzburg는 현대 과학의 탐구 방법은 선사 시대의 사냥꾼이 쓰던 방법에 뿌리를 두고 있다고 주장했다. 즉 사냥감을 쫓을 때 "땅에 떨어진 털이나 깃털을 조사하고, 냄새를 맡고, 물웅덩이를 살피고, 침의 흔적"을 좇는 것과 같다는 것이다.[34] 이 과정에서 사냥꾼들은 자연을 자세히 관찰함으로써 불을 발견하고(혹은 불이 일어나도록 하고) 인공적인 빨강을 발견하기도 했던 것이다. 과거의 신화가 대지의 불이나 붉은 암석에 높은 가치를 부여한 것은 과학적이 아닌 것처럼 보일 수도 있겠지만, 독일 철학자 에른스트 카시러Ernst Cassirer는 "과학적인 이론과 신화적인 인식 사이에는…… 어떤 분명한 경계선도 없다. 과학은 태곳적부터 전해져 온 신화적인 유산을 오랫동안 보존해 오고 있으며, 과학이란 그 유산에 다른 형태를 부여하고 있을 따름"이라고 말했다.[35] 이보다 더 나아간 파격적인 주장

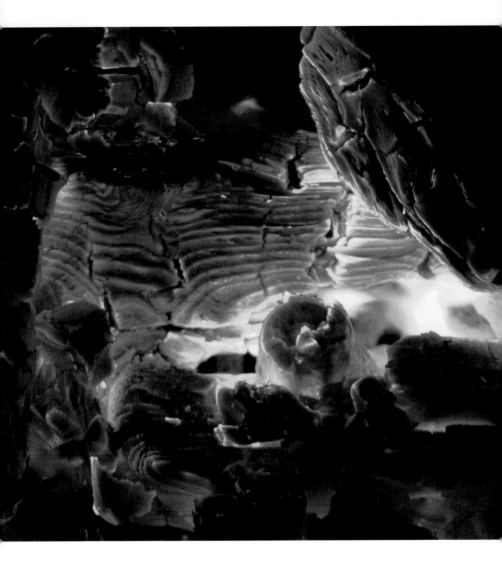

65 서서히 타고 있는 잉걸불.

전통적인 가정의 장작불로 저녁이 끝나 갈 무렵 숨을 불어서 불을 살려낸 것이다.

을 펴는 이들도 있다.

> 돌이켜보면 과학의 시대는 인류 역사상 가장 강력한 오지orgy* 라는 것을
> 알게 될 것이다. …… 역사가들은 이 오지가 일어나게 된 것은 중세의 고
> 도 문명이 와해되고 난 뒤 마술적인 상상력이 거대하게 분출했기 때문
> 이라는 것을 알게 될 것이다.[36]

근대 과학은 불의 힘을 상당히 제어할 수 있게 되었다. 하지만 동
시에 불을 우리의 시야로부터 점점 더 숨김으로써 불을 점점 더 마술
적으로 여기게끔 만들기도 했다. 헤파이스토스의 기술 이면에 숨겨진
잠재적인 위협은 오늘날 우리의 눈뿐만 아니라 기억으로부터도 사라
지고 있다. 따라서 사물을 변용시키는 불의 힘은 ― 불이 전쟁에 이용
되는 경우를 제외하면 ― 하데스가 아니라 헤스티아와 연관 지어지
고 있다. 한편 헤스티아의 불인 가정의 화로는 과거에는 집 안의 중앙
에 설치되어 의식의 중심이었으나, 이후에는 집 안 가장자리의 벽에
구멍을 파고 거기로 이동했다. 그마저도 이제는 중앙 난방 시스템의
보일러 형식으로 대체됨으로써 가정의 화로는 완전히 사라지게 되었
다. 이처럼 원초적인 불은 위협적인 존재로 간주되어 가정에서 추방

---

* 그리스어로는 오르기아orgia이며, 디오니소스 신앙에서 신자들이 광란의 춤을 추고 날짐승
고기와 생피를 마시면서 신의 비밀을 받는 의식을 말한다. 인간의 질서와 이성에 반대하고 파
괴함으로써 신의 경지에 도달하는 것을 목표로 삼는다. ― 옮긴이

당했다. (그런데 전기가 가정에 처음 들어왔을 때, 화로를 대체했음에도 불구하고 전기의 보이지 않는 힘에 대해 위협을 느꼈다.)[37] 가정에서 불을 효과적으로 내몰아 버림으로써 오늘날 가족들의 관심의 초점은 깜빡거리는 화로로부터 깜빡거리는 화면으로 옮겨갔으며, 그 결과 춤추듯이 활활 타오르는 원초적인 불꽃을 바라볼 때 느끼는 몽롱한 매혹을 더 이상 즐길 수 없게 되었다.

일상에서 불이 사라진 것은 우리에게는 큰 손실이다. 왜냐하면 불의 혀는 우리에게 말을 걸기 때문이다. 예를 들어 19세기 화학자 아우구스트 케쿨레는 꿈에서 뱀이 자신의 꼬리를 물고 있는 모습을 본 뒤 벤젠의 화학 구조를 발견한 것은 난로 앞에서 졸고 있을 때였다고 말했다.[38] 케쿨레가 꿈을 꾼 장소가 난로 앞이라는 사실은 불이 — 비록 가정의 화로로 들어와 길들여졌을지라도 — 여전히 자연적인 힘을 갖고 있음을 암시한다. 날름거리는 불꽃과 잔잔하게 타고 있는 잉걸불을 응시하고 있으면 — 혹은 눈을 감은 채 그것들이 마음껏 노닐도록 해 주어도 — 우리는 일상의 잡다한 근심으로부터 벗어나 보다 근원적이고 야생적인 세계로 옮겨갈 수가 있다. 살아 있는 불은 우리에게 영감을 불러일으킬 수 있다. 하지만 그것을 추방해 버림으로써 빨강에 대한 우리의 일상적인 경험은 몹시 왜소해져 버렸다.

과거에는 통나무 장작불은 열을 제공했고 촛불은 빛을 제공했다. 그래서 밤이면 창밖으로 따뜻한 빨간빛이 새나왔다. 이후에는 수십 년간 가스 조명이 비슷한 빛을 발했고, 그 뒤를 텅스텐 전구의 벌겋게 단 필라멘트가 이어받았다. 그러나 지금은 형광등과 디지털 화면의 차가운 푸른빛으로 밤을 채우고 있다. 차가운 푸른빛의 디지털 화면에서는 불과 관련돼 있다는 어떤 기미도 찾을 수가 없다. 하지만 벽의 플러그 너머에는 미로같이 복잡하게 얽힌 연결선들이 있고, 화석 연료를 태워 불을 산업적으로 이용하는 발전소들을 통해 전력망이 널리 퍼져 있다. 18세기와 19세기에 산업화한 불이 '악마의 맷돌Satanic mills*'로 작용하는 것에 영감을 받은 더비의 조셉 라이트, 존 마틴John Martin 같은 화가들은 산업화된 불은 곧 신의 노여움이라는 것을 작품에서 암시했다. 하지만 지금은 발전소들도 더 이상 빨갛게 타오르는 불꽃을 내지 않는다.** 스리마일섬, 체르노빌, 후쿠시마에서 엄청난 재앙을 부른 사고가 났을 때에도 그 발전소에서는 불꽃을 전혀 볼 수가 없었고 빨강을 암시하는 것조차도 거의 혹은 전혀 없었다.

전력을 만들어 내는 것은 더 이상 빨강이 아니며, 전력을 소비하는 것들도 태반은 빨강이 아니다. 전기는 테크놀로지의 '생명선lifeblood'이며 불이 가진 힘을 전달하는 핵심이 되었다. 오늘날 깜빡이는 디지털 화면이 발하는 몽롱한 효과와 번지르르한 금속 표면은 비잔틴 시대의 성상들과 쉬제르의 청동 문과 세속적인 등가물이거나 그것들의 모방이라고 할 수 있다.

---

* 윌리엄 블레이크가 사용한 말로, 산업 혁명 이후 근대화를 이루는 과정에서 영국 대중이 처하게 된 비참한 빈곤 상태를 가리켰다. ― 옮긴이
** 핵발전소를 가리킨다. ― 옮긴이

하데스의 불은 지하 세계에서 격렬하게 타올랐으며, 헤파이스토스의 불은 대장간의 노爐(용광로furnace)에 이용되었으며 헤스티아의 불은 가정의 화로로 길들여졌다. 하지만 오늘날의 불은 전자 장비나 공공시설 인프라의 노예가 되었다. 거기서 불은 특별히 건설된 방에 감금당한 채 약 400년 전 프랜시스 베이컨Francis Bacon이 틀을 잡았던 과학적인 방법에 의해 심문을 당하면서 자신에게 잠재된 에너지를 뽑히고 있다. 베이컨은 자연을 '성가시게' 하라고 권장했으며 '(우리에 갇힌) 사자의 꼬리를 비틀라'고 제안했다. 그는 사자가 전통적으로 태양의 특성, 즉 '불'의 속성을 가지고 있다는 것을 알고 있었던 것이다.[39]

알프레드 히치콕Alfred Hitchcock이 테크니컬러로 찍은 영화 〈이창Rear Window〉(1954)은 불로 건설되고 불로 유지되는 도시(뉴욕의 그리니치빌리지)에서 촬영되었지만, 이 영화에서 유일하게 보이는 불은 살인자로 의심받는 인물이 어두운 방에서 담배를 피울 때 천천히 반짝이는 아주 작은 점 같은 불빛밖에 없다.* 오늘날 서구 세계에서는 산업화된 불이 우리 눈에 띄지 않은 채 그 어느 시대보다 맹렬하게 타오르고 있지만, 아주 작은 불이 내는 빛마저 점점 더 주변부로 밀려나고 있다. 거리에서는 자동차 한 대당 1분에 수천 번의 비율로 엔진에

---

* 이런 현상은 히치콕 영화보다 한 세대 전에 나온 F. 스콧 피츠제럴드F. Scott Fitzgerald의 1925년 소설 《위대한 개츠비The Great Gatsby》에서 도시와 교외[신흥 부촌(웨스트에그)과 전통 부촌(이스트에그)] 사이에 있는 '재의 계곡valley of ashes'을 통해 분명하게 보여 주었다.

빨강의 문화사

서 폭발이 일어나고 있으며 그러한 폭발 뒤에 숨어 있는 불은 여전히 우리 눈에는 보이지 않는다. 심지어는 자동차들끼리 충돌을 할 때조차 그 불은 좀체 밖으로 드러나지 않는다. 그럼에도 자동차들은 강력하고 많은 에너지를 가지고 있는 것처럼 보여야 한다. 그래서 액션 영화에서의 자동차 추격 장면은 맹렬한 속도로 질주하는 자동차로 화면을 가득 채우면서 빨간 불덩이들이 난무하는 모습을 스펙터클하게 보여 준다.

중세 시대에는 번쩍거리는 빨간색 표면은 불의 힘이 바깥으로 표출되고 있다는 의미로 받아들였다. 그 불은 청동을 조각상으로 변용시켰다. 또한 청동을 문으로 변용시킴으로써 그곳을 지나가는 사람들까지 변화시키는 힘이 있었다. 오늘날에도 아주 희미하게나마 불의 변용시키는 힘을 느낄 수 있긴 하다. 예를 들어 자동차 외관에 칠해진 번쩍거리는 빨간 코팅은 자동차에 숨겨진 불을 엔진이 기술적으로 처리해 바깥으로 표출시킨 것이라고 해석할 수도 있다. 또한 자동차 문을 열고 안으로 들어가게 되면 확실히 뭔가가 우리의 행동을 변화시키는 것을 느끼게 된다. 특히 스릴을 즐기는 운전자들은 빨간색 코팅 차량을 더 선호하는 경향이 있는 것 같다. 이것은 빨강의 효과가 오늘날의 우리에게도 지속되고 있다는 것을 암시하며, 빨간색 차량 소유주에게 할증 보험료를 적용시켜야 한다는 도시인들이 가진 신화(그것은 사실일 수도 있고 아닐 수도 있다)와도 일맥상통한다.

하지만 우리가 빨강에 반응하는 방식과 우리가 가진 도시적인 신화는 결국 현대인들이 하데스와 헤스티아, 헤파이스토스의 세계와 비교할 때 '탈신성화된' 세계에 살고 있다는 사실을 새삼 확인시켜 줄 뿐이다.

빨강의 문화사

12장

붉은 열정

우리가 여태까지 살펴본 빨강에 대한 전통적인 이해 방식은 색을 파동으로 파악했던 뉴턴적인 개념, 오늘날 학교에서 가르치는 그런 개념과는 전혀 관련이 없다. 그러나 고대적인 세계관에 뿌리를 둔 전통적인 이해 방식은 자연이란 신이 쓴 책이라고 보았던 뉴턴의 자연관과는 완전히 일치한다.[1] 빨강과 관련된 이야기들은 아주 많고 다양하지만 그것들을 하나로 묶어 내는 연결 고리는 색이 열정passion과 맺는 관계에서 찾을 수 있다.

《옥스퍼드 영어대사전》은 열정을 사랑, 헌신, 몰두, 열광, 열성, 괴로움, 고통, 괴로움으로 정의한다. 이처럼 열정은 매우 폭넓은 감정의 스펙트럼에 걸쳐 있다. 이것은 빨강이 오렌지색, 노란색, 자주색, 갈색을 포함하는, 뉴턴의 스펙트럼에서 절반 이상의 범위에 걸쳐 있는 것과 비슷하다. 열정은 결코 간단한 개념이 아니다. 왜냐하면 열정은 빨강과 연결돼 있는데 빨강에 관해서도 결코 단순하게 얘기할 수 없기 때문이다.

예를 들어 빨간 산딸기는 달콤한 안토시아닌이 풍부해서 새들이 자신을 먹도록, 그래서 자신의 씨를 널리 퍼뜨리도록 유혹하지만, 빨간색을 띤 벌레인 패각충은 쓴맛이 나기 때문에 새들로부터의 공격을 막아 주는 역할을 한다. (우리는 이 새들을 동정해야 한다. 왜냐하면 알코올 음료인 캄파리는 빨간색 곤충인 코치닐로 만들지만 쓴맛이 전혀 없고 오히려 달콤하기 때문이다.) 또 빨간색을 내는 나무나 지의류는 세상을 오래 떠다니면서 찾을 만한 가치가 있지만, 그들이 내는 빨간색은 쉬 바랜다. 빨간 적철석은 사람들에게 상처를 입히는 철을 만들었지만, 반대로 상처를 치유하는 녹도 만들었다. 진사 – 버밀리온을 보호 장비 없이 마구 취급하게 되면 생명이 단축되지만, 이들로부터 영생을 보장하는 영약을 만들어 낼 수도 있다고 믿었다. 까만 석탄(콜타르)에서는 밝은 아닐린 레드를 만들어 낼 수 있지만, 독성 물질로 인해 아닐린 공장에서 일하는 노동자들과(그리고 그들의 이웃들에게) 큰 해를 입힐 수 있다. 붉은 인광 물질이나 LED, LCD는 티끌 하나 없는 첨단 기술 연구소에서 탄생하지만 그들의 운명은 과거의 붉은 나무나 지의류와 다를 바 없다. 장미Rose와 진홍색Scarlet이라는 이름은 성적으로 순수한 이미지도 있지만 성적 경험이 많은 것을 가리키기도 한다. 붉은 피는 자연적이고 여성적이고 출산과 관련돼 있고 상귀스이지만,

빨강의 문화사

자연스럽지 않고 남성적이고 상처와 관련돼 있고 크뤄르이기도 하다. 벌어진 붉은 입술은 우리를 매혹하지만 벌어진 붉은 상처는 우리를 놀라게 한다. 빨강은 사랑의 색으로서 우리를 고양시키기도 하고 의기소침하게도 만든다. 붉은 불은 질서와 무질서, 창조와 파괴를 모두 상징한다. 빨강이 내포한 이런 모순은 얼마든지 더 댈 수 있다(예를 들어 그림 4, 5, 39를 보라).

빨강에 두 가지 측면이 있듯이 열정도 마찬가지다. '열정'이라는 단어의 의미는 천 년여의 시간을 거치면서 변해 왔다. 즉 그리스도의 (붉은) 피와 연관된 수난을 상기시키는 것으로부터 (성경에 등장하는 진홍색) 여인과 관련된 성적 욕망을 상기시키는 것으로 변해 왔다. 하지만 이 둘 모두 열정이 갖는 폭넓은 스펙트럼에 포함돼 있다. 관능적인 열정과 종교적인 수난이 서로 관련이 있다는 점은 쾌락과 수난 모두 황홀하면서도 극심한 고통을 수반한다는 사실로부터 온다. (어원적으로 극심한 고통excruciating pain은 '십자가에 매달려 죽는 고통 pain of crucifixion'이며, 황홀함ecstatic은 자기 자신을 '바깥에 둔다stand outside'는, 다른 말로 하면 '자신의 육체를 떠나는out-of-body' 경험을 한다는 뜻이다.) 쾌락과 수난, 관능적인 것과 종교적인 것이 서로 연관돼 있다면, 열정이 갖는 또 다른 측면은 어원을 공유하는 단어들에서 찾을 수 있다. 이런 단어들 중에는 'patient(환자)' ─ 고통을 느끼는 사람 ─ 와 'patience(인내)' ─ 고통을 견디는 능력 ─ 가 있다. 이 단어들은 아무리 무시무시한 고통일지라도 스스로 납득이 되고 신념을 가지고 있다면 열정 안에서 평화로워질 수 있다는 사실을 암시한다.

바르트 폰 베렌알프에 따르면 "빨강에는 왕의 위엄과 혁명의 피가 모두 다 들어 있다."[2] 빨강은 혁명의 '열광'(열정이 갖는 하나의 의미)을 나타내는 색이기도 했지만 왕에게 '헌신'(열정이 갖는 다른 의미)하는 것을 나타내는 색이기도 했다. 빨강은 혁명과 왕을 모두 만족시켰다. 빨강은 전적으로 변화를 뜻하는 색이기 때문이다. 젊은 선동가에게 빨강은 변혁을 의미했고 정치적인 전복을 일깨우는 것이었다. (정치적 변혁은 즉각적인 결과를 얻는 데 초점이 맞춰져 있지만 가끔은 사람들에게 두려움과 공포심을 자아내기도 한다. 빨강이 교통 신호등처럼 위험을 나타내는 색으로 사용되는 것도 이 때문이다.) 1960년대에 중국의 홍위병Red Guards은 정부 정책을 충실히 따랐다. 하지만 정부에 맞서 일어난 1989년의 천안문 사태는 이 홍위병이 뿌리가 된 것이었다.[3] 왕의 위엄도 일시적일 수밖에 없고 모든 혁명은 순환적인 특성을 갖는다는 점을 고려하면, 빨강은 '이 또한 지나가리라'라는 오래된 격언을 떠올리게 한다. 또 운명의 여신인 포르투나Fortuna* 가 갖는 비일관성과 모순을 반영한다.[4] 왕정주의자들은 '왕은 죽지만, 왕실은 영원하다 the king is dead, long live the king** 는 것을 알고 있다. 이때 왕실의 연속성

---

* 그리스 신화의 티케Tyche와 동일시되었다. 본래는 풍요다산의 여신이었으나 점차 운명의 여신으로 발전했다. — 옮긴이
** 1422년 프랑스 샤를 7세 즉위식 때 처음 사용되었다. 군주의 통치권에는 공백이 있을 수 없다는 점을 선포하는 의미다. — 옮긴이

빨강의 문화사

은 변화를 통해서 보장되는데, 그 변화란 당연히 혈통을 통한 왕위의 교체다.

빨강은 당파적인 열정이기도 하고 정치적인 인내심이기도 하다. 빨강이 변화와 관계돼 있다는 것은 전통 사회에서 흙과 피, 불을 중요하게 여겼다는 데서도 확인할 수 있다. 이 셋은 각각 생명에 대해서 힘을 발휘하며 변화와도 연관돼 있다. 불은 변화를 일으키는 완벽한 매개체이며, 빨간색과도 결정적으로 맞닿아 있다. 그러므로 19세기의 가장 위대한 과학자 중 한 명이 불을 열정이라는 관점에서 어떻게 표현했는지를 살펴보는 것은 의미가 있다.

어린이를 위한 크리스마스 강연에서 마이클 패러데이는 "이 우주에서 촛불의 영향을 받지 않는 것은 아무것도 없다"고 말했다. 촛불의 색은 우주적인 열쇠를 갖고 있다는 것이었다. 패러데이가 그렇게 본 까닭은 햇빛 아래서 봤을 때 촛불의 그림자 가운데 가장 어두운 부분이 촛불의 가장 밝은 부분과 일치하기 때문이라는 것이다.[5] 그는 촛불이 빛을 내는 것은 초의 그을음 때문이며, 이 그을음은 아주 미세한 입자들이 ― 벌겋게 단 부지깽이처럼 ― 타면서 나오는 것이라는 걸 입증했다. 그는 청중에게 촛불의 그을음으로 천장에 신비한 주문呪文을 만들어 냈던 오랜 전통을 상기시키면서 그것은 밝은 불꽃과, 그 빛의 원천인 검은 그을음 사이의 역설적인 관계를 이용한 것이라고 설명했다. 이어 그는 이 역설의 아름다움에 취한 나머지 사람들은 빅토리아 시대에 목숨을 위태롭게 할 정도로 공기를 가득 채운 검은

66 햇빛 아래 놓인 촛불. 밝게 빛나는 불꽃은 가장 어두운 그림자를 만들어 낸다. 패러데이는 이런 그림자가 생기는 까닭은 불꽃 속에서 벌겋게 타는 그을음이 햇빛을 흡수하기 때문이라고 해석했다. (다른 그림자는 빛의 굴절 때문에 생긴 것이다.)

스모그, 즉 오염된 공기가 '불꽃의 아름다움과 생명력'을 만들어 내는 것과 동일하다는 것을 상상할 수 없었다고 지적했다.[6] 그는 촛불을 우리가 내쉬는 숨과 비교하면서, 눈에 보이는 연소와 눈에 보이지 않는 호흡이 관계가 있다는 것은 "시적인 의미에서만 사실인 것이 아니라" "어느 한쪽이 다른 한쪽의 좋은 면을 끌어내는 법칙들로 이루어진 자연의 존재 방식"을 드러내는 한 예라고 설명했다.[7] 그에게는 불의 빨강과 피의 빨강은 생명이 가진 보편성을 가리킨다는 점에서는 같은 것이었다.* 초가 타는 것은 화학적인 과정이고 호흡은 생물학적인 과정이라는 차이밖에 없었다.

화학과 생물학의 그러한 연결은 독일 화학의 선구자인 프리들리프 페르디난트 룽게Friedlieb Ferdinand Runge도 시사한 바가 있다. 그는 패러데이와 동시대인으로서 화학 반응이란 "자신에게 부족한 반쪽을 찾는 화학 물질들이 자신에게 적합한 반쪽을 찾아내 화학적으로 완전한 하나가 되는 것"이라고 주장했다.[8] 화학 물질들 사이의 관계를 이렇게 이해하는 것은 연금술의 전통에 기원을 두고 있었다. 연금술에서는 (남성인) 황이 (여성인) 수은과 결합해 버밀리온을 이룬다고 보았다. 이것은 또한 사람들 사이에 존재하는 일상적인 관계를 의식적으로 반영한 것이기도 했다. 룽게는 괴테의 작품을 알고 있었고 오틸리에와 에두아르트 사이의 불운한 러브 스토리에서 — 괴테는 이 스

---

* 초가 타는 것과 호흡 둘 다 연소의 과정이라는 점에서는 동일하다는 사실을 가리킨다. — 옮긴이

토리에서 홍실을 찾기 시작했지만 — 화학적인 중요성을 보았던 것이다.

괴테가 쓴 이 소설의 원제인 "Die Wahlverwandtschaften"는 영어로는 흔히 "친화력Elective Affinities"으로 번역된다. 그러나 이 원제는 '선택적 관계Relations by Choice'로 옮길 수도 있다. 괴테는 19세기 화학에서 사용되던 이 용어가 가정에서는 어떻게 사용되는지를 소설 도입부에서 자세히 설명하고 있다. 에두아르트와 그의 친구, 에두아르트의 부인이 화학 원소에 대해 대화를 나누는 장면에서 '선택적 관계'란 "서로가 서로를 찾고, 끌어당기고 움켜쥐고, 파괴하고, 빨아들이고, 서로를 불태우고, 그러고 난 뒤에는 새롭고 예상하지 못했던 형태로 가장 친숙한 결합을 이뤄 다시 태어나는 것"이라고 설명한다.[9] 사실 이 대화는 자연과학의 외피 아래 혼외정사라는 주제를 은밀히 암시하고 있는데, 괴테는 '분석적인 화학자'를 뜻하는 Scheidekünstler와 '이혼'을 뜻하는 Scheidung이라는 독일어를 사용함으로써 혼외정사 문제를 적절히 피해 가고 있다.[10] 19세기에 '친화력'이라는 제목을 달고 책을 내는 것은 오늘날로 치면 $E=mc^2$이라는 제목을 달고 연애소설을 출간하는 것과 같았다.[11] 또한 괴테는 열정을 과학적인 지식과 뒤섞음으로써 오래된 전통을 따르고 있었던 셈이다. 예를 들어 셰익스피어는 여성의 눈이 '반짝이는 것sparkle'을 '프로메테우스의 불'로 비유하면서 "여성의 눈은 문학과 예술, 학문의 참된 영감"이라고 썼다(《사랑의 헛수고Love's Labour's Lost》, 4막 3장, 347~349). 19세기 화학자

빨강의 문화사

인 룽게가 불과 성의 관계를 놓치기는 어려웠을 것이다.

당시 몹시 영향력이 컸던 괴테의 책을 보았을 룽게는 촛불의 빨강을 열정에 사로잡힌 두 명의 '반쪽'이 '다른 반쪽'을 발견하고 서로 결합하면서 느끼게 되는, 무한한 기쁨에서 즉각적으로 발현되는 빛과 마찬가지라고 생각했을 것이다. 양초의 밀랍과 산소는 불꽃 속에서 각자가 가진 것을 서로 나눔으로써, 열을 냄과 동시에 이산화탄소와 물, 그을음이 되어 자신들의 '친밀한 결합intimate union'을 축하했다. (보다 엄밀하게 말하면, 초의 불꽃이 빨갛다는 것은 파트너들이 자신의 모든 것을 교환하지는 않았다는 뜻이다. 완전 연소가 되면 색이 없기 때문에, 불꽃에서 빨간색이 나온다는 것은 연소가 불완전하다는 의미다.)[*] 불꽃에 연한 어두움이 있다는 것은 탄소 분자들 중 일부가 이산화탄소로 변하지 않았다는 뜻이다. 그래서 이 탄소의 그을음은 다른 탄소들이 파트너들과 황홀하게 서로를 교환하고 있는 모습[탄소와 산소가 만나 이산화탄소로 변하는 것]을 지켜봐야만 하는 고독한 신세인 셈이다. 그러나 그을음을 이루는 입자들에게는 다른 기회가 기다리고 있다. 이들은 적당한 때가 오면, 촛불보다 훨씬 더 큰 규모에서 드라마틱한 빨강을 만드는 데 기여할 수 있는 수많은 기회를 누리게 된다. 이에 대해서는

---

[*] 연소는 매우 복잡하고 변수가 많은 과정이다. 가장 간단한 형태는 밀랍의 완전 연소로서 다음과 같은 화학 반응식으로 나타낼 수 있다. $2 \cdot C_nH_{2n+2} + (3n+1) \cdot O_2 \rightarrow 2n \cdot CO_2 + (2n+2) \cdot H_2O$. 불완전 연소는 이용할 수 있는 산소가 적을 때 일어나며 일산화탄소를 발생시키게 된다. 불꽃에 유리된 탄소free carbon가 있을 때 빨간빛이 나오며 반응식은 다음과 같다. $2 \cdot C_nH_{2n+2} + (3n) \cdot O_2 \rightarrow (2n-1) \cdot CO_2 + (2n+2) \cdot H_2O + C$.

67 밸런타인데이 때 영국의 한 슈퍼마켓에 진열된
빨간 장미 다발, 2015.

뒤에서 자세히 살펴볼 것이다.

괴테와 룽게, 패러데이의 19세기 과학은 물질, 빛, 색, 사람 사이의 관계에 대한 전통적인 이해 방식과 근대적인 사고방식을 이어 주는 가교 역할을 한다. 그러한 이해 방식이 오늘날에도 지속되고 있다는 증거로는 — 영화에서든 실제 현실에서든 — 사랑하는 두 사람 사이에는 '화학chemistry'이 존재한다고 믿고 있는 데서 찾을 수 있다. 또한 옛 애인을 가리킬 때 'old flame(사그라진 불꽃)'이라고 하거나, 다소 슬프고 낡은 표현이지만 누군가를 일방적으로 짝사랑할 때 'hold a torch(횃불을 하나만 들다)'라고 표현하는 데서도 과거 이해 방식의 흔적을 찾아볼 수 있다. 서양에서 두 사람의 사랑을 '화학'으로 받아들이는 것은 동양의 관점에서 보면 두 영혼을 이어주는 '홍실'이 존재한다는 것을 믿는다는 것과도 통한다. 물론 'hold a torch'의 경우에는 한쪽 영혼만이 연결을 갈망한다는 뜻이기는 하지만 말이다.

격정에 빠진 파트너들이 불을 교환하고 불을 변용시키는 과정에서 완전히 빨갛게 되는 데 실패하는 경우도 있다. 그러나 그것은 흙도 마찬가지였다. 흙을 빨간색이라고 불렀던 사람들도 실제로는 흙이 항상 빨갛지 않다는 것을 알고 있었다. 과거에 살았던 모든 사람들이 색맹이라고 가정할 수는 없으니까 말이다. (색을 역사적으로 평가할 때 발생하는 문제는 현대인들은 색을 지나치게 색상hue의 관점에서만 바라본다는 점이다. 색상에만 치우치고 색조tone나 채도saturation는 무시함으로써 색이 가진 역동성을 간과하는 것이다. 색을 변화와 생명에 연관시킬 때 빨강은 여러 가지 색상을 지닐 수밖에 없다.) 과거 사람들은 우주를 바라보는 전통적인 관점으로부터 흙이 갖는 색상의 불일치를 조화시켰다. '흙'은 사람들에게 친숙한 물질일 뿐 아니라 '하늘'과 대비되는 우주의 한 부분이기 때문이었다.

전통 사회에서는 흙을 무엇인가로 '되어 가는becoming' 과정에 있는 상태 — 모든 것이 변하고 어떤 것도 예측할 수 없는, 끊임없는 유동의 상태 — 에 있다고 보았다. 그래서 여러 색을 가진 흙(그리고 여러 색을 가진 불)은 (하나의 색상으로서) 빨강을 추구하고 있다고 간주했다. 그렇게 색상으로서의 빨강을 추구하면서도 (색이 내재적으로 지닌 역동성 때문에) 흙은 빨강을 드러낸다고 생각했던 것이다.

반면 '하늘'은 '존재하고 있는being' 상태 — 별들처럼 고정돼 있고 예측할 수 있는 상태 — 이기 때문에 하늘은 어떤 색을 추구할 필요가 없다. 쾌적한 빨간 밤하늘은 양치기들에게 기쁨을 준다. 다음날 날씨가 맑기 때문이다. 그런데 전통적인 관점으로 접근하면 빨간 하늘은 빨강이 어떻게 해서 그토록 다양하고 열정적인 관계 — 밸런타인데이의 장미에 담긴 사랑과 희망의 감정에서부터, 호국영령의 날에 바쳐지는 양귀비 화환에 담긴 사랑과 상실의 감정에 이르기까지 — 를 갖는지를 설명하는 열쇠가 될 수 있다.

빨간 하늘

근대 과학은 하늘이 빨갛게 되는 까닭은 빛이 산란하기 때문이라고 설명한다. 공기 중의 먼지 입자들은 **빨간빛**과 파란빛을 산란시키는데, 산란의 정도는 파란빛이 더 크다. 다시 말하면 공기 중 먼지가 태양에서 나온 하얀빛을 빨간빛과 파란빛으로 나눠, 빨간빛은 우리 눈으로 바로 들어오고, 파란빛은 하늘을 가득 채우면서 모든 방향으로부터 우리 눈으로 들어오게 된다는 것이다. 이런 설명 방식은 수학에 기초를 두고 있다.* 이 이론은 공장에서 배출하는 오염 물질이나 화산 폭발로 인해 그을음과 재가 잔뜩 낀 하늘에 떠 있는 태양이 그렇지 않은 경우보다 훨씬 더 빨갛게 보이는 까닭을 잘 설명해 준다. (이런 점에서 빅토리아 시대의 회화들이 황혼을 눈부시도록 빨갛게 묘사한 것을 꼭 시적인 표현이라고 할 수만은 없다. 낭만주의 화가들이 표현했듯이 영국에 팽배한 '악마의 맷돌'을 반영한 것이기도 했고,** 1815년의 탐보라Tambora 화산 폭발***과 1883년의 크라카타우Krakatoa 화산 폭발****로 인한 전 지구적인 재

---

* 레일리 법칙Rayleigh's Law에 따르면 산란광은 파장의 4제곱에 반비례한다.
** 공장의 오염 물질로 인해 더 빨갛게 된 하늘을 표현했다는 의미다. — 옮긴이
*** 인도네시아 숨바와섬 북부에 있는 활화산. 1815년 4월 대폭발로 4000미터가 넘었던 정상부가 날아가 지금 높이인 2821미터가 되었다. 당시 화산 폭발음이 1500킬로미터 떨어진 지역까지 들리고 500킬로미터까지 화산재가 쏟아져 사흘간 하늘이 어두웠다고 한다. 화산 분출로 인해 직접적인 사망자만 1만 명이 넘었다. — 옮긴이
**** 인도네시아 순다 해협의 크라카타우섬에 있는 높이 813미터의 화산이다. 1883년 대폭발로 내뿜은 연기가 성층권에까지 도달해 햇빛을 가림으로써 세계적인 냉해를 초래했고 엄청난 해

68 동틀 무렵 구름에 반사되어 빨간색을 내고 있는 햇빛.
붉은 자신의 자연적인 본성에 따라 평소와
같은 장소에서 수평선에 가느다란
빨간 선을 드리우며 떠올랐다.

앙을 반영한 것이기도 했다.) 하지만 빛의 산란에 관한 근대 과학의 이론은 양치기들이나 보통 사람들에게는 아무런 의미가 없다.

하늘이 빨갛게 변하는 이유에 대한 전통적인 이해 방식은 근대적인 관점과 유사한 점도 있지만 수학적이거나 양적으로 접근하는 과학과는 달리 시적이고 질적이며, 그래서 우리가 경험하는 색에 대해 의미를 부여한다. 13세기에 알베르투스 마그누스는 적철석이나 루비 같은 붉은 암석에 들어 있는 색을 설명하면서 아리스토텔레스의 《감각론The Senses》을 인용해 빨강은 "아주 얇은 연기 층이 빛을 내는 투명함을 덮을 때 생긴다"(여기서 덮는다covered는 말은 이시도루스가 《어원 사전》에서 주장한 색을 낸다coloured는 말을 상기시킨다)고 말한다.[12] 이 설명이 빨간 암석과 관련돼 있다고만 생각하면 현대 과학은 아무런 의미를 발견하지 못할 것이다. 그러나 붉은색 하늘에 적용하면 아리스토텔레스의 설명은 완벽하게 정확한 것이 된다.* (또한 이 설명은 패러데이가 촛불의 빨강에서 보았던 우주적인 의미로도 확장될 수 있다.) 태양에서 오는 빛은 화산 활동이나 공장에서 내뿜는 공해 물질로 생긴 공기

일로 3만 6000명이 희생되었다. 이 폭발로 2000미터 높이의 원추형 화산이 거의 무너지고 섬 대부분이 침몰했다. — 옮긴이

* 근대 과학은 루비가 빨간색을 띠는 것은 적은 수의 크롬 원자들이 루비를 이루고 있는 강옥 鋼玉/corrundum의 격자 구조를 방해함으로써 생기는 효과라고 설명한다. 그렇기 때문에 크롬 원자를 갖지 않은 순수한 루비는 빨간색을 띠지 않는다. 하지만 시적으로 보자면, 루비의 빨강은 크롬 원자들의 '얇은 베일'이 강옥의 '선명한 투명성'을 통과하면서 산란된 것이라고 생각할 수 있다. 반면 과학자들은 루비를 우리가 7장에서 다뤘던 주제인 가상의 빨강과 대비되는 자연의 산물이라고 생각할 것이다.

중의 먼지들을 통과하게 되면 빨갛게 변한다. 성경에 따르면 '피처럼 붉은 달blood-red moon'은 세상의 종말이 임박했음을 예고한다(사도행전 2:20, 요한계시록 6:12). 그렇다면 '피처럼 붉은 태양'에는 어떤 의미를 부여할 수 있을까? 태양이 언제, 어디서 붉게 변하는지를 알면 — 하늘의 예측 가능한 속성과 흙의 예측 불가능한 속성을 적절히 결합함으로써 — 실마리를 찾을 수 있을 것이다.

태양이 하늘 높이 있을 때는 하얗게 보인다. 그러다 하늘과 땅의 경계인 수평선 근처에 오면 빨갛게 바뀐다. 수평선이란 '무지개 끝end of the rainbow'* 처럼 뭔가 신비스럽고 좀체 규정할 수 없는 어떤 것이다. 우리는 다른 누군가의 수평선의 일부가 될 수 있고 다른 사람은 우리의 수평선의 일부가 될 수 있다. 우리가 수평선을 향해 가까이 다가갈수록 수평선은 우리로부터 점점 더 멀어져 간다. 수평선은 하늘과 땅이 만나는 곳이다. 그것은 모든 곳에 존재하지만 동시에 어디에도 존재하지 않는다. 따라서 태양이 빨갛게 변하는 곳은 경계선이다. 태양이 빨갛게 변하는 '장소'가 경계선이고 문턱이라면, 태양이 빨갛게 변하는 '시간'도 그렇다. 여명과 황혼은 낮과 밤이 서로 이행하는 '마법의 시간'으로, 옛날부터 낮의 법칙과 밤의 법칙 모두로부터 벗어나 있는, '유령이 출몰할 것 같은 음산한' 시간으로 여겨져 왔다. 따라서 공간적으로도 시간적으로도 태양의 빨강은 어느 하나의 상태에 속하는

---

* 이 관용구에는 자신의 꿈을 완성하기 위해 찾아가는 마법의 장소라는 비유로도 사용된다. — 옮긴이

것이 아니라 두 상태 '사이에' 속한다. 즉 하늘에 속하지도 땅에 속하지도 않는다. 수평선을 따라 퍼져 있는 빨강은 완벽하게 투과적이어서 밤과 낮 사이의 레드 라인을 주기적으로 넘나든다. 태양과 하늘의 빨강은 반쯤 밝고 반쯤 어두운 곳에서 일어나는, 중간 지대의 사건인 것이다.

수평선의 빨강, 중간 지대의 빨강 — 하늘과 땅, 낮과 밤이라는 정반대되는 상태 사이에 놓여 있는 빨강 — 은 빨강에 대한 전통적인 이해 방식과 완전히 일치한다. 아리스토텔레스는 빨강이 검정과 하양의 정중앙에 위치한다고 보았다.[13] 근대 세계와는 달리 색상을 덜 중시했던 전통 세계의 문화에서는 빨강은 검정과 하양 사이에 존재하는 유일한 색이었다. 이와 같은 빨강의 위상은 그것이 생명과 연관돼 있다는 사실, 즉 헤라클레이토스 같은 고대 그리스인들이 빨강을 서로 적대하는 것들 사이에서 위태롭게 균형을 잡아 주는 역할을 하는 아름다운 색으로 바라보았던 것과도 통한다.[14] 빨강이 서로 정반대되는 것들 사이에 놓여 있듯이 우리의 삶도 '부자와 빈자, 질병과 건강'처럼 서로 정반대되는 것들 사이에 놓여 있는 것이다. 인류학자 클로드 레비스트로스Claude Lévi-strauss가 말한 것처럼 모든 인간의 삶은 상반되는 것들 '사이'에 처해 있으며, 그런 상반적인 것의 최종적인 형태는 탄생과 죽음이다.[15] 빨강이 차지하는 위치는 삶이 차지하는 위치와 같

＊ 이 문장은 데카르트적인 이분법으로 '에틱etic'[분석적 방법]과 '에믹emic'[원주민적 관점]을 나누는 맥락에서 사용되었다.

으며, 또한 우리의 삶은 정적이지 않다. 우리의 삶은 정반대되는 것들 사이에서 펼쳐지고, 그것들은 끊임없이 변하면서 그런 변화를 통해 다시 우리를 변화시키기 때문이다. 삶이 가진 이런 역동성은 전통 사회가 빨강에 대해서 품었던 역동성과 열정과도 일치한다. 예를 들어 영국의 탐험가이자 시인 월터 롤리 경Sir Walter Raleigh은 "인생이란 무엇인가?"라고 자문하고는 "열정의 노리개"라고 답했다.[16]

경계선상에 있는 불타는 듯한 빨간 태양과 하늘은, 쉬제르의 붉은 청동 문이 지녔던 세속적 장소와 신성한 장소 ― 번잡한 몽마르트 거리와, 천국의 기운이 도는 생 드니 수도원 ― 사이의 경계와 문턱의 역할, 세속적 장소로부터 신성한 장소로 이행시키는 역할과도 겹친다. 쉬제르의 빨간 문을 통과하는 것은 쌍방향의 특성을 지녔다. 세속에서 천상으로 나아가는 통로이자, 반대로 천상에서 세속으로 들어오는 통로이기도 하기 때문이다. 태양의 운동도 이와 같다. 어두움에서 밝음으로, 밝음에서 어두움으로의 이행이기 때문이다. 이러한 쌍방향 운동은 붉은 하늘이 띠고 있는 상반된 의미를 반영한다. 아침의 붉은 하늘은 근심을 부르고 저녁의 붉은 하늘은 기쁨을 부르는 것이다. 빨강은 열정이 쾌락과 수난을 동시에 뜻하듯이, 한 측면에서 다른 측면으로 언제든지 옮겨 갈 수 있다.

태양이 빨갛게 변하는 '장소'와 '시간'이 갖는 의미는 태양이 '어떻게' 빨강으로 변하는지에 의해 더욱 중요해진다. 태양과 하늘은 천상에 속하기 때문에 비물질적이다. 하지만 그들이 내는 색은 지상에

빨강의 문화사

속하는 물질 때문에 일어난다. 아리스토텔레스와 알베르투스 마그누스에 따르면 태양이 붉게 되는 것은 빛이 연기를 거쳐서 오기 때문이다. 이것은 현대 과학이 내놓는 설명과 일치한다. 레오나르도 다 빈치는 하늘이 푸른 이유를 이와 비슷한 방식으로 설명했다. 그는 빛으로 가득 찬 하늘이 푸른 이유는 하늘보다 더 위에 있는 공간의 '어두움' 때문이라고 말했다.[17] 여기서 연기를 어두움으로 해석한다면 위의 두 설명 방식은 서로를 보충한다고 할 수 있다. 19세기 전환기에 괴테 — 오틸리에의 일기에서 홍실의 이미지를 도입했던 당사자 — 는 푸른 하늘에 대한 다 빈치의 설명을 알고 있었고, 그것을 알베르투스 마그누스의 빨강에 대한 설명과 연결시키는 이론으로 발전시켰다.[18]

괴테의 주장을 간략히 정리하면, 파랑이 빛을 통해서 어두움을 바라볼 때 생기는 효과라면 빨강은 반대로 어두움을 통해 빛을 바라볼 때 생기는 효과라는 것이다.[19] 일출이나 일몰 때 빛이 나오는 근원은 태양 자체이며, 그 태양 빛을 통해 우리가 보는 어두움은 먼지와 연기를 품고 있는 대기라고 할 수 있다. 이것은 '탁한 매질 효과turbid medium effect'* 로 알려져 있다. (이 효과를 대기보다 작은 규모에서도 쉽게 확인할 수 있다. 자외선 차단제를 피부에 살짝 바르면, 차단제 크림의 하얀색 얇은 막이 검게 탄 피부를 약간 푸른색으로 보이게 하는 것을 알 수 있다.) 하늘을 푸르게 보이도록 하고 태양을 붉게 보이도록 하는 '탁한 매질'

---

* 불규칙하고 불균질한 매질로 인해 빛의 경로가 달라지고 산란되는 정도도 달라지는 현상을 말한다. — 옮긴이

은 공기 중에 불규칙하게 떠도는 먼지와 연기 입자들 무리다.

화가들은 괴테와 다 빈치, 알베르투스 마그누스가 이런 설명을 내놓기 오래전부터 이런 현상을 잘 알고 있었다. 화가들은 안료를 겹치는 방법을 통해 색의 효과를 냈는데, 오일에 떠도는 불규칙한 안료 입자들 무리가 '탁한 매질'로 작용했던 것이다. 그들은 어두운 색 안료 입자 층 위에 밝은색 안료를 입혀 차갑고 푸른색 효과를 얻었는데, 이것은 하늘이 푸르게 되는 원리(빛을 통해 어두움을 보는 것)와 같았다. 루벤스도 이전부터 전해 오던 이런 전통을 따랐고 특히 '색을 부드럽게 하는 기술scumble'에 능했다. 그는 어두운 빨간색 물감 위에 하얀 물감을 얇게 입혀 차갑고 진주 빛이 나는 반투명한 색을 만들어 인체의 피부를 표현할 때 사용했다. 화가들은 또한 밝은 안료 위에 어두운 안료를 겹쳐 따뜻하고 빨간색이 도는 색을 만들어 냈다. 이것은 태양이 빨갛게 보이는 원리(어두움을 통해 빛을 보는 것)와 같았다. 네덜란드 화가 얀 반 에이크Jan van Eyck는 이처럼 안료를 겹치는 방식으로 '광택'을 내는 데 성공했다. 화가들의 전기 작가로 유명했던 이탈리아 화가이자 건축가인 조르조 바사리Girogio Vasari는 이를 잘못 이해해 반 에이크가 완전히 새로운 회화 기법을 발견했다고 주장하기도 했다.[20]

패러데이가 설명했듯이 촛불에서 나오는 그을음은 천장으로 올라가 신비한 주문을 만들어 내고 이어 연기가 되어 자유롭게 공기 중을 떠다니면서 하늘을 푸르게 보이게 하고 태양을 붉게 보이게 만든다. 빨간색을 띤 흙과 피 — 물론 흙과 피는 상황에 따라 여러 색을 갖지만 적어도 명목상으로는 빨간색이다 ─ 또한 태양 빛을 산란시키는 역할을 한다. 왜냐하면 흙은 바람에 날려 공중을 떠돌게 되고, 시신의 피는 응고된 뒤 화장을 통해 유골의 재가 되어 공중을 떠돌게 되기 때문이다. 이처럼 우리 인간을 만드는 흙과 피는 이런저런 방식을 통해 ─ 연기가 되거나, 흩뿌려진 유골의 재가 되거나, 바람에 날리는 부식토(사람으로 되기 이전의 부식토, 혹은 죽고 난 뒤 육체가 변해서 생긴 부식토)가 되어 ─ 하늘로 올라가는 것이다. 흙과 피와 불은 지상에 있을 때는 확실하게 빨간색이 아닐지 모르지만 공중에 떠돌게 되면 여명과 황혼을 확실하게 빨갛게 만든다. 이도 저도 아닌 중간 지대에 속하는 현상을 만들어 내는 원인답게, 공중에 떠도는 먼지 즉 연기, 유골의 재, 부식토는 존재와 비존재 사이의 경계에서 맴돈다. 먼지는 고체이면서도 형체가 없고 ─ 혹은 적어도 끊임없이 형태가 바뀌며 ─, 셀 수 없을 정도로 많은 먼지들은 우리들의 머리 위에서 ─ 우리 눈에 보이지 않고 겉보기에 아무런 무게도 지니지 않은 채 ─ 떠돈다.

마이스터 에크하르트는 불은 "하늘에 혀가 닿을 때까지" 올라간다고 말했다. 여명과 황혼 녘의 수평선에서는 형체를 갖지 않은 빨강이 대지의 끝에서 하늘에 혀를 대고 있는 것처럼 보인다.[21] 이런 현상은 사람들을 '자극하는incendiary' 불의 특성이 어둡고 어슴푸레한 '향incense'에 의해 완화될 때 그 의미가 더욱 분명해진다. 향은 위로 올라가는데 종교적인 의식에서 이것은 기도가 하늘로 상승하는 것을 상징한다.[22] 특히 붉은 하늘과 관련된 기도는 망자亡者를 매장할 때 하는 기도에서 확인할 수 있다. 매장식의 마지막 기도는 "흙에서 흙으로, 재에서 재로, 먼지에서 먼지로earth to earth, ashes to ashes, dust to dust"라는 말로 끝맺는다. 이 '흙, 재, 먼지'는 모두 우리의 눈에 띄지 않은 채 하늘에 색을 부여하는 존재다. 서쪽 하늘의 붉은 황혼은 우주가 메멘토 모리memeto mori['죽음을 기억하라'는 뜻의 라틴어]를 우리에게 시각적으로 드러내는 것이라고 할 수 있다. 즉 매장식에 참석한 추도객들에게 '나도 한때 지금의 당신과 같았으나, 당신도 곧 지금의 나처럼 될 것이다 once was as you now are, you will be as I now am'라고 말하는 것이다.[*]

죽음을 통해 한 개인을 이루고 있던 물질들은 세계 속으로 다시 뒤섞인다. 셰익스피어의 클레오파트라가 말했듯이 "나는 불이고, 공기다. 나의 다른 원소들도 / 생명의 근원으로 돌아간다"(《안토니와 클레오파트라Antony and Cleopatra》, 5막 2장, 289~289). 그러나 최근의 연구 — 이 연구는 냉전 시대 때 원폭 실험이 여러 차례 행해지면서 우리 몸이 방사능 물질에 오염된 것을 이용한 것이다 — 에 따르면 이러한 '뒤섞임'은 살아 있는 동안에도 끊임없이 이루어지고 있다고 한다. 몸 속의 탄소-14[**]를 측정해 보면 당신이 몇 살이든 당신 몸의 세포들 대부분은 약 열 살 정도밖에 되지 않는다. 피부에서 뼈에 이르기까지

---

[*] 이 금언은 중세 시대 무덤의 묘비명에서 흔히 발견되며, 사자死者가 말한 것처럼 표현된다.
[**] 14C는 탄소의 방사성 동위 원소로 대기 중에 이산화탄소 형태로 미량이 존재한다. 반감기는 5568년이다. 고고학적인 유적 등의 연대 측정에도 이용된다. — 옮긴이

우리의 몸은 끊임없이 재생되고 있다는 말이다. 따라서 우리가 공기 중에 떠도는 흙이나 재, 먼지와 맺는 관계도 새롭게 설정될 필요가 있다.[23]* 이제 동쪽 하늘의 붉은 여명은 우리에게 이렇게 말하는 것이다. "당신도 한때 지금의 나와 같았으나, 나도 곧 지금의 당신처럼 될 것이다."[24]**

우리 머리 위의 탄소들 대부분은 한때 우리의 발밑에 있었던 화석 연료로부터 나온 것이기 때문에, 우리는 말 그대로 '죽은 자들을 끌어올림raised the dead'으로써 전통적인 자연의 순환을 더욱 복잡하게 만들었다.

전통적인 신화에서 인간이 빨간 진흙이나 부식토로 만들어졌다고 본 것은 옳다는 사실이 밝혀졌다. 성경에 기록돼 있듯이 "네 자손

---

* 먼지로 자욱한 빨간 하늘은 그 자체로 많은 '모순'을 안고 있다. 예를 들어 빛을 산란시키는 먼지는 햇빛에 담긴 열을 우주로 반사하는 역할을 한다. 그래서 냉전 시대의 핵무기는 인공적인 '핵겨울nuclear winter'을 초래할 수도 있었다. 핵겨울은 공룡의 멸종을 부른 것과 같은 전 지구적인 저온 현상이다. 하지만 세상은 계속 변화하는 것이어서 이제 핵무기로 인한 파괴의 공포는 지구 온난화의 위험으로 대체되었다. 그래서 어떤 과학자들은 인위적으로 핵겨울을 만들어서, 즉 하늘에 보다 많은 그을음을 만들어 지구 온난화에 대처하자는 제안을 내놓기도 했다. 만약 이들의 주장이 실현되면 미래에 바라보는 여명과 황혼의 모습은 지금보다 훨씬 장관일 것이다(물론 한낮은 지금보다 훨씬 칙칙할 것이고 밤에는 별들을 볼 수 없는 대가를 치러야 할 것이다). [핵전쟁이 일어나면 도시와 삼림에서 대화재가 발생해 대량의 재와 먼지가 지구 상층부를 뒤덮어 햇볕을 흡수함으로써 지면에 도달하는 일사량이 줄어 기온이 크게 내려간다고 예상되는데 이 현상을 '핵겨울'이라고 한다.]

** 수평선의 붉은 선은 낮과 밤이 일시적으로 함께 머무는 완전히 투과적인 경계선인 것처럼, 신체와 먼지 사이의 상호 교류는 하늘과 땅이 갖는 정신성spiritual states이 완전히 투과하는 본질적인 경계선 역할을 한다.

은 땅의 티끌로서, 네가 서에서 동으로 널리 퍼뜨릴 것"이며 "너는 흙에서 와서 흙으로 돌아갈 것"이다(창세기 28:14, 3:19). (조금 다른 이미지를 사용해 보면, BC 500년 무렵 헤라클레이토스는 우리는 같은 강물에 두 번 발을 담글 수 없다고 했다.[25] 나는 어릴 때 잉글랜드 동부의 캠강에서 수영을 하곤 했다. 그러나 만약 내가 오늘 어릴 때 수영했던 장소로 돌아가 다시 수영을 한다면 캠강을 이루고 있는 모든 물질은 그때와는 다를 것이며, 나를 이루고 있는 물질들 또한 그때와는 다를 것이다.) 시인 T. S. 엘리엇이 우리에게 붉은 바위 아래에 있는 '한 움큼의 먼지에 깃든 공포'를 보여 주었다면, 빨강이 가진 '모순들'에 어울리게, 같은 한 움큼의 먼지가 우리를 하늘로 상승시키는 '희망'을 보여 줄 수도 있다. 밀턴은 '천상의 장밋빛 빨강'은 '사랑에 어울리는 색'이라고 말했던 것이다.[26]

붉은 하늘은 물질을 감싸고 있는 베일 ─ 이 물질은 우리를 만들어 내는 저장소이고 우리가 죽으면 다시 돌려주게 되는 것이다 ─ 의 한 측면으로서 우리와 빛 사이에 놓여 있다. 그 베일 자체는 우리 눈에 보이지 않지만 여명과 황혼의 빨강을 통해 감지할 수는 있다. 빨강은 피의 색이기 때문에, 수평선에 있는 베일은 ─ 요한계시록에 등장하는, 세상의 종말을 예고하는 피처럼 붉은 달같이 ─ 피로 칠해진 '신성화된' 하늘이라고 볼 수도 있다. 그러나 알베르투스 마그누스가 말했듯이 실제로는 '연기를 통해서' 보이는 빛 때문에 생긴다. 그런데 '연기smoke'에 해당하는 라틴어는 푸마레fumare이며, '통해서through'에 해당하는 접두사는 'per'다. 따라서 연기를 통해서 빛을 본 결과인 빨강은 문자 그대로 하면 'per-fumed(향기 나는)' 빛이 된다.

향기 나는 빛

빨강이 눈과 맺는 관계는 향기가 코와 맺는 관계와 같다. 눈은 검은
연기가 내는 향이 하늘로 올라가는 것을 보지만 코는 냄새를 통해 그
향을 인식한다. 종교적인 의식에서 향을 사용하는 까닭은 의식에 참
석한 사람들에게, 보이지 않고 만질 수도 없지만 무한한 풍부함으로
자신들을 감싸고 있는, 만물을 주재하는 신의 정신을 감각적으로 일
깨우기 위한 것이다. 냄새는 감각들 가운데 가장 신비하다. 보거나 듣
는 것과는 달리 냄새를 풍기는 것이 무엇인지를 알기 위해서는 우리
가 적극적으로 해독해야 한다. 또 냄새는 만지거나 맛을 보는 것과는
달리 대상을 향해 손을 뻗을 필요도 없고 대상을 입으로 가져올 필요
도 없다. 냄새는 단지 우리를 감싸고 우리 속으로 파고든다. 감싸거
나 파고드는 실체를 전혀 가지고 있지 않은 것 같은데도 말이다. 냄새
는 모든 감각들 중에서 환기력이 가장 뛰어나다. 우리는 바다나 갓 베
어 낸 건초더미 냄새, 연인에게서 나는 아주 미세한 냄새에도 즉각적
으로 반응하며 관심을 보이게 된다. 실제로 우리가 그것들이 띠고 있
는 색 때문에 높이 평가하고 있는 사물들 중에 원래는 냄새(향기) 때
문에 우리의 관심을 끌었던 것들이 있다. 예를 들어 장미는 과거 말린
장미 잎이나 장미로 만든 향수, 장미 오일이 가진 의학적인 효과 때문

69 프랑스 화가 시몽 마르미옹Simon Marmion의 〈장막을 당기며 지옥 웅덩이로
들어가는 악령Demons dragging Tondal into the Infernal Cistern〉 일부, 채색 필사본(1475).
불타는 듯한 빨간 지옥의 입구는 '아래below'에 있는 인간들에게로 다가갈 수 있는 문이다.
우주적인 균형을 표현하는 단테의 《신곡》은 지옥과 악마Satan를 나타내기 위해
9개 원을 가지고 있다. 빨간 천사는 신에서 가장 멀리 떨어져 있는 존재로서
아홉 번째 원의 중심에 있다. 연금술적인 균형('위도 아래처럼, 아래도 위처럼As above,
so below')은 우주의 가장 꼭대기와 우주의 맨 밑바닥이 둘 다 빨갛다고 보았다.

에 문화적으로 중요하게 취급되었다. 이븐시나는 빨간 장미가 '심장을 편안하게' 한다고 했고, 중세 의학서는 장미가 치유력을 갖는 까닭은 장미 향기가 신체의 가장 깊숙한 곳까지 파고드는 능력이 있기 때문이라고 기록했다.[27] 빨강 — 향기 나는 빛 — 은 깊숙이 침투하는 색인 것이다.

향기와 마찬가지로 붉은 하늘은 '분리'돼 있다. 반면 우리가 보는 다른 모든 빨강들은 동물과 식물, 광물, 인공적인 것 속에 '포함'돼 있다. 근래에 나온 인공적으로 합성된 멋진 빨강조차도 고체로 된 화면 '안'에서만 볼 수 있다. 알베르투스 마그누스와 괴테, 그리고 17세기 이전의 수많은 화가들에 따르면 빨강이란 상대적으로 빛이 부재absence한 상태[어두움]을 통과함으로써 인지되는 빛의 현존presence이다.* 즉 빨강은 빛이 연기 자욱한 '탁한' 공기 — 흙과 먼지, 재 입자들이 무질서하게 무리를 이루고 있어 빛을 '교란하고' '방해하는' 공기 — 를 밀치고 나온 결과인 것이다. 탁한 공기를 뚫고 빛이 진행하는 과정에서 파란빛은 방향을 바꾸지만 빨간빛은 방향을 바꾸지 않고 계속 진행한다. 이처럼 빨강은 우리 스스로가 만들어 내고 동시에 우리를 만든 물질들[흙, 먼지, 재]을 지나오면서 (파랑의 상실이라는) 고통을 이겨 낸 빛이 내는 색이다.** 탁한 공기를 거치면서 빛이 겪는 고통

---

* 같은 이유로 파랑은 빛의 현존을 통해 감지되는 상대적인 빛의 부재다.
** '산란scattering'은 성경에서의 '모음gathering'과는 정반대다. 그것은 다수로부터 하나를 만들어 내는 것[산란]과는 달리 하나로부터 많은 것을 만들어 내는 것이다. 탁한 매질 속에서 산란

빨강의 문화사

과 상실은 빛의 '수난passion'이라고 볼 수 있다. 또한 이 물질들에 의해 교란되지도 방해받지도 않은 채 묵묵히 통과한 빛은 '인내patience'를 가졌다고 말할 수 있다. 빨강이 아름다운 것은 빛이 겪는 수난과 인내의 결과이기 때문이다.

이와 같은 빨강의 기원을 생각하면, 빨강이 양면성을 가지고 있는 것은 전혀 놀라운 일이 아니다. 빨강은 야누스의 얼굴을 한 색이며, 빨강이 '에너지가 풍부한' 까닭은 검정과 하양 모두와 역동적인 관계를 맺고 있기 때문이다.[28]＊ 전통 사회에서 빨간색 물질이나 혹은 물질의 특성이 전혀 없는 촛불의 기원을 설명할 때 그 이야기들은 항상 서로 반대되는 실마리들 — 까망과 하양, 어두움과 밝음, 객관과 주관 같은 — 을 포함하고 있었다. 예를 들어 빛이 검은 연기 속에서 겪는 교란은 기린혈의 우주적인 싸움으로 표현되었고 빨강이 갖는 힘과 아름다움은 최초의 철학자의 돌인 버밀리온의 합성에 의해 설명되었다.

홍실은 향기 나는 빛의 색을 관통하며, 어두움과 빛, 음과 양으로

된 빛은 엠페도클레스가 말한 '불화strife'라고 부른 과정으로서 '사랑'과 반대되며, 또한 괴테가 언어적인 유희를 통해 이혼을 뜻하는 말로 사용했던 '분석analysis'의 과정으로서 결혼을 뜻하는 '합성synthesis'과 반대된다. 전통적인 세계에서는 인간의 죽음을 원소들이 '산란'하는 것으로 보았고, 현대 과학은 끊임없이 원소들을 '모으고' 있다고 본다. 빨강은 우리의 '산란된' 형태[죽음으로 인해 생긴 유골의 재, 먼지]가 빛을 교란시킬 때 생긴다.

＊ 물론 아리스토텔레스의 색 체계에서는 녹색도 검정과 하양의 중간에 위치한다. 하지만 녹색은 수동적이며 녹색이 갖는 [검정과 하양 사이의] 균형은 토대가 되고 진정시키는 역할에 있다. (모든 현상에는 다면적이고 다의적 측면이 있다. 그래서 전통적인 설명 방식에는 다양한 차원이 들어 있다. 빨강과 녹색은 까망 및 하양과 맺는 관계에서는 동일하지만 활동성과 수동성이라는 측면에서 서로 다르다.)

70 강렬한 빨강으로 표현된 일곱 명의 세라핌(1335년 무렵의 채색 필사본).

세라핌은 6세기 신학자 디오니시우스 아레오파지타Dionysius Areopagita의 《천상 품계
Celestial Hierarchy》에서 구분한 아홉 단계(9품 천사) 가운데 가장 높은 단계에 속한다.

이들은 신과 가장 가까운 곳에 머문다. 세라핌 아래 단계는 차례로 케루빔cherubim,

좌품 천사thrones, 주품 천사dominions, 역품 천사virtues, 능품 천사powers,

권품 천사principalities, 대천사archangels, 천사angels다. 이들은 모두

인간 영역보다는 더 '높은above' 곳에 머문다.

엮어진다. 따라서 빨강은 세상 만물과 홍실을 공유하며, 특별한 명료함으로 물질과 비물질을 친밀하게 조화시킨다.*

적토와 빨간 피, 붉은 불, 먼지 자욱한 하늘의 빨강, 이 모두에 깃들인 열정에 대해 고대인들이 이해한 방식은 16세기 후반의 도미니크회 수도사가 받아들인 방식과 같았다. 그는 우리가 "돌들과 모든 자연의 원소들을 주의 깊게 들여다보아야 하며 그들의 충실함 앞에서 부끄러워해야 한다"고 말했다.[29] 고대의 이해 방식은 존 러스킨의 사고와도 상통했다. 그는 '애정의 결속'이 우리를 '먼지보다 더 나은' 존재로 만들어 준다고 주장했다. 또한 '인간을 만든 찰흙'과 '창조의 먼지'는 자연이 가진 '협동의 정치경제학'에 의해 순환되고 있으며 '신의 도시the city of God'를 만드는 탄탄한 기초라고 보았다.[30] 이러한 19세기의 철학은 오늘날 진부하고 낡은 것으로 보일 수 있다. 그러나 흙과 우리의 몸, 하늘(그리고 어두움과 빛으로 엮어진 홍실) 사이에 직접적인 연관 관계가 있다고 보는 이런 사상이야말로 최근 부상하고 있는 '새로운 생태학' — 이 세계를 서로 얽혀서 역동적으로 움직이는 관계라고 보는 학문 — 과 완전히 부합한다.[31]

불과 흙은 피가 칠해진blood-anointed 하늘에서 자신들의 참된 색을

---

* 같은 하나의 실이 만물을 관통하기 때문에 빨강을 만들어 내는 것의 일대기에서 다뤄졌던 어떤 것이 빨강과는 무관한 것들에게도 똑같이 적용될 수 있었다. 대부분의 문화에서는 만물은 서로 연결돼 있고 서로 관련돼 있다고 본다. 하지만 현대 서양의 주류적인 세계관은 기본적으로 사물이란 서로 분리돼 있고 서로 다르다고 본다는 점에서 역사적으로 특별한 경우라고 할 수 있다.

발견한다. 또한 거기야말로 빨강의 본성 혹은 — 빨강은 야누스의 얼굴을 하고 있기 때문에 — 본성'들'이 드러나는 곳이다. 기독교 전통에서는 세라핌seraphim — 천사들의 위계질서 속에서 최고 단계에 속하는 천사로 신과 가장 가까운 자리에 위치한다 — 은 항상 빨간색으로 표현돼 왔다. 동시에 신과 가장 먼 곳에 있는 악마, 악령들, 지옥의 문 또한 대개 빨간색으로 표현되었다. 빨강은 어두움을 지나온 빛이다. 이것은 우리가 빨강에 접근하는 길이 여러 가지 있다는 것을 암시한다. 우리는 빨강을 현재 있는 그대로 인식할 수도 있고, 멀리 있는 빛과의 관계 속에서 인식할 수도 있으며, 가까이 있는 어두움과의 관계를 통해 인식할 수도 있다. 무엇을 선택할지는 우리 각자의 몫이다.

빨강의 문화사

주

서론: 왜 빨강인가

1 Geoffrey of Monmouth, *The History of the Kings of Britain* [c. 1136] (v, vii, 3), trans. L. Thorpe (London, 1966), pp.171~174.

2 J. W. von Goethe, *Elective Affinities* [1809], vol. II, chap. 2, trans. R. J. Hollingdale (Harmondsworth, 1978), p.163.

3 위의 책, p.164.

4 위의 책, vol. II, chap. 4, p.180.

5 J. Blower, "Monuments and Memento Mori in Goethe's Elective Affinities," *Future Anterior*, VII/2 (2011), pp.37~48.

6 B. Faure, *The Red Thread: Buddhist Approaches to Sexuality* (Princeton, NJ, 1998).

7 L. C. Jones, "The Evil Eye among European-Americans," *Western Folklore*, x/1 (1951), p.12.

8 *Oxford English Dictionary*, online version, www.oed.co.uk (2014).

9 A. Conan Doyle, "A Study in Scarlet," in *The Stories of Sherlock Holmes* (London, 1904), vol. I, p.45.

10 C. Ginzburg, "Morelli, Freud and Sherlock Holmes: Clues and the Scientific Method," *History Workshop*, ix (1980), p.12. 프로이트와 관련해 C. Ginzburg, "Family Resemblances and Family Trees: Two Cognitive Metaphors," *Critical Inquiry*, XXX/3 (2004), p.539를 보라.

11 P. Bayard, *Sherlock Holmes Was Wrong*, trans. C. Mandell (New York, 2008), pp.30~53.

12 Ludwig Wittgenstein, *Remarks on Colour*, ed. G. E. M. Anscombe, trans. L. L. McAlister and M. Schättle (Berkeley, CA, 1979), p.16e.

13 Matthew 27:28, Luke 23:11, Mark 15:17, John 19:2.

14 M. Bimson, "Cosmetic Pigments from the 'Royal Cemetery' at Ur," *Iraq*, XLII/1 (1980), pp.75~77; A. Lucas, "Cosmetics, Perfumes and Incense in Ancient Egypt," *Journal of Egyptian Archaeology*, XVI (1930), pp.41~53.

15 Ovid, Rem. Am. 351, in K. Olson, "Cosmetics in Roman Antiquity: Substance, Remedy, Poison," *The Classical World*, CII/3 (2009), p.296.

16 Olson, "Cosmetics," pp.291~310.

17 Pliny the Elder, *Natural History*, Book xxviii, chap. 28, trans. H. Rackham (London, 1968), vol. VIII, p.77.

18 H. D. Betz, *The Greek Magical Papyri in Translation, Including the Demotic Spells* (Chicago, IL, 1996), pp.167~169.

19 Herodotus, *The Histories*, trans. R. Waterfield (Oxford, 1998), vol. II, p.99.

20 F. Gunn, *The Artificial Face: A History of Cosmetics* (Newton Abbot, 1973), pp.53~69.

21 F. E. Dolan, "Taking the Pencil out of God's Hand: Art, Nature and the Face-painting Debate in Early-modern England," *PMLA*, CVIII/2 (1993), pp.224~239.

22 G. P. Lomazzo, *A Tracte Containing the Artes of Curious Paintinge, Caruinge and Buildinge* [1598], trans. R. Haydocke (Farnborough, 1970), p.127.

23 L. S. Marcus, J. Mueller and M. B. Rose, eds, *Elizabeth I: Collected Works*, 1533~1603 (Chicago, IL, 2000), letter of 15 May 1549, p.35.

24 N. Williams, *Powder and Paint* (London, 1957), p.17.

25 Melissa Hyde, "The 'Makeup' of the Marquise: Boucher's Portrait of Pompadour at her Toilette," *Art Bulletin*, LXXXII/3 (2000), pp.453~475.

26 C. Palmer, "Brazen Cheek: Face-painters in Late Eighteenth-century England," *Oxford Art Journal*, XXXI/2 (2008), pp.197~213.

27 Williams, *Powder and Paint*, p.98.

28 *Calendar of State Papers, Domestic Series, of the Reigns of Edward VI, Mary, Elizabeth, 1547~1580*, ed. R. Lemon (London, 1856), p.612를 보라.

29 *London Journal Fashions*, no. 98, p.11, Williams, *Powder and Paint*, p.106에서 인용.

30 Williams, *Powder and Paint*, pp.107~133.

31 Anon., "Cosmetics Not to be Rationed, Regardless of War Emergency," *Science News Letters*, XXXIX/17 (1941), p.271.

1장 동물의 빨강

1 R. Fletcher, "Myths of the Robin Redbreast in Early English Poetry," *American Anthropologist*, II/2 (1889), pp.97~118.

2 P. de Bolla, *Art Matters* (Cambridge, MA, 2001), p.2.

3 V. Mazel et al., "Identification of Ritual Blood in African Artefacts," *Analytical Chemistry*, LXXIX/24 (2007), pp.9253~9260; D. Fraser et al., "Characterisation of Blood in an Encrustation of an African Mask," *Analyst*, 138 (2013), pp.4470~4474.

4 R. Chenciner, *Madder Red: A History of Luxury and Trade* (Richmond, 2000), pp.181, 193.

5 R. de Clari, *La Conquête de Constantinople*, ed. P. Lauer (Paris, 1924), p.117, S. Kinoshita, "Animals and the Medieval Culture of Empire," in *Animal, Vegetable and Mineral: Ethics and Objects*, ed. J. J. Cohen (Washington, DC, 2012), p.39에서 인용.

6 Kautilya's *Arthashastra*, Book xiv, trans. R. Shamasastry, p.606. Available via www.bharatadesam.com.

7 D. A. Scott et al., "An Egyptian Cartonnage of the Graeco-Roman Period," *Studies in Conservation*, XLVIII/1 (2003), pp.41~56; R. Hofmann-de Keijzer and M. R. van Bommel, "Dyestuff Analysis of Two Textile Fragments," *Dyes in History and Archaeology*, 21 (2008), pp.17~25.

8 M. Clarke, "Anglo-Saxon Manuscript Pigments," *Studies in Conservation*, XLIX/4 (2004), pp.231~244.

9 C. S. Smith and J. G. Hawthorne, "Mappae Clavicula: A Little Key to the World of Medieval

Technique," *Transactions of the American Philosophical Society*, lxiv/4 (1974), p.52. 또한 J. Kirby, "Some Aspects of Medieval and Renaissance Lake Pigment Technology," *Dyes in History and Archaeology*, 21 (2008), pp.89~108을 보라.

10 J. R. McCulloch, *Dictionary of Commerce* (London, 1832), p.695; W. Morris, "Dyeing as an Art," *The Decorator and Furnisher*, XIX/6 (1892), pp.217~218; E. Howe, "Wall Painting Technology at Westminster Abbey c. 1270~1300," in *Medieval Painting in Northern Europe*, ed. J. Nadolny, K. Kollandsrud, M. L. Sauerberg and T. Frøysaker (London, 2006), pp.91~113.

11 R. A. Donkin, "The Insect Dyes of Western and West-Central Asia," *Anthropos*, LXXII (1977), p.851.

12 위의 책, p.853.

13 H. Kurdian, "Kirmiz," *Journal of the American Oriental Society*, LXI/2 (1941), pp.106~107.

14 Donkin, "Insect Dyes," p.860.

15 Pausanius, *Description of Greece*, vol. IV (Phocis, Ozolian Locri), trans. W. H. S. Jones (London, 1969), p.587.

16 Pliny the Elder, *Natural History*, Book XXVIII. chap. 28, trans. H. Rackham (London, 1968), vol. IV, p.409.

17 Donkin, "Insect Dyes," p.859.

18 Pliny, *Natural History*, Book xxiv, chap. 4, vol. VII, p.9.

19 Donkin, "Insect Dyes," p.862.

20 Edward Eggleston, "Some Curious Colonial Remedies," *American Historical Review*, 5 (1899), p.201.

21 L. C. Matthew, "Vendecolori a Venezia: The Reconstruction of a Profession," *Burlington Magazine*, CXLIV/1196 (2002), pp.680~686.

23 A. B. Greenfield, "Alkermes 'Liqueur of Prodigious Strength,'" *Gastronomica*, VII/1 (2007), p.29.

22 Donkin, "Insect Dyes," p.854.

23 위의 책, p.855.

24 R. M. Massey, "An Account of a Book," *Philosophical Transactions of the Royal Society*, XXXVII (1731~1732), pp.216~218.

25 E. Phipps, "Cochineal Red: The Art History of a Color," *The Metropolitan Museum of Art Bulletin*, n.s., LXVII/3 (2010), pp.12, 21.

26 R. A. Donkin, "Spanish Red: An Ethnogeographical Study of Cochineal and the Opuntia Cactus," *Transactions of the American Philosophical Society*, n.s., LXVII/5 (1977), pp.20~21.

27 Letters of Cortes, ed. F. A. MacNutt (New York, 1908), vol. I, p.258, 위의 책, p.20에서 인용.

28 Donkin, "Spanish Red," p.12.

29 위의 책, pp.11~15.

30 Phipps, "Cochineal Red," p.14.

31 위의 책, p.27.

32 R. L. Lee, "American Cochineal in European Commerce, 1526~1625," *Journal of Modern History*, XXIII/3 (1951), pp.208~210.

33 John Donne, Satires, IV, 188~189, in *The Complete Poems of John Donne*, ed. R. Robins (Edinburgh, 2010), p.411.

34 Lee, "American Cochineal," p.214.

35 *The Philosophical Works of the Honourable Robert Boyle Esq.*, ed. P. Shaw (London, 1738), vol. II, pp.74, 92, Lee, "American Cochineal," p.224에서 인용. 또한 Donkin, "Spanish Red," pp.44~45를 보라.

36 K. H. Ochs, "The Royal Society of London's History of Trades Programme," *Notes and Records of the Royal Society*, XXXIX/2 (1984), p.149.

2장 식물의 빨강

1 H. M. Schaefer, K. McGraw and C. Catoni, "Birds Use Fruit Colour as Honest Signal of Dietary Antioxidant Rewards," *Functional Ecology*, 22 (2008), pp.303~310.

2 E. Cazetta, M. Galetti, E. L. Rezende and H. M. Schaefer, "On the Reliability of Visual Communication in Vertebrate-dispersed Fruits," *Journal of Ecology*, C/1 (2012), pp.277~286.

3 A. Gumbert, J. Kunze and L. Chittka, "Floral Colour Diversity in Plant Communities, Bee Colour Space and a Null Model," *Proceedings of the Royal Society B: Biological Sciences*, CCLXVI/1429 (1999), pp.1711~1716.

4 G. A. Llano, "Economic Uses of Lichens," *Economic Botany*, II/1 (1948), pp.17~26.

5 Cennino Cennini, *The Craftsman's Handbook*, XVIII, trans. D. V. Thompson (New York, 1960), p.11. 로버트 보일과 관련해 "Some Observations Touching Colours," *Philosophical Transactions* (1665~1678), vol. VI (1671), p.2133; R. Boyle, *Experiments and Considerations Touching Colours* (London, 1664), p.288; A. A. Baker, "A History of Indicators," *Chymia*, 9 (1964), p.148을 보라.

6 E. R. Caley, "The Stockholm Papyrus: An English Translation with Brief Notes" (recipes 95, 96, 108~111, 117, 120, 123, 125, 127, 131, 142, 149, 150), *Journal of Chemical Education*, IV/8 (1927), pp.992~998.

7 E. Spanier, ed., *The Royal Purple and the Biblical Blue* (Jerusalem, 1987).

8 P. Walton, "Dyes of the Viking Age," *Dyes in History and Archaeology*, 7 (1988), pp.14~20.

9 A. Kok, "A Short History of the Orchil Dyes," *The Lichenologist*, III/2 (1966), pp.252~258.

10 Llano, "Economic Uses of Lichens," p.36.

11 *National Geographic Magazine*, February 1947, 위의 책, p.37에서 인용.

12 J. M. Synge, *The Aran Islands* (Oxford, 1979), p.15.

13 Sigrid Holmwood, personal correspondence.

14 Cennini, *The Craftsman's Handbook*, XLIII, p.26.

15 Caley, 'The Stockholm Papyrus," recipe 62, p.988.

16 Albertus Magnus, *Book of Minerals* (II, ii, 19), trans. D. Wyckoff (Oxford, 1967), p.124.

17 S. Bucklow, *The Alchemy of Paint: Art, Science and Secrets from the Middle Ages* (London, 2009), pp.141~172.

18 Samuel Purchas, The Pilgrim (i, ii, 1i, 2), in Hakluytus Posthumous [1625], J. Needham, *Science and Civilisation in China* (Cambridge, 1954), vol. IV/1, p.245에서 인용.

19 U. Baumer and P. Dietemann, "Identification and Differentiation of Dragon's Blood," *Analytical and Bioanalytical Chemistry*, CCCXCVII/3 (2010), pp.1363 ~ 1373.

20 E. M. Carus-Wilson, "The English Cloth Industry in the Twelfth and Thirteenth Centuries," *Economic History Review*, XIV/1 (1944), p.38.

21 J. McKillop, *A Dictionary of Celtic Mythology* (Oxford, 2004), p.237; Apollodorus, *The Library of Greek Mythology* (II, v, 10), trans. R. Hard (Oxford, 2008), pp.80 ~ 81.

22 J. C. Sower, "An Early Description of Pennsylvania" [1724], *The Pennsylvania Magazine of History and Biography*, XLV/3 (1921), p. 250.

23 E. Hermens and A. Wallert, "The Pekstok Papers, Lake Pigments, Prisons and Paint-mills," in *Looking Through Paintings*, ed. E. Hermens (London, 1998), pp.276 ~ 280.

24 P. Walton, "Textiles," in *English Medieval Industries*, ed. J. Blair and N. Ramsay (London, 1991), p.334.

25 J. Kirby, D. Saunders and M. Spring, "Proscribed Pigments in Northern European Renaissance Paintings and the Case of Paris Red" in *The Object in Context*, ed. D. Saunders, J. Townsend and S. Woodcock (London, 2006), pp.236 ~ 243.

26 *Pedanius Dioscorides of Anazarbus*, trans. L. Y. Beck (Hildersheim, 2005), p.245.

27 Gerard's Herbal, III/172 [1597], ed. M. Woodward (London, 1994), pp.256 ~ 267.

28 S. Grierson, *The Colour Cauldron: The History and Use of Natural Dyes in Scotland* (Perth, 1986), p.32.

29 J. H. Munro, "The Medieval Scarlet and the Economics of Sartorial Splendor," in *Cloth and Clothing in Medieval Europe*, ed. N. B. Harte and K. G. Ponting (London, 1983), p.39.

30 Walton, "Textiles," p.334.

31 S. Fairlie, "Dyestuffs in the Eighteenth Century," *Economic History Review*, XVII/3 (1965), pp.498 ~ 499. 또한 Lee, "American Cochineal," pp.220 ~ 221을 보라.

32 Fairlie, "Dyestuffs in the Eighteenth Century," pp.489, 505.

33 Y. Dogan et al., "Plants used as Natural Dye Sources in Turkey," *Economic Botany*, LVII/4 (2003), p.442.

34 Munro, "The Medieval Scarlet," pp.28 ~ 29.

35 A. F. Sutton, 'Order and Fashion in Clothes: The King, his Household, and the City of London at the End of the Fifteenth Century," *Textile History*, XXII/2 (1991), p.256.

36 위의 책, p.259.

37 A. Hunt, *Governance of the Consuming Passions: A History of Sumptuary Law* (New York, 1996); L. Taylor, *The Study of Dress History* (Manchester, 2002); D. Jacoby, "Silk Economics and Cross-cultural Artistic Interaction: Byzantium, the Muslim World and the Christian West," *Dumbarton Oaks Papers*, 58 (2004), pp.197 ~ 240; U. Rublack, *Dressing Up: Cultural Identity in Renaissance Europe* (Oxford, 2010)을 보라.

38 Bucklow, *The Alchemy of Paint*, pp.109 ~ 140.

39 Munro, "The Medieval Scarlet," p.39.

40 Carus-Wilson, "The English Cloth Industry," p.48.

3장 땅의 열매

1 예를 들면 A. Appadurai, ed., *The Social Life of Things: Commodities in Cultural Perspective* (Chicago, IL, 1986)를 보라.

2 Pliny the Elder, *Natural History*, Book XXXVII, chap. 15, trans. H. Rackham (London, 1968), vol. XX, pp.239~243.

3 Albertus Magnus, *Book of Minerals* (II, ii, 3), trans. D. Wyckoff (Oxford, 1967), p.78.

4 J .C. M. van Winden, Calcidius on Matter, I. Weinryb, "Living Matter: Materiality, Maker, and Ornament in the Middle Ages," *Gesta*, LII/2 (2013), p.129를 보라.

5 O. Wilde, *The Picture of Dorian Gray* [1891], (Harpenden, 2013), p.159.

6 Pliny, *Natural History*, Book XXXVII, chap. 57, vol. XX, p.293; Peterborough ms 33 (CXXXI, XLVII and LXVII), in J. Evans and M. S. Sergeantson, *English Medieval Lapidaries* (London, 1933), p.85; J. Evans, *Magical Jewels of the Middle Ages and Renaissance* (Oxford, 1922), p.19; Albertus Magnus, *On Animals* (XXV, ii, 27), trans. K. F. Kitchell and I. M. Resnick (Baltimore, MD, 1999), vol. II, p.1726.

7 Philostratus, *The Life of Apollonius of Tyana* (III, viii), trans. F. C. Conybeare (London, 1912), vol. I, p.247.

8 Isidore of Seville, *Etymologies* (XII, iv, 12), trans. S. A. Barney, W. J. Lewis, J. A. Breach and O. Berghof (Cambridge, 2006), p.256.

9 Kirani Kiranides, *Et ad Rhyakini Koronides* [1638], in Férand de Mély, *Revue de l'Art Chrétien*, III (1893), p.136, Evans, *Magical Jewels*, p.19에서 인용.

10 William Shakespeare, *As You Like It* (ii, i, 12–13).

11 P. J. Heather, "Precious Stones in the Middle-English Verse of the Fourteenth Century," *Folklore*, XLII/3 (1931), pp.217~264.

12 Albertus Magnus, *Book of Minerals* (II, i, 2), p.61.

13 Sloane Lapidary, cited in Evans and Serjeantson, *English Medieval Lapidaries*, p.123.

14 G. F. Kunz, *The Curious Lore of Precious Stones* [1913] (New York, 1971), p.351.

15 Albertus Magnus, *Book of Minerals* (II, iii, 4), pp.138~139.

16 Thomas of Cantimpré, J. Gage, *Colour and Culture: Practice and Meaning from Antiquity to Abstraction* (London, 1993), p.74에서 인용.

17 Albertus Magnus, *Book of Minerals* (II, ii, 17), p.116.

18 PL 117, 1207A, PG 43, 293C and PL 93, 199D, H. Šedinová, "The Symbolism of the Precious Stones in St Wenceslas Chapel," *Artibus et Historiae*, XX/39 (1999), p.84에서 인용.

19 Šedinová, "St Wenceslas Chapel," p.84.

20 Isidore, *Etymologies* (XI, i, 15), p.232.

21 T. Forbes, "Chalcedony and Childbirth: Precious and Semi-precious Stones as Obstetrical Amulets," *Yale Journal of Biology and Medicine*, 35 (1963), p.394.

22 Albertus Magnus, *Book of Minerals* (II, ii, 3), p.82.

23 Pliny, *Natural History*, Book XXXVII, chap. 37, vol. xx, pp.257~262.

24 Albertus, *Minerals* (II, ii, 7), p.116.

25 Apollodorus, *Epitome*, III, 17~20, J. D. P. Bolton, *Aristeas of Proconnesus* (Oxford, 1962), p.164 에서 인용.

26 Marbode of Rennes, "De Lapidibus," XXXII, trans. J. M. Riddle, *Sudhoffs Archiv, Zeitschrift für Wissenschaftsgeschichte*, Beiheft 20 (1977), pp.70~71.

27 Albertus, *Minerals* (IV, i, 8), p.234.

28 Richard Kieckhefer, *Magic in the Middle Ages* (Cambridge, 2000), p.67.

29 Pliny, *Natural History*, Book XXIV, chap. 39, vol. IX, pp.228~229.

30 위의 책, Book. XXXIV, chap. 40, vol. IX, p.231.

31 Albertus, *Minerals* (II, ii, 5), p.90.

32 Pliny, *Natural History*, Book xxxiv, chap. 45, vol. IX, p.239, and Book xxxvii, chap. 60, vol. XX, p.303.

33 E. E. Wreschner, "Red Ochre and Human Evolution: A Case for Discussion," *Current Anthropology*, XXI/5 (1980), p.632.

34 W. K. Moorehead, "The Red Paint People of Maine," *American Anthropologist*, XV/1 (1913), pp.33~47을 보라.

35 Wreschner, "Red Ochre and Human Evolution," p.638. 스페인에서의 진사 사용에 관한 내용은 J. Martin-Gil and F. J. Martin-Gil et al., 'The First Known Use of Vermilion," *Experientia*, LI/8 (1995), pp.759~761을 보라.

36 Cennino Cennini, *The Craftsman's Handbook*, XLII, XXXVIII, XLV, trans. D. V. Thompson (New York, 1960), pp.25~26, 23, 27.

37 Isidore of Seville, *Etymologies* (XIX, XVII, 2), p.380. 또한 Gage, *Colour and Culture*, p.82를 보라.

38 Strabo, *The Geography* (xii, iii, 11), trans. H. L. Jones (London, 1969), vol. v, pp.387~391.

39 위의 책, (XII, ii, 10), vol. V, pp.365~369.

40 W. Leaf, "The Commerce of Sinope," *Journal of Hellenic Studies*, 36 (1916), pp.1~15.

41 Theophrastus, *On Stones* (51–59), trans. E. R. Carley and J. F. C. Richards (Columbus, OH, 1956), pp.56~58; Strabo, *The Geography* (XII, ii, 10), vol. V, pp.365~369.

42 Pliny, Natural History, Book XXXIII, chap. 36, vol. IX, p.85.

4장 신비한 빨강

1 D. Lowenthal, "The Past is a Foreign Country," in *Key Debates in Anthropology*, ed. T. Ingold (London, 1996), p.209.

2 E. Hovers et al., "An Early Case of Color Symbolism: Ochre Use by Modern Humans in Qafzeh Cave," *Current Anthropology*, XLIV/4 (2003), pp.491~522.

3 R. C. Thompson, *A Dictionary of Assyrian Chemistry and Geology* (Oxford, 1936), pp.31~32.

4 L. James, *Light and Colour in Byzantine Art* (New York, 1996), p.51.

5 J. Bersch, *The Manufacture of Earth Colours* (London, 1921); M. P. Pomiès, M. Menu and C. Vignaud, "Red Palaeolithic Pigments: Natural Haematite or Heated Goethite?," *Archaeometry*, XLI/2 (1999), pp.275~285.

6 P. Budd and T. Taylor, "The Faerie Smith Meets the Bronze Industry: Magic versus Science in the

Interpretation of Prehistoric Metal-making," *World Archaeology*, XXVII/1 (1995), pp.133~143; D. Wyckoff, "Albertus Magnus on Ore Deposits," *Isis*, XLIX/2 (1958), pp.109~122.

7 G. Agricola, "De Natura Fossilium," *The Geological Society of America*, Special Paper, LXII (1955), p.5. 또한 A. Jones and G. MacGregor, *Colouring the Past: The Significance of Colour in Archaeological Research* (Oxford, 2002)를 보라.

8 *Technics and Time*, trans. R. Beardsworth and G. Collins (Stanford, 1998), vol. I, p. 135; 예를 들면 *The Cognitive Life of Things: Recasting the Boundaries of the Mind*, ed. L. Malafouris and C. Renfrew (Cambridge, 2010)에 실린 논문과 문헌 목록을 보라.

9 M. Eliade, *The Forge and the Crucible,* trans. S. Corrin (Chicago, il, 1978).

10 G. Haaland, R. Haaland and S. Rijal, "The Social Life of Iron," *Anthropos*, xcvii/1 (2002), pp.35~54.

11 T. H. White, *The Once and Future King* [1958] (London, 1984).

12 Eliade, *The Forge and the Crucible*, pp.21~24.

13 Albertus Magnus, *Book of Minerals* (III, i, 10), trans. D. Wyckoff (Oxford, 1967), p.182.

14 M. W. Helms, *Craft and the Kingly Ideal: Art, Trade, and Power* (Austin, TX, 1993).

15 Vitruvius, *On Architecture* (VII, viii, 1~4), trans. F. Granger (London, 1962), vol. II, pp.115~116; Theophrastus, *On Stones* (51~59), trans. E. R. Carley and J. F. C. Richards (Columbus, OH, 1956), pp.56~58.

16 E. E. Wreschner, "Red Ochre and Human Evolution: A Case for Discussion," *Current Anthropology*, XXI/5 (1980), p.642.

17 Pliny the Elder, *Natural History*, Book XXVIII, chap. 28, trans. H. Rackham (London, 1968), vol. ix, p.93, and Book XXXIII, chap. XXXVII~XLI, vol. IX, pp.89~95; Theophilus, *On Divers Arts*, III/37, trans. J. G. Hawthorne and C. S. Smith (New York, 1979), p.112.

18 Albertus Magnus, *Book of Minerals* (IV, i, 2), pp.207~208.

19 Pliny, *Natural History*, Book XXXIII, chap. 36, vol. ix, p.85.

20 Albertus Magnus, *Book of Minerals* (IV, i, 1), p.204; M. Maier [1617], S. K. de Rola, *The Golden Game: Alchemy Engravings of the Seventeenth Century* (London, 1988), pp.111, 115에서 인용.

21 Albertus Magnus, *Book of Minerals* (IV, i, 7), p.231, (IV, i, 2), pp.207~208; Roger Bacon, *Speculum Alchimiea*, 206, G. Roberts, *The Mirror of Alchemy: Alchemical Ideas and Images in Manuscripts and Books from Antiquity to the Seventeenth Century* (London, 1994), p.62에서 인용.

22 S. Bucklow, *The Alchemy of Paint: Art, Science and Secrets from the Middle Ages* (London, 2009), pp.103~104.

23 Cennino Cennini, *The Craftsman's Handbook*, XL, trans. D. V. Thompson (New York, 1960), p.24.

24 Theophilus, *On Divers Arts*, I/34, p.40.

25 H. Nickel, "The Judgment of Paris by Lucas Cranach the Elder," *Metropolitan Museum Journal*, 16 (1981), pp.117~129.

26 M. Clarke, *The Art of All Colours: Mediaeval Recipe Books for Painters and Illuminators* (London, 2001), p.54.

27 Marco Polo, *The Travels* [c. 1300] trans. R. Latham (Harmondsworth, 1987), p.279.

28 Wu Ch'êng-ên, *Monkey*, trans. A. Waley (Harmondsworth, 1974); J. F. Pas and M. K. Leung, *Historical Dictionary of Taoism* (Langham, md, 1998), p.182; J. Needham, *Science and Civilisation in China* (Cambridge 1997), vol. V, part 3, p.87.

29 Bucklow, *The Alchemy of Paint*, pp.75 ~ 108, 224 ~ 246.

30 J. Gage, *Colour and Culture: Practice and Meaning from Antiquity to Abstraction* (London, 1993), p.229.

31 Plutarch, *Moralia* (419F, 18), trans. F. C. Babbitt (London, 1969), vol. V, p.405.

32 M. Walton, "Appendix," in L. H. Corxoran and M. Svoboda, *Herakleides* (Los Angeles, CA, 2010), pp.103 ~ 104.

33 S. Bucklow, *The Riddle of the Image: The Secret Science of Medieval Art* (London, 2014), pp.11 ~ 41; Vitruvius, *On Architecture* (vii, xii, 1), trans. F. Granger (London, 1962), p.125; *Isidore of Seville, Etymologies* (xix, xvii, 11), trans. and ed. S. A. Barney, W. J. Lewis, J. A. Beach and O. Berghof (Cambridge, 2006), p.380.

34 Wyckoff, "Albertus Magnus on Ore Deposits," p.155.

35 Theophilus, *On Divers Arts*, I/35, p.41.

36 위의 책, II/4, p.52; Bolognese ms, vii/268, in M. P. Merrifield, *Original Treatises on the Arts of Painting* (New York, 1967), vol. II, p. 524; Heraclius, *De Coloribus et Artibus Romanorum*, III/1, 위의 책, vol. I, p.204; M. Cothren, *Picturing the Celestial City: The Medieval Stained Glass of Beauvais Cathedral* (Princeton, NJ, 2006).

37 Pliny, *Natural History*, Book XXXVII, chaps 16, 76, vol. XX, pp.243, 327.

38 Theophilus, *On Divers Arts*, II/28, pp.71 ~ 72.

39 Bucklow, *The Riddle of the Image*, pp.141 ~ 199.

40 Gage, *Colour and Culture*, p.75.

41 M. Faraday, "The Bakerian Lecture: Experimental Relations of Gold (and other Metals) to Light," *Philosophical Transactions of the Royal Society of London*, cxlvii (1847), pp.145 ~ 181.

42 Chaucer, "The Squire's Tale," *The Canterbury Tales*, trans. N. Coghill (Harmondsworth, 1975), p.414.

43 Migne, PL (165, 843), H. L. Kessler, "Vitreous Arts as Typology," *Gesta*, li/1 (2012), p.66에서 인용.

5장 더 나은 삶을 위한 빨강

1 J. Schot, "Technology in Decline," *British Journal for the History of Science*, XXV/1 (1992), pp.5 ~ 26.

2 S. Garfield, *Mauve: How One Man Invented a Colour That Changed the World* (London, 2002).

3 A. S. Travis, "Science's Powerful Companion: A. W. Hofmann's Investigation of Aniline Red and its Derivatives," *British Journal for the History of Science*, XXV/1 (1992), pp.27 ~ 44.

4 O. T. Benfey, "August Kekulé and the Birth of the Structural Theory of Organic Chemistry in 1858," *Journal of Chemical Education*, XXXV/1 (1958), p.22.

5 Travis, "Science's Powerful Companion," p.40.

6 T. Ingold, *Perception of the Environment: Essays on Livelihood, Dwelling and Skill* (London, 2000),

pp.311～315를 보라.

7 A. E. Hofmann, Travis, "Science's Powerful Companion," p.39에 인용.

8 W. J. Hornix, "From Process to Plant: Innovation in the Early Artificial Dye Industry," *British Journal for the History of Science*, XXV/1 (1992), pp.65～90.

9 A. S. Macrae, "Competition Between the Aniline and Madder Dyes," *Science*, I/6 (1880), pp.62～63; D. Cardon and G. du Chatenet, eds, *Guide des Teintures Naturelles* (Paris, 1990), p.35; R. Chenciner, *Madder Red: A History of Luxury and Trade* (London, 2000), p.339; A. Kok, "A Short History of the Orchil Dyes," *The Lichenologist*, III/2 (1966), p.259.

10 Hornix, "From Process to Plant," p.78.

11 K. G. Ponting, *A Dictionary of Dyes and Dying* (London, 1980), p.163.

12 E. Leslie, *Synthetic Worlds: Nature, Art and the Chemical Industry* (London, 2005), p.77.

13 위의 책, pp.118～119, 155, 167～187.

14 M. Weinreich, *Hitler's Professors: The Part of Scholarship in Germany's Crimes Against the Jewish People* (London, 1999).

15 www.bayer.co.uk, accessed 9 November 2015.

16 Leslie, *Synthetic Worlds*, pp.79～80.

17 B. Edwards, *Chemicals: Servant or Master?* (London, 1947), pp.24～28.

18 T. Carreón, M. J. Hein, S. M. Viet, K. W. Hanley, A. M. Ruder and E. M. Ward, "Increased Bladder Cancer Risk among Workers Exposed to O-toluidine and Aniline: A Reanalysis," *Occupational and Environmental Medicine*, LXVII/5 (2010), pp.348～350.

19 W. Cummings, "Remarks on the Medicinal Properties of Madar and the Effects of Potassium Dichromate on the Human Body," *Edinburgh Medical Journal*, XXVIII (1827), p.295; J. Blair, "Chrome Ulcers," *Journal of the American Medical Association*, XC (1828), pp.1927～1928.

20 A. S. Travis, "Poisoned Groundwater and Contaminated Soil: The Tribulations and Trial of the First Major Manufacturer of Aniline Dyes in Basel," *Environmental History*, II/3 (1997), pp.343～365; H. van den Belt, "Why Monopoly Failed: The Rise and Fall of Société La Fuchsine," *British Journal for the History of Science*, XXV/1 (1992), p.57.

21 Hornix, "From Process to Plant," p.75.

22 C. M. Mellor and D.S.L. Cardwell, "Dyes and Dyeing, 1775～1860," *British Journal for the History of Science*, I/3 (1963), p.278.

23 J. J. Hummel, "Fast and Fugitive Dyestuffs," J. C. Barnett, "Synthetic Organic Dyes, 1856～1901: An Introductory Literature Review of their Use and Related Issues in Textile Conservation," *Reviews in Conservation*, VIII (2007), p.70에서 인용.

24 J. Mertens, "The History of Artificial Ultramarine: Science, Industry and Secrecy," *Ambix*, LI/3 (2004), pp.219～244.

25 W. Linton, "A Summary of Modern Colours," *The Crayon*, III/10 (1856), pp.300～303.

26 Letters in Roberson Archive, Hamilton Kerr Institute, University of Cambridge. FM MS 802～1993 and FM MS 802A～1993.

27 *Field's Chromatography*, ed. T. W. Salter (London, 1869), pp.139～140; L. Carlyle, "Authenticity

and Adulteration: What Materials Were 19th Century Artists Really Using?," *The Conservator*, XVII (1993), p.57.

28 J. H. Townsend, L. Carlyle, N. Khandekar and S. Woodcock, "Later Nineteenth Century Pigments," *The Conservator*, XIX (1995), p.67.

29 Vincent van Gogh, *The Oise at Auvers*, 1890, Tate Gallery, NO4714.

30 J. T. Bethell, "Damaged Goods," *Harvard Magazine*, XC (July~August 1988), pp.24~31.

31 D. W. Gade, "Past Glory and Present Status of Cochineal," *Geographical Review*, LXIX/3 (1979), pp.353~354.

6장 멋진 빨강

1 W. Ling, "On the Invention and Use of Gunpowder and Firearms in China," *Isis*, XXXVII/3~4 (1947), pp.164~165.

2 P. B. Goodwin, "The Cathode Ray Tube: A Development of the General Electric Research Laboratory," *Radiology*, VIII/1 (1927), p.77.

3 L. Mullen, "Visions of the Uncanny," 'Thinking with Things,' 워크숍 강연, 25 April 2014, CRASSH, Cambridge.

4 E. H. Land, "Some Aspects of the Development of Sheet Polarizers," *Journal of the Optical Society of America*, XLI/12 (1951), pp.957~962.

5 C. Hilsum, "Flat-panel Electronic Displays," *Philosophical Transactions of the Royal Society A: Mathematical, Physical and Engineering Sciences*, CCCLXVIII (2010), pp.1038, 1044.

6 J. Bennett, *Vibrant Matter: A Political Ecology of Things* (London, 2010), pp.24~28.

7 M. Lewis, *Flash Boys: Cracking the Money Code* (London, 2014).

8 H. Belting, "Image, Medium, Body: A New Approach to Iconology," *Critical Inquiry*, XXXI/2 (2005), pp.309.

9 Plato, *Phaedrus* (275a–b), trans. H. N. Fowler (London, 1966), vol. I, pp.563~5.

10 D. Haraway, *Simians, Cyborgs and Women: The Reinvention of Nature* (New York, 1991), pp.188~189.

11 John Donne, *Satires*, IV, 192, in *The Complete Poems of John Donne*, ed. R. Robins (Edinburgh, 2010), p.411.

12 막스 베버Max Weber, 한스 블루멘베르크Hans Blumenberg 등의 '근대 탈신성화'에 관한 요약 은 J. Bennett, *The Enchantment of Modern Life: Attachments, Crossings, and Ethics* (Princeton, NJ, 2001), pp.56~90을 보라. 베르나르 스티글레르의 견해는 B. Stiegler, *Technics and Time*, vol. ii, trans. S. Barker (Stanford, CA, 2009)를 보라. 이레텔 젱킨스의 견해는 "The Postulate of an Impoverished Reality," *Journal of Philosophy*, xxxix/20 (1942), pp.533~547을 보라.

13 Bennett, *The Enchantment of Modern Life*, p.171, C. Chesher, "Digitising the Beat: Police Databases and Incorporeal Transformations," *Convergence: The Journal of Research into New Media Technologies*, III/2 (1997), pp.72~81을 인용했다.

7장 경계 가로지르기

1 J. Newton, *The Roots of Civilisation* (Sydney, 2009), p.222.

2 Ovid, *Metamorphoses*, iv, trans. M. M. Innes (Harmondsworth, 1975), p.114.

3 M. Endt-Jones, ed., *Coral: Something Rich and Strange* (Liverpool, 2013).

4 H. K. Cooper, "The Life (Lives) and Times of Native Copper in Northwest North America," *World Archaeology*, XLIII/2 (2011), pp.252~270.

5 Aristotle, *History of Animals*, VII, 588b~589a, trans. D. M. Balme (London, 1991), pp.61~67; Albertus Magnus, *Book of Minerals* (III, i, 6), trans. D. Wyckoff (Oxford, 1967), p.171.

6 Matthew Blakely, personal correspondence.

7 K. Helwig, "A Note on Burnt Yellow Earth Pigments: Documentary Sources and Scientific Analysis," *Studies in Conservation*, XLII/3 (1997), pp.181~188.

8 Theophrastus, *On Stones*, trans. E. R. Caley and J. C. Richards (Columbus, OH, 1956), p.56.

9 S. Bucklow, *The Alchemy of Paint: Art, Science and Secrets from the Middle Ages* (London, 2009), pp.52~54를 보라.

10 *Summa Perfectionis of Pseudo-Geber*, XI~XII, in W. R. Newman, "Alchemical and Baconian Views on the Art/Nature Division," in *Reading the Book of Nature: The Other Side of the Scientific Revolution*, ed. A. G. Debus and M. T. Walton (St Louis, MO–IL, 1998), p.86.

11 Albertus Magnus, *Book of Minerals* (II, iii, 3), pp.134~135.

12 F. Yates, *Giordano Bruno and the Hermetic Tradition* (London, 1964)을 보라.

13 K. M. Barad, *Meeting the Universe Halfway: Quantum Physics and the Entanglement of Matter and Meaning* (London, 2007).

8장 빨강의 의미

1 Karl Marx, *Capital* (Moscow, 1971), vol. III, p.71,E. Leslie, *Synthetic Worlds: Nature, Art and the Chemical Industry* (London, 2005), p.78에서 인용.

2 Friedrich Engels, *Ludwig Feuerbach and the Outcome of the Classical German Philosophy* [1888] (London, 1943), p.33, Leslie, *Synthetic Worlds*, pp.79~80에서 인용.

3 E. Barth von Wehrenalp, *Farbe aus Kohle* (Stuttgart, 1937), pp.32~34, Leslie, *Synthetic Worlds*, p.172에서 인용.

4 G. Jekyll, *Wood and Garden* (London, 1899), p.224, S. W. Lanman, "Colour in the Garden: 'Malignant Magenta,'" *Garden History*, XXVIII/2 (2000), p.214에서 인용.

5 A. M. Earle, *Old Time Gardens* (New York, 1901), p.244, 위의 책, p.214에서 인용.

6 *Monkey*, BBC One (1978~1980), 일본 TV 애니메이션 시리즈〈최유기Saiyuki〉더빙판.

7 O. T. Benfey, "August Kekulé and the Birth of the Structural Theory of Organic Chemistry in 1858," *Journal of Chemical Education*, XXXV/1 (1958), p.22.

8 그러나 예를 들면, K. M. Barad, *Meeting the Universe Halfway: Quantum Physics and the Entanglement of Matter and Meaning* (London, 2007), pp.385~386을 보라.

9 P. Berger and T. Luckmann, *The Social Construction of Reality: A Treatise in the Sociology of Knowledge* (Harmonds worth, 1967).

10 E. S. Bolman, "De Coloribus: The Meanings of Color in Beatus Manuscripts," *Gesta*, XXXVIII/1 (1999), p.27.

11 J. Carey, "The Three Sails, the Twelve Winds, and the Question of Early Irish Colour Theory," *Journal of the Warburg and Courtauld Institutes*, LXXII (2009), pp.221~232.

12 Wehrenalp, *Farbe aus Kohle*, p.33, Leslie, *Synthetic Worlds*, p.172에서 인용.

13 J. B. Hutchings, "A Survey of the Use of Colour in Folklore — a Status Report," in *Colour and Appearance in Folklore*, ed. J. B. Hutchings and J. Woods (London, 1991), pp.56~60.

14 J. Van Brakel, "The Plasticity of Categories: The Case of Colour," *British Journal for the Philosophy of Science*, XLIV/1 (1993), pp.103~135.

15 A. Wierzbicka, "There Are No "Colour Universals" But There Are Universals of Visual Semantics," *Anthropological Linguistics*, XLVII/2 (2005), pp.217~44.

16 *Oxford English Dictionary*, online version, www.oed.co.uk (2014).

17 K. Rudy and B. Baert, *Weaving, Veiling and Dressing: Textiles and their Metaphors in the late Middle Ages* (Turnhout, 2007).

18 *The Oxford Dictionary of English Etymology*, ed. C. T. Onions (Oxford, 1966), p.748.

19 A. Willi, "Demeter, Ge, and the Indo-European Words for 'Earth,'" *Historische Sprachforschung / Historical Linguistics*, Bd. 120 (2007), p.190.

20 Homer, *Iliad* (6, 464, 18, 332), trans. E. V. Rieu (Harmondsworth, 2003), pp.112, 328.

21 Hesiod, *Theogony* (105–175), in *Hesiod and Theognis*, trans. D. Wender (Harmondsworth, 1973), pp.62~64.

22 D. Batchelor, *Chromophobia* (London, 2000).

23 J. Gage, "Black and White and Red All Over," *RES: Anthropology and Aesthetics*, XVI (1988), p.53.

24 Plato, *Cratylus* (1a), trans. H. N. Fowler (London, 1970), vol. IV, p.7.

25 H. Marks, "Biblical Naming and Poetic Etymology," *Journal of Biblical Literature*, CXIV/1 (1995), pp.28, 34.

26 J. Bronkhorst, "Etymology and Magic: Yasha's Nirukta, Plato's Cratylus, and the Riddle of Semantic Etymologies," *Numen*, XLVIII/2 (2001), pp.147~203.

27 Isidore of Seville, *Etymologies* (XIX, xvii, 1), trans. and ed. S. A. Barney, W. J. Lewis, J. A. Beach and O. Berghof (Cambridge, 2006), p.380.

28 E. Babbitt, *The Principles of Light and Colour* (London, 1878), pp.18~19.

29 V. Turner, *The Forest of Symbols: Aspects of Ndembu Ritual* (Ithaca, NY, 1967), p.68, M. Taussig, *What Colour Is the Sacred?* (Chicago, IL, 2009), p.7에서 인용.

30 Anon., *Erzeugnisse unserer Arbeit* (Frankfurt am Main, 1938), p.25, Leslie, *Synthetic Worlds*, p.47 에서 인용. 위의 책, p.176을 보라.

31 B. H. Berrie and S. Q. Lomax, "Azo Pigments: Their History, Synthesis, Properties, and Use in Artists' Materials," *Studies in the History of Art*, LVII, MS II (1997), pp.8~33.

32 Ovid, *Metamorphoses*, XI, 590~610, trans. M. M. Innes (Harmondsworth, 1975), p.262.

33 O. Wilde, *The Picture of Dorian Gray* [1891] (Harpenden, 2013), p.120.

34 D. Lipset, "Gregory Bateson: Early Biography," in *About Bateson: Essays on Gregory Bateson,*

ed. J. Brockman (New York, 1977), p.38.

35 A. Conan-Doyle, "A Study in Scarlet," in *The Stories of Sherlock Holmes* (London, 1904), vol. I, pp.16~17; A. Conan-Doyle, "The Sign of the Four," in *Sherlock Holmes: Selected Stories* (London, 1960), p.81.

36 "A Study in Pink," *Sherlock* (series 1, episode 1), BBC One, 2010.

37 M. H. Spielmann, "The Artist's Model," *Magazine of Art* (1887), p.140.

38 A. J. Elliot and D. Niesta, "Romantic Red: Red Enhances Men's Attraction to Women," *Journal of Personality and Social Psychology*, XCV/5 (2008), pp.1150~1164.

9장 붉은 흙

1 P. van de Velde et al., "The Social Anthropology of a Neolithic Cemetery in the Netherlands," *Current Anthropology*, XX/1 (1979), p.39; L. V. Grinsell, "Early Funerary Superstitions in Britain," *Folklore*, LXIV/1 (1953), p.272.

2 R. M. Jacobi et al., "Radiocarbon Chronology for the Early Gravettian of Northern Europe," *Antiquity*, LXXXIV (2010), p.37.

3 S. Aldhouse-Green, *Paviland Cave and the 'Red Lady': A Definitive Report* (Bristol, 2000), p.213.

4 Julius Caesar, *The Gallic War: Seven Commentaries on The Gallic War*, III/8, trans. C. Hammond (Oxford, 1996), p.57.

5 Aldhouse-Green, *Paviland Cave and the 'Red Lady,'* p.233.

6 M. Sommer, *Bones and Ochre: The Curious Afterlife of the Red Lady of Paviland* (Cambridge, MA, 2007), p.1.

7 G. Higgins, *Anacalypsis, or an Attempt to Draw Aside the Veil of the Saitic Isis, or, an Inquiry into the Origin of Languages, Nations and Religions* (London, 1836), vol. I, p.553.

8 Hesiod, *Theogony* (484), in D. Wender, *Hesiod and Theognis* (Harmondsworth, 1973), p.39; Apollodorus, *The Library of Greek Mythology* (I, 1, vi), trans. R. Hard (Oxford, 1997), p.28; 위의 책 (III, 10, ii), p.117.

9 F. M. Weinberg, *The Cave* (New York, 1986), p.124; Apollodorus, *The Library of Greek Mythology* (I, 4, i), p.31.

10 P. Kingsley, "From Pythagoras to the Turba Philosophorum: Egypt and Pythagorean Tradition," *Journal of the Warburg and Courtauld Institutes*, LVII (1994), pp.1~13; *Pomponius Mela's Description of the World* (III, 19), ed. F. E. Romer (Ann Arbor, MI, 1998), p.107.

11 Porphyry, "The Cave of the Nymphs in the Odyssey," *Arethusa Monographs*, I (Buffalo, NY, 1969), pp.3~35; Apollodorus, *The Library of Greek Mythology* (III, 10, ii), p.118; Weinberg, *The Cave*, p.148.

12 Apollodorus, *The Library of Greek Mythology* (III, epit. i, 9~10), p.140; Ovid, *Metamorphoses* (VIII, 170), p.183.

13 J. Milton, *Paradise Lost* (xi, 468~9), ed. J. Leonard (London, 2000), p.259.

14 Homer, *Odyssey*, XIII, trans. E. V. and D.C.H. Rieu (London, 2003), pp.171~178; Plato, *Republic* (X, 614c~615c), trans. C. Emlyn-Jones and W. Preedy (Cambridge, MA, 2013), vol. vi, pp.465~467.

15 Hesiod, *Works and Days* (46), in Wender, *Hesiod and Theognis*, p.60.

16 W. Burkert, *Structure and History in Greek Mythology and Ritual* (Berkeley, CA, 1979), pp.88~95.

17 Porphyry, "The Cave of the Nymphs in the *Odyssey*," pp.3~35.

18 Hesiod, *Theogony* (571), trans. M. L. West (Oxford, 1966), p.133; Ovid, *Metamorphoses* (1.380~420), pp.39~40.

19 C. Lalueza-Fox, "Agreements and Misunderstandings among Three Scientific Fields: Palaeogenomics, Archaeology and Human Palaeontology," *Current Anthropology*, LIV, s8 (2013), pp.s218~219.

20 E. Phipps, "Cochineal Red: The Art History of a Color," *Metropolitan Museum of Art Bulletin*, n.s., LXVII/3 (2010), p.22.

21 *The Ancient Egyptian Book of the Dead* (spell 99, part III), trans. R. O. Faulkner, ed. C. Andrews, (London, 1985), p.95; B. B. Baumann, "The Botanical Aspects of Ancient Egyptian Embalming and Burial," *Economic Botany*, XIV/1 (1960), p.86; D. M. Kerpel, "The Hidden Aesthetic of Red in the Painted Tombs of Oaxaca," *RES: Anthropology and Archaeology*, 57~58 (2010), pp.55~74; Phipps, "Cochineal Red," p.18.

22 T. S. Eliot, "The Waste Land" [1922] (I, 25~6, 30), in *Selected Poems* (London, 1976), pp.51~2.

23 William Blake, *Marriage of Heaven and Hell* [1793] (II, 12~13), (New York, 1994), pp.2, 28.

24 Herodotus, *The Histories* (II, 12), trans. R. Waterfield (Oxford, 1998), p.99.

25 M. Bjornerud, "Gaia: Gender and Scientific Representations of the Earth," *NWSA Journal*, IX/3 (1997), pp.89~106.

26 *Book of the Dead* (spell 125), pp.29~34; 또한 M. Lurker, *The Gods and Symbols of Ancient Egypt* (London, 1991), p.78을 보라.

27 Isidore of Seville, *Etymologies* (XI, i, 4), trans. and ed. S. A. Barney, W. J. Lewis, J. A. Beach and O. Berghof (Cambridge, 2006), p.231.

28 Ovid, *Metamorphoses* (iii/150~170), p.78; (VII/200~220), p.160; (XIV/700~720), p.330. 29 G. Gaard and L. Gruen, "Ecofeminism: Towards Global Justice and Planetary Health," *Society and Nature*, II/1 (1993), pp.1~35; and G. Gaard, "Ecofeminism Revisited," *Feminist Formations*, XXIII/2 (2011), pp.26~53.

30 R. Hutton, *The Triumph of the Moon: A History of Modern Pagan Witchcraft* (Oxford, 1999), pp.32~43, 278~282.

31 Dante, Purgatorio (IX, 102), in *The Divine Comedy*, trans. C. H. Sisson (Oxford, 1993), p.237.

32 Apollodorus, *The Library of Greek Mythology* (II, v, 11), p.82.

33 Bram Stoker, *Dracula* [1897] (New York, 1981), pp.85~91.

34 J. Leary and D. Field, *The Story of Silbury Hill* (Swindon, 2010).

35 St Augustine, *The City of God*, trans. W. M. Green (London, 1972), vol. VII, p.227.

36 Herodotus, *The Histories* (vii, 131~8), pp.448~450.

37 R. B. Salisbury, "Engaging with Soil, Past and Present," *Journal of Material Culture*, XVII (2012), p.31.

38 *The Oxford Dictionary of English Etymology*, ed. C. T. Onions (Oxford, 1966), p.826.

39 P. Robinson, "Endangered Species," *Turps Banana*, X (2011), p.42.

40 C. McCormack, "Filthy Feet in Seicento Rome: Dirt as Relic and Text," *Dandelion*, IV/1 (2013), pp.1~11.

10장 빨간 피

1 Ovid, *Metamorphoses* (1.120~150), trans. M. M. Innes (Harmondsworth, 1975), pp.32~33; D. J. McCarthy, "The Symbolism of Blood and Sacrifice," *Journal of Biblical Literature*, LXXXVIII/2 (1969), p.166; F. M. Weinberg, *The Cave* (New York, 1986), p.148.

2 Dante, *Purgatorio* (IX, 102).

3 J. Milton, *Paradise Lost* (VI, 475~8, v, 181), ed. J. Leonard (London, 2003), pp.137, 106.

4 De Rosnel, *Le Mercue Indien* [1672, p.12] in M. Eliade, *The Forge and the Crucible* (Chicago, IL, 1978), p.44.

5 Pliny the Elder, *Natural History*, Book XXXIV, chap. 37, trans. H. Rackham (London, 1968), vol. IX, pp.245~247.

6 J. P. Richter, *The Literary Works of Leonardo da Vinci* (London, 1970), vol. I, p.100, W. Smith, "Observations on the Mona Lisa Landscape," *Art Bulletin*, lxvii/2 (1985), pp.183~199에서 인용.

7 S. Bucklow, *The Riddle of the Image: The Secret Science of Medieval Art* (London, 2014), pp.183~184.

8 M. Cole, "Cellini's Blood," *Art Bulletin*, LXXXI/2 (1999), pp.215~235, 227, 222. 피와 금속을 동일시한 것과 관련해서는 다음을 보라. P. H. Smith, "Vermilion, Mercury, Blood and Lizards," in *Materials and Expertise in Early Modern Europe*, ed. U. Klein and E. Spary (Chicago, IL, 2010), pp.29~49.

9 B. Fricke, "Matter and Meaning of Mother-of-pearl: The Origins of Allegory in the Spheres of Things," *Gesta*, LI/1 (2012), pp.42~43.

10 Cennino Cennini, *The Craftsman's Handbook*, CXLIX, trans. D. V. Thompson (New York, 1960), p.95.

11 위의 책, CXLVIII, p.95를 보라.

12 C. W. Bynum, *Wonderful Blood: Theology and Practice in Late Medieval Northern Germany and Beyond* (Philadelphia, PA, 2007), pp.17~18.

13 N. Vincent, *The Holy Blood* (Cambridge, 2001), pp.43~49; 위의 책, pp.181, 187.

14 Vincent, *The Holy Blood*, pp.63~71.

15 위의 책, p.178.

16 Bynum, *Wonderful Blood*, p.191.

17 위의 책, p.256.

18 J. R. Branham, "Blood in Flux, Sanctity at Issue," *RES: Anthropology and Archaeology*, XXXI (1999), p.62.

19 Pliny, *Natural History*, Book VII, chap. 15 and Book XVII, chap. 47, vol. II, p.549, vol. V, p.185.

20 B. Hindson, "Attitudes towards Menstruation and Menstrual Blood in Elizabethan England,"

Journal of Social History, XLIII/1 (2009), pp.89~114.

21 D. Wright, *The Disposal of Impurity* (Atlanta, GA, 1987), pp.155~156, Branham, "Blood in Flux," p.61에서 인용.

22 Bynum, *Wonderful Blood*, pp.188~189.

23 J. McKillop, *Dictionary of Celtic Mythology* (Oxford, 1998), p.11.

24 M. Stanley, "The "Red Man" of War and Death," *Archaeology Ireland*, XXVI/2 (2012), pp.34~7.

25 G. P. Lomazzo, *A Tracte Containing the Artes of Curious Paintinge, Caruinge and Buildinge*, III, xiiii, trans. R. Haydocke [Oxford, 1598] (Farnborough, 1970), p.117.

26 Chaucer, "The Knight's Tale," *The Canterbury Tales*, trans. N. Coghill (Harmondsworth, 1975), pp.66, 72.

27 S. R. Weitman, "National Flags: A Sociological Overview," *Semiotica*, VIII/4 (1973), pp.338~349.

28 C. Marvin and D. Ingle, *Blood Sacrifice and the Nation: Totem Rituals and the American Flag* (Cambridge, 1999); J. Gage, "Black and White and Red All Over," *RES: Anthropology and Aesthetics*, XVI (1988), p.53.

29 Weitman, "National Flags," pp.336~337.

30 Marvin and Ingle, *Blood Sacrifice*, p.43에서 인용.

31 Ammianus Marcellinus, *The History* (xvi, x, 7), trans. J. C. Rolfe (Cambridge, MA, 1963), Weitman, "National Flags," pp.349~350.

32 Marvin and Ingle, *Blood Sacrifice*, p.63.

33 위의 책, p.4. .

34 R. Sennett, "Genteel Backlash: Chicago 1886," in *Sociological Realities*, ed. I. L. Horowitz and M. Strong (New York, 1971), pp.287~299, Weitman, "National Flags," p.351에서 인용.

35 T. Gage, *A New Survey of the West Indies* (London, 1699), p.222, R. L. Lee, "American Cochineal in European Commerce, 1526~1625," *Journal of Modern History*, XXIII/3 (1951), pp.212~213에서 인용.

36 R. A. Hill and R. A. Barton, "Red Enhances Human Performance in Contests," *Nature*, cdxxxv/7040 (2005), p.293. 이 논문은 2004년에 벌어진 축구 경기와 올림픽에서의 복싱, 태권도, 레슬링 종목을 대상으로 상대편이 파란 유니폼을 입은 경우 나타난 경기 결과에 토대를 두고 있다.

37 Aristotle, *On the Parts of the Animal* (III, iv, 665b~667b), trans. A. L. Peck (London, 1961), pp.233~247.

39 H. Webb, *The Medieval Heart* (New Haven, CT, 2010).

11장 붉은 불

1 *Oxford Dictionary of Byzantium*, ed. A. Kazhdan (Oxford, 1991), vol. III, pp.1759~1760.

2 M. Faraday, *A Course of Six Lectures on the Chemical History of a Candle*, ed. W. Crookes (London, 1960).

3 예를 들면 Max Muller in G. Bachelard, *The Psychoanalysis of Fire*, trans. A.C.M. Ross (London, 1964), p.24를 보라.

4 V. D. Boantza and O. Gal, "The 'Absolute Existence' of Phlogiston: The Losing Party's Point of View," *British Journal for the History of Science*, XLIV (2011), p.317에서 James St John (1788)을 인용.

5 S. Bucklow, *The Alchemy of Paint: Art, Science and Secrets from the Middle Ages* (London, 2009), pp.49~58.

6 M. Touw, "Roses in the Middle Ages," *Economic Botany*, XXXVI/1 (1982), p.82에서 인용하였으나 원 출처는 없음.

7 Empedocles (fragment 6), in P. Kingsley, *Ancient Philosophy, Mystery and Magic* (Oxford, 1995), p.13.

8 T. Gantz, *Early Greek Myth: A Guide to Literary and Artistic Sources* (Baltimore, MD, 1993), vol. I, p.72.

9 Homer, *Iliad* (XV, 187~91), trans. E. V. Rieu (London, 2003), p.258.

10 Plato, *Cratylus* (403a), trans. H. N. Fowler (London, 1970), vol. IV, p.71.

11 Kingsley, *Ancient Philosophy*, pp.47, 40.

12 Hesiod, *Works and Days* (46), in D. Wender, *Hesiod and Theognis* (Harmondsworth, 1973), p.60.

13 부싯돌에 대해서는 T. H. White, *The Book of Beasts: Being a Translation from a Latin Bestiary of the 12th Century* (Stroud, 1992), pp.226~227을 보라. 화산에 대해서는 Kingsley, *Ancient Philosophy*, p.102를 보라.

14 Hesiod, *Theogony* (150~497), trans. M. L. West (Oxford, 1988), pp.7~18; Gantz, *Early Greek Myth*, vol. I, p.73.

15 I. Kroppenberg, "Law, Religion and Constitution of the Vestal Virgins," *Law and Literature*, XXII/3 (2010), pp.418~439; A. B. Gallia, "The Vestal Habit," *Classical Philology*, CIX/3 (2014), pp.222~240.

16 Kroppenberg, "Law, Religion and Constitution of the Vestal Virgins," p.419.

17 Gantz, *Early Greek Myth*, vol. I, p.74.

18 Homer, *Iliad* (XVIII, 395~405), p.330.

19 Gantz, *Early Greek Myth*, vol. I, p.78.

20 H. W. F. Saggs, *Civilization before Greece and Rome* (London, 1989), pp.200~201.

21 Kingsley, *Ancient Philosophy*, p.238.

22 M. Cole, "Cellini's Blood," *Art Bulletin*, LXXXI/2 (1999), pp.219~20.

23 Georg Agricola, *De re metallica*, XII, trans. H. C. Hoover (New York, 1912), p.592; Cole, "Cellini's Blood," p.221.

24 J. Ogden, "Metals," in *Ancient Egyptian Materials and Technology*, ed. P. T. Nicholson and I. Shaw (Cambridge, 2000), pp.157~158.

25 I. Weinryb, "The Bronze Object in the Middle Ages," in *Bronze*, ed. D. Ekserdjian (London, 2012), pp.69~77.

26 Abbot Suger, *De Administratione*, XXVII, in *Abbot Suger on the Abbey Church of St Denis and its Art Treasures*, ed. E. Panofsky (Princeton, NJ, 1979), pp.47~49.

27 B. V. Pentcheva, "The Performative Icon," *Art Bulletin*, LXXXVIII/4 (2006), pp.631~655.

28 U. Mende, *Dei Bronzetüren des Mittelalters* (Munich, 1983), pp.21～24, 131～133; H. Fillitz, "Die Bronzetüren des Aachensers Münsters," in *Le porte di bronzo dall'antichita* (Rome, 1990), pp.139～144, 모두 Weinryb, "The Bronze Object in the Middle Ages," p.69에서 인용.

29 F. Pfeiffer, *Meister Eckhart*, trans. C. de B. Evans (London, 1924), vol. I, p.192.

30 S. Bucklow, *The Riddle of the Image: The Secret Science of Medieval Art* (London, 2014), pp.200～239를 보라.

31 L. White, "The Iconography of Temperantia and the Virtuousness of Technology," in *Action and Conviction in Early Modern Europe*, ed. T K. Rabb and J. E. Seigel (Princeton, NJ, 1969), pp.199～201.

32 M. W. Helms, "Joseph the Smith and the Salvational Transformation of Matter in Early Medieval Europe," *Anthropos*, CI/2 (2006), pp.516～517.

33 C. Hahn, "Joseph as Ambrose's 'Artisan of the Soul,'" *Zeitschrift fur Kunstgeschichte*, XLVII/4 (1984), p.516.

34 위의 책, pp.451～471.

35 C. Ginzburg, "Morelli, Freud and Sherlock Holmes: Clues and Scientific Method," trans. A. Davin, *History Workshop*, IX (1980), p.12.

36 E. Kris and O. Kurz, *Legend, Myth and Magic in the Image of the Artist* (New Haven, CT, 1981), p.21에서 인용.

37 E. Voegelin, "The Origins of Scientism," *Social Research*, XV/4 (1948), p.488.

38 L. Simon, *Dark Light: Electricity and Anxiety from the Telegraph to the X-ray* (Orlando, FL, 2005).

39 O. T. Benfey, "August Kekulé and the Birth of the Structural Theory of Organic Chemistry in 1858," *Journal of Chemical Education*, XXXV/1 (1958), p.22.

40 F. Bacon, *Novum Organum* [1620], 1.98, in *The Works of Francis Bacon*, ed. J. Spedding, R. L. Ellis and D. D. Heath (New York, 1968), vol. IV, p.95.

41 F. Scott Fitzgerald, *The Great Gatsby* (London, 1991), p.20.

12장 붉은 열정

1 J. E. McGuire and P. M. Rattansi, "Newton and the Pipes of Pan," *Notes and Records of the Royal Society of London*, XXI/2 (1966), pp.108～143.

2 E. Barth von Wehrenalp, *Farbe aus Kohle* (Stuttgart, 1937), p.33, E. Leslie, *Synthetic Worlds: Nature, Art and the Chemical Industry* (London, 2005), p.172에서 인용.

3 G. Yang, "The Liminal Effects of Social Movements: Red Guards and the Transformation of Identity," *Sociological Forum*, XV/3 (2000), pp.379～406.

4 Boethius, *The Consolation of Philosophy* (II, i～iv), trans. V. E. Watts (Harmondsworth, 1969), pp.54～65.

5 M. Faraday, *A Course of Six Lectures on the Chemical History of a Candle*, ed. W. Crookes (London, 1960), pp.1, 13～14.

6 위의 책, p.25.

7 위의 책, pp.93, 101.

8 F. F. Runge, *Hauswirthschaftliche Briefe* [1866] (Leipzig, 1988), p.66, Leslie, *Synthetic Worlds*, p.55 에서 인용.

9 J. W. von Goethe, *Elective Affinities* [1809], vol. I, chap. 4 (Harmondsworth, 1978), p.56.

10 위의 책, p.53.

11 R. J. Hollingdale, "Introduction" to Goethe's *Elective Affinities*, p.13.

12 Albertus Magnus, *Book of Minerals* (I, ii, 2), trans. D. Wyckoff (Oxford, 1967), p.40.

13 J. Gage, *Colour and Culture: Practice and Meaning from Antiquity to Abstraction* (London, 1993), p.229.

14 Fragments 8, 10 and 51 in D. Sweet, *Heraclitus, Translation and Analysis* (Langham, MD, 1995), pp.5, 7, 23, 59~60.

15 C. Lévi-Strauss, *The View from Afar*, trans. J. Neugroschel and P. Hoss (New York, 1984), p.118.

16 Sir Walter Raleigh, "What Is Our Life?," in *The Poems of Sir Walter Raleigh*, ed. A. M. C. Latham (London, 1951), p.48.

17 MS H fol. 77 [29] v, in E. McCurdy, *The Notebooks of Leonardo da Vinci* (London, 1938), vol. I, p.411.

18 J. W. von Goethe, *Weimarer Ausgabe* (V(1), 393~394), in G. A. Wells, "Goethe's Qualitative Optics," *Journal of the History of Ideas*, XXXII/4 (1971), p.618.

19 G. Hoeppe, *Why the Sky Is Blue*, trans. J. Stewart (Princeton, NJ, 2007), pp.120~128을 보라.

20 Giorgio Vasari, *The Lives of the Most Eminent Painters, Sculptors and Architects* [1550], trans. G. du C. de Vere (London, 1996), vol. I, pp.425~427.

21 F. Pfeiffer, *Meister Eckhart*, trans. C. de Evans (London, 1924), vol. i, p.192.

22 S. A. Harvey, *Scenting Salvation: Ancient Christianity and the Olfactory Imagination* (Berkeley, CA, 2006).

23 K. Spalding, R. Bhardwaj, B. Buchholz, H. Druid and J. Frisén, "Retrospective Birth Dating of Cells in Humans," *Cell*, CXXII/1 (2005), pp.133~143. 또한 Michael McKimm, "Abstract from a Conference: Plenary," *Fossil Sunshine* (Tonbridge, 2013), p.24, a poem in response to *The Anthropocene: A New Epoch in Geological Time?*, Geological Society of London, Burlington House, 11 May 2011을 보라.

24 S. Bucklow, *The Riddle of the Image: The Secret Science of Medieval Art* (London, 2014), p.226을 보라.

25 Fragments 91 and 12, in Sweet, *Heraclitus*, Translation and Analysis, pp.39, 7, 59. 30 J. Milton, *Paradise Lost* (VIII, 619), ed. J. Leonard (London, 2000), p.183.

26 M. Touw, "Roses in the Middle Ages," *Economic Botany*, XXXVI/1 (1982), p.81.

27 Bucklow, *The Riddle of the Image*, pp.200~239를 보라.

28 Nicholas Ridolfi, *A Short Method of Mental Prayer* (X), trans. R. Devas (London, 1921), p.50.

29 J. Ruskin, *The Ethics of the Dust*, 2nd edn (New York, 1886), pp.32~33, 236~238.

30 여기서 언급된 새로운 생태학을 연구하는 이들 중에는 캐런 배러드Karen Barad, 제인 베넷Jane Bennett, 팀 잉골드Tim Ingold가 포함된다.

참고 문헌

Albertus Magnus, *Book of Minerals*, trans. D. Wyckoff (Oxford, 1967).

Aldhouse-Green, S. H. R., *Paviland Cave and the 'Red Lady': A Definitive Report* (Bristol, 2000).

Barad, K. M., *Meeting the Universe Halfway: Quantum Physics and the Entanglement of Matter and Meaning* (London, 2007).

Bennett, J., *The Enchantment of Modern Life: Attachments, Crossings, and Ethics* (Princeton, NJ, 2001).

——, *Vibrant Matter: A Political Ecology of Things* (London, 2010).

Bucklow, S., *The Alchemy of Paint: Art, Science, and Secrets from the Middle Ages* (London, 2009).

——, *The Riddle of the Image: The Secret Science of Medieval Art* (London, 2014).

Bynum, C. W., *Wonderful Blood: Theology and Practice in Late Medieval Northern Germany and Beyond* (Philadelphia, PA, 2007).

Caley, E. R., "The Stockholm Papyrus: An English Translation with Brief Notes," *Journal of Chemical Education*, IV/8 (1927), pp.979~1002.

Cennini, Cennino, *The Craftsman's Handbook*, trans. D. V. Thompson (New York, 1960).

Donkin, R. A., "The Insect Dyes of Western and West-central Asia," *Anthropos*, LXXII (1977), pp.847~80.

——, "Spanish Red," *Transactions of the American Philosophical Society*, n.s., LXVII/5 (1977), pp.1~84.

Eliade, M., *The Forge and the Crucible*, trans. S. Corrin (Chicago, IL, 1978).

Evans, J., *Magical Jewels of the Middle Ages and Renaissance* (Oxford, 1922).

Fairlie, S., "Dyestuffs in the Eighteenth Century," *Economic History Review*, XVII/3 (1965), pp.488~510.

Faraday, M., *A Course of Six Lectures on the Chemical History of a Candle*, ed. W. Crookes (London, 1960).

Field, G., *Chromatography*, ed. T. W. Salter (London, 1869).

Gage, J., *Colour and Culture: Practice and Meaning from Antiquity to Abstraction* (London, 1993).

——, *Colour and Meaning: Art, Science and Symbolism* (London, 1999).

Goethe, J. W. von, *Theory of Colours* [1840], trans. C. L. Eastlake (Cambridge, MA, 1970).

Haraway, D., *Simians, Cyborgs and Women: The Reinvention of Nature* (New York, 1991).

Harley, R. D., *Artists' Pigments, c. 1600~1835: A Study in English Documentary Sources* (London, 1982).

Hilsum, C., "Flat-panel Electronic Displays," *Philosophical Transactions of the Royal Society A: Mathematical, Physical and Engineering Sciences*, 368 (2010), pp.1027~1082.

Hutchings, J. B., and J. Woods, eds, *Colour and Appearance in Folklore* (London, 1991).

Ingold, T., *The Perception of the Environment: Essays on Livelihood, Dwelling and Skill* (London, 2000).

Jones, A., and G. MacGregor, eds, *Colouring the Past: The Significance of Colour in Archaeological Research* (Oxford, 2002).

Kieckhefer, R., *Magic in the Middle Ages* (Cambridge, 2000).

Kingsley, P., *Ancient Philosophy, Mystery, and Magic: Empedocles and Pythagorean Tradition* (Oxford, 1995).

Kok, A., "A Short History of the Orchil Dyes," *The Lichenologist*, III/2 (1966), pp.252~258.

Leslie, E., *Synthetic Worlds: Nature, Art and the Chemical Industry* (London, 2005).

Lomazzo, G. P., *A Tracte Containing the Artes of Curious Paintinge, Caruinge and Buildinge* [1598], trans. R. Haydocke (Farnborough, 1970).

McCurdy, E., *The Notebooks of Leonardo da Vinci* (London, 1938).

McGuire, J. E. and P. M. Rattansi, "Newton and the 'Pipes of Pan,'" *Notes and Records of the Royal Society of London*, XXI/2 (1966), pp.108~143.

Marvin, C., and D. W. Ingle, eds, *Blood Sacrifice and the Nation: Totem Rituals and the American Flag* (Cambridge, 1999) .

Merrifield, M. P., *Original Treatises on the Arts of Painting* (New York, 1967)

Olson, K., "Cosmetics in Roman Antiquity: Substance, Remedy, Poison," *The Classical World*, CII/3 (2009), pp.291~310 .

Ovid, *Metamorphoses*, trans. M. M. Innes (Harmondsworth, 1975).

Ponting, K. G., *A Dictionary of Dyes and Dyeing* (London, 1980)

Rublack, U., *Dressing Up: Cultural Identity in Renaissance Europe* (Oxford, 2010).

Smith, C. S., and J. G. Hawthorne, "Mappae Clavicula: A Little Key to the World of Medieval Techniques," *Transactions of the American Philosophical Society*, LXIV/4 (1974).

Theophilus, *On Divers Arts*, trans. J. G. Hawthorne and C. S. Smith (New York, NY, 1979).

Theophrastus, *On Stones*, trans. E. R. Carley and J. F. C. Richards (Columbus, OH, 1956).

Travis, A. S., "Science's Powerful Companion: A. W. Hofmann's Investigation of Aniline Red and its Derivatives," *British Journal for the History of Science*, XXV/1 (1992), pp.27~44.

Vincent, N., *The Holy Blood: King Henry III and the Westminster Blood Relic* (Cambridge, 2001).

Webb, H., *The Medieval Heart* (New Haven, CT, 2010).

Weinreich, M., *Hitler's Professors: The Part of Scholarship in Germany's Crimes Against the Jewish People* (London, 1999).

Weitman, S. R., "National Flags: A Sociological Overview," *Semiotica*, VIII/4 (1973), pp.338~349.

Williams, N., *Powder and Paint* (London, 1957) .

Wittgenstein, L., *Remarks on Colour*, ed. G. E. M. Anscombe, trans. L. L. McAlister and M. Schättle (Berkeley, CA, 1979).

감사의 말

이 책을 쓰도록 제안하고 전적으로 재량권을 주면서 자유롭게 글을 쓸 수 있게 해 준 리액션 출판사의 마이클 리먼에게 감사한다. 책에 어울리게 멋지게 편집해 준 같은 출판사의 마사 제이에게도 고마움을 전한다. 이 책은 케임브리지대학교 산하 해밀턴 커 연구소에서 그동안 일궈온 작업에 크게 의존하고 있다. 연구소의 모든 직원, 특히 인턴들과 학생들에게 감사한다. 이 책에 사용된 그림들은 피츠윌리엄 박물관과 케임브리지대학교의 다른 박물관들이 소장한 자료들에 크게 빚지고 있다. 조언과 도움을 준 박물관의 모든 직원들에게 감사한다. 이 밖에도 감사를 드려야 할 사람이 많다. 오스카 모로 아다비아, 파비오 배리, 타오타오 챙, 스벤 뒤프레, 오리온 에드거, 세라 피니, 이언 개럿, 애비 그랜빌, 엘라 헨드릭스, 애니타 헐, 시그리드 홈우드, 디어드리 잭슨, 크리스틴 슬로트베드 킴브리엘, 앤드리아 커컴, 카야 콜란드스루드, 안드리아 로스, 닉 마스든, 오냐 매커즐랜드, 로즈 밀러, 더글러스 파머, 댄 펨버턴, 샐리 페티트, 페니 프라이스, 사이먼 레이븐스크로프트, 파올라 리카르디, 사이먼 셰퍼, 시드니 심스, 헬런 스트러드윅, 크리스 티트머스, 필립 월터, 잇태 와인리브, 제임스 우드, 샐리 우드콕, 루시 랩슨. 마지막으로 내가 빨강의 모든 것을 좇아 열정을 보이고 있는 동안 격려하고 인내심을 갖고 지켜봐 준 가족에 대한 고마움도 빼놓을 수가 없다. 모뉴멘트 트러스트와 피츠윌리엄 박물관을 후원하는 말리 그룹의 관대한 지원에도 감사한다. 그들의 지원이 없었다면 이 책은 완성되지 못했을 것이다.

사진 출처

이 책에 사진을 수록할 수 있도록 허락 및 제공해 준 저작권자에게 고마움을 표한다. (본 문에서는 지면 관계상 일부 출처를 명시하지 않은 것도 있다.)

Photos courtesy the author: 9, 10, 12, 19, 20, 22, 23, 35, 36, 39, 44, 45, 47, 51, 57, 59, 61, 65, 66, 67, 68; Bibliothèque Nationale de France, Paris: 1; British Library, London (photos © The British Library Board): 54, 55, 70; photo Cambridge University Library/Grant Young: 41; Fitzwilliam Museum, University of Cambridge: 21, 28, 30, 31, 48, 60, 63 (photos Mike Jones); photo The Foraged Book Project/James Wood: 11; Hamilton Kerr Institute (Fitzwilliam Museum, University of Cambridge): 8, 13, 14, 26, 27 (photos Chris Titmus), 40 (photo Michaela Straub and Amiel Clarke); Harvard Art Museums, Fogg Museum (bequest of Charles E. Dunlap, © President and Fellows of Harvard College): 2; J. Paul Getty Museum, Los Angeles, California/Open Content: 69, 70; photo Jebulon: 62 (this file is made available under the Creative Commons CC0 1.0 Universal Public Domain Dedication); photo Onya McCausland: 53; photo Metropolitan Museum of Art/Scala: 56; photo www.morguefile.com/alexfrance: 64; photo www.morguefile.com/Tahoe1231: 52; Museum of Archaeology and Anthropology, University of Cambridge: 46; photo Museum of Zoology, Cambridge/Chris Green and Tom Mayle: 5; The National Archives, London: 4; photos Rochester Institute of Technology: 33, 34; Royal Collection: 15, 16; Sedgwick Museum, Department of Earth Sciences, University of Cambridge: 17, 24, 25 (photos Eva-Louise Fowler), 18, 42, 43, 50 (photos author); photos Sue Shepherd/author: 37, 38; Van Gogh Museum, Amsterdam: 33; Vincent van Gogh Foundation, Amsterdam: 33, 34; Wellcome Library Images: 3, 6, 7, 49; Whipple Museum of the History of Science, Cambridge: 29, 58 (photos Steven Kruse); Winsor & Newton archive, Hamilton Kerr Institute (photo author): 32.

찾아보기